·四川大学精品立项教材·

政府信息资源管理

ZHENGFU XINXI ZIYUAN GUANLI

主　编　杨　峰

参　编　金　石　范　炜　邱实张华

房　果　胡　琳　韩　琳

四川大学出版社

责任编辑:陈克坚
责任校对:黎伟军
封面设计:墨创文化
责任印制:王　炜

图书在版编目(CIP)数据

政府信息资源管理 / 杨峰主编. —成都：四川大学出版社，2017.2（2022.1重印）
ISBN 978-7-5690-0374-1

Ⅰ.①政… Ⅱ.①杨… Ⅲ.①国家行政机关-信息管理-资源管理-研究 Ⅳ.①D035.1

中国版本图书馆 CIP 数据核字（2017）第 033538 号

书　名	政府信息资源管理	
主　编	杨　峰	
出　版	四川大学出版社	
地　址	成都市一环路南一段24号 (610065)	
发　行	四川大学出版社	
书　号	ISBN 978-7-5690-0374-1	
印　刷	四川永先数码印刷有限公司	
成品尺寸	185 mm×260 mm	
印　张	14.25	
字　数	344 千字	
版　次	2017 年 2 月第 1 版	
印　次	2022 年 1 月第 3 次印刷	
定　价	48.00 元	

◆ 读者邮购本书,请与本社发行科联系。
电话:(028)85408408/(028)85401670/
(028)85408023　邮政编码:610065
◆ 本社图书如有印装质量问题,请
寄回出版社调换。
◆ 网址:http://press.scu.edu.cn

前　言

"信息资源日益成为重要生产要素和社会财富，信息掌握的多寡成为国家软实力和竞争力的重要标志。"信息资源作为一种可共享、可反复使用、易获取且无污染的资源，被广泛应用到经济、政治、文化、教育等各个领域中，成为世界各国、社会各领域最宝贵的资源之一。政府作为社会信息资源的最大生产者、拥有者和使用者，掌握着海量价值量大、可信度高、增值性强的信息资源。政府信息资源管理的能力和效率将直接关系着政府职能机构的运行和政策决策的水平，直接关系着政府公共服务的质量提升和社会治理的能力建设，对于确保国家安全、经济发展和社会进步有着重要意义。

本书共有10个章节，在第1章对政府信息资源管理基本概念及研究现状做了介绍的基础上，第2章从政府信息资源的形成主体等方面分析了政府信息资源的形成；第3章讨论了政府信息资源描述和分类组织等问题；第4章分析了政府信息资源整合的目录体系、交换体系等问题；第5章讨论了政府信息资源管理的绩效评估问题；第6章主要介绍了我国政府信息公开的实践情况；第7章提出了政府信息资源的获取问题；第8章主要考察了政府数据开放的实践；第9章介绍了政府社交媒体应用问题；第10章讨论了大数据时代的智慧政府发展问题。在每一章的内容后面都附有一个"案例分享"，有助于延伸知识体系和拓展思维视野。

本书由杨峰负责统筹工作、总体框架设计和最终统稿工作。本书各章的具体撰稿人分别为：第1章，杨峰；第2章，金石；第3章，范炜；第4章，杨峰；第5章，邱实张华；第6章，房果；第7章，胡琳；第8章，杨峰；第9章，杨峰；第10章，韩琳。

本书在编写过程中参考了国内外许多专家学者的研究成果，在此表示衷心的感谢！同时虽已尽可能地将参考到的研究成果列入参考文献中，但难免有所遗漏，在此对所遗漏文献的作者表示深深的歉意与衷心的感谢！最后，本书的编写得到了四川大学教务处的鼎力资助，在此表示深深的谢意！

由于政府信息资源管理在当今时代环境中面临着许多新情况和新问题，给本书的编写带来了一定难度，再加上时间、精力有限，书中不当之处在所难免，敬请读者批评指正。

目　录

第1章 政府信息资源管理概述

习近平总书记在 2014 年中央网络安全和信息化领导小组第一次会议讲话中指出：
"信息资源日益成为重要生产要素和社会财富，信息掌握的多寡成为国家软实力和竞争力的重要标志。"政府作为社会信息资源的最大生产者、拥有者和使用者，掌握着海量价值大、可信度高、增值性强的信息资源。政府信息资源管理的能力和效率将直接关系着政府职能机构的运行和政策决策的水平，直接关系着政府公共服务的质量提升和社会治理的能力建设，对于确保国家安全、经济发展和社会进步有着重要意义。正因为如此，世界上很多国家都努力从顶层设计上统一政府信息管理系统，加强政府信息资源管理工作，广泛多源地收集各类信息资源，积极打破各个政府部门之间和部门内部信息共享的各项障碍，以此提高政府公共决策水平、公共服务能力，改善政府的公共形象，加强政府和社会之间的联系，最终推动经济发展和社会进步。

1.1 政府信息资源

1.1.1 政府信息资源定义

政府信息资源管理的出发点及其归宿，是要充分开发和有效利用政府信息。关于政府信息，2008 年 5 月 1 日施行的《中华人民共和国政府信息公开条例》中的第二条将政府信息定义为"行政机关在履行职责过程中制作或者获取的，以一定形式记录、保存的信息"，具体表现为政府在履行政府职能过程中产生或者获取的各种条例、规定、章程、命令、指示、批复、议案、通告、公函、会议纪要、数据、图表、调研报告等。

信息资源是指人类社会信息活动中积累起来的以信息为核心的各类信息活动要素（信息技术、设备、设施、信息生产者）的集合。至于政府信息资源，目前主要有着狭义和广义两种说法。狭义的政府信息资源强调的是信息内容本身，正如查先进教授所认为的那样，政府信息资源是一切产生于政府内部或虽然产生于政府外部但对政府活动有影响的信息资源的统称。政府信息资源是由政府部门产生和整理的各种信息，包括社会、政治、经济、军事等各方面的信息。苏新宁教授扩大了政府信息资源的概念，认为对政府工作、政府决策发挥作用或者潜在发挥作用的信息均可纳入政府信息的范畴。2016 年国务院出台的《政务信息资源共享管理暂行办法》将政府信息资源描述为政务部门在履行职责过程中制作或获取的，以一定形式记录、保存的文件、资料、图表和数据等各类信息资源，包括政务部门直接或通过第三方依法采集的、依法授权管理的和因履行职责需要依托政务信息系统形成的信息资源等。政府信息资源既可以通过文字、口头的形式进行传播，也可以以某种介质保存，例如计算机的数据库、纸质、缩微品、光电介质等。

相对而言，广义上的政府信息资源并不仅仅指政府信息内容，其涵义和涉及的范围比信息本身要广泛得多。一般认为，政府信息资源是指政府中与信息采集能力、信息处理能力、信息利用能力，以及信息交流能力有关的一切资源，包括人员、设备、资金、信息及技术。中国信息协会《政府信息资源的管理与立法研究》课题组认为，政府信息资源是政府活动所涉及的信息资源的集合，它包括信息内容资源以及收集、处理、传输、发布、使用、储存信息内容的技术、设备、网络和人力等资源。

可见政府信息资源就其内容本身来看，是政府部门为履行管理国家行政事务的职责而采集、加工、使用的信息资源，是政府部门在业务过程中产生和收集的信息资源，或由政府部门投资建设的信息资源以及由政府部门直接管理的信息资源。但也应注意到，对政府信息资源的产生和利用加以保证的相关人员、设备、技术、环境和资金等要素，同样也隶属于政府信息资源的外延范畴，成为全部社会信息资源的重要组成部分，具有可以创造社会财富的属性。

1.1.2 政府信息资源特点

政府信息资源属于众多信息资源中的一种类型，既具有一般性信息资源的需求性、稀缺性、可选择性的经济学特点，也具有与物质资源和能源资源相比的相对共享性、不可分割性、不可替代性、有效配置性等特点，又因政府部门不同于一般的社会组织，而具备政府信息资源的独有特性。从政府信息资源的职能和作用上看，它还具有以下特点。[1][2][3]

1. 政治性

政府信息资源大多是政府机关行使国家职能时使用或产生的信息，其以社会公共事务和政府内部事务为反映对象，关系到国家安全和社会稳定。政府信息资源多表现为政策法规、管理条例、工作部署、行业统计、日常事务等内容，有着明确的政治需要和目的，是为了实现一定的政治目标而产生和收集的，因此在政府行政职能行使中带有很强的政治性倾向。

2. 权威性

政府部门是依照国家法律设立并享有行政权力、担负行政管理职能的国家机构，作为公共权力执行机关的政府部门所产生的信息资源一般都要经过严格审查，在传递过程中对载体和传递方式都有特定的要求，因此必然具备强烈的权威性。权威性是政府信息资源的首要和最基本特点，也成为公众选择信息的首选信息源。

---

① 王新才. 政府信息资源管理 [M]. 北京：科学出版社，2011：4—5.
② 李绪蓉，徐焕良. 政府信息资源开发与管理 [M]. 北京：北京大学出版社，2011：13—14.
③ 杨玉麟，赵冰. 公共信息资源与政府信息资源的概念及特征研究 [J]. 图书馆建设，2007（6）.

3. 综合性

政府部门是一个巨大的、动态的多层次社会系统，产生或使用于政府部门的信息资源也是多样和多维的，导致政府信息资源必然具有综合性。从公众的角度看，也希望能够一站式地获取政府信息资源，这对政府信息资源的综合性和整合性提出了更高的要求。

4. 机密性

政府信息资源中，有一部分会涉及战略规划、军事部署、外交事务、社会稳定等内容，属于机密性信息，只能控制在有限范围内传递，不能完全公开，因此此类涉及国家安全的信息资源是具有秘密等级的，这是基于国家安全的需要，也是世界各国普遍的做法。当然，随着时间推移或者条件的变化，部分秘密的政府信息资源在不会对国家安全造成影响，不会损害到公共利益，甚至公开后对国家更有利时，会完全对外开放。

5. 安全性

政府信息资源的安全性是指政府信息资源的完整性、保密性、有效性和真实性。随着互联网技术的迅速发展，这对政府信息资源建设提出了更高的要求。它涉及政府信息资源管理系统、信息传输网络的安全，涉及国家秘密、商业机密、个人隐私的安全。政府信息资源的安全性需要在法律法规、管理制度、信息技术、人文建设等方面加强建设。

1.1.3　政府信息资源类型

据统计，目前各级政府部门大约集聚了全社会信息资源总量的 80%。如此丰富的政府信息资源只有通过合理分类细化，才能更加有效地进行开发利用。目前政府信息资源的类型从不同角度有着不同的划分方式。

（1）马费成教授结合信息资源开发与管理的特点和要求，将政府信息资源划分为以下四种类型，并认为这四种类型的政府信息资源在开放窗口上越来越小，但信息资源的价值却越来越高。[①]

①可以完全对社会公开的信息；

②只在指定的系统或部门之间（含内部）共享的信息；

③只在本系统或部门内部共享的信息；

④只对某一或某些特定的个体开放的信息。

（2）甘利人教授等人从政府产生和需求两个角度对政府信息资源进行分类：[②]

①政府决策信息；

②为社会各界服务的信息；

③反馈信息；

④政府间的交流信息。

---

① 马费成. 信息资源开发与管理 ［M］. 北京：电子工业出版社，2004：386－387.
② 甘利人，朱宪辰. 电子政务信息资源开发与管理 ［M］. 北京：北京大学出版社，2003：34.

（3）苏新宁教授等人将政府信息资源按照不同的分类模式进行多种分类：①

①按照信息资源影响范围分类：分为政府信息和政府部门信息，前者指国家各级政府行政产生和使用的信息资源，后者指政府各部门发布的并且只针对本部门适用的信息资源。

②按照政府信息资源加工深度分类：包括原始政府信息资源、二次政府信息资源、三次政府信息资源以及专题政府信息资源。

③按照政府信息资源功能分类：具有立法功能的政策法规类政府信息资源、带有管理性质的行政管理类政府信息资源、具有预警功能的危机类政府信息资源、具有提醒监督功能的信访类政府信息资源、提供综述分析汇总功能的报告类政府信息资源、具有为社会公众和企业服务功能的服务类政府信息资源、研究机构为政府提供的研究类政府信息资源、政府机构人事管理类政府信息资源。

④按照政府信息资源产生源与作用对象分类：政府与公众之间交流的政府信息资源（G—C），政府与企业之间联系以及交互的政府信息资源（G—B），政府部门之间相互联系、相互作用和协同工作的政府信息资源（G—G），政府公务员在与政府交互中涉及的以及在工作中使用的政府信息资源（G—E）。

⑤按照政府信息资源服务对象和职能分类：面向社会公众的政府信息资源、面向企业的政府信息资源、面向农村的政府信息资源、面向国防与军队的政府信息资源、面向教育的政府信息资源，以及面向政府公务员的政府信息资源。

⑥按照政府信息资源公开程度和运行周期分类：依前者可分为向社会公开的、政府各部门间共享的、部门专有的、政府内部绝密的政府信息资源，依后者可分为常规性的、周期性的、动态性的、突发性的政府信息资源。

⑦按照政府信息资源表现形式和内容主题分类：可分为研究报告、统计数据、技术标准、政策法规、规章制度、管理文件、政府公告、会议资料、规划资料、政府工作日志等。

（4）李绪蓉教授等人认为政府信息资源分类是进行信息交换和实现信息资源共享的重要前提，并提出了几种分类标准：②

①根据政府信息资源内容划分，可分为政治信息资源、经济信息资源和社会信息资源。

②根据政府信息资源的组织机构来源划分，可分为上级政府信息资源、平行政府信息资源、内部政府信息资源、历史政府信息资源。

③根据政府信息流划分，可分为政府对政府之间的信息流、政府对企业之间的信息流和政府对居民之间的信息流。

④根据政府职能转变，可以分为服务政府信息资源和反馈政府信息资源。

（5）王新才教授结合政府信息资源管理的特点和要求，认为政府信息资源的类型包括以下几种：③

---

① 苏新宁，朱晓峰，吴鹏，等. 政务信息资源管理与政府决策 [M]. 北京：科学出版社，2008：17—24.

② 李绪蓉，徐焕良. 政府信息资源开发与管理 [M]. 北京：北京大学出版社，2011：11—13.

③ 王新才. 政府信息资源管理 [M]. 北京：科学出版社，2011：4.

①从对政府信息资源管理的角度划分，可分为记录型政府信息资源、实物型政府信息资源、智力型政府信息资源、零次政府信息资源。

②按政府信息资源的组成关系划分，可分为元政府信息资源、本政府信息资源和表政府信息资源。

③按政府信息资源所处的空间区域划分，可分为国际政府信息资源、国家政府信息资源、地区政府信息资源和单位政府信息资源。

可见，政府信息资源类型划分是由其具有的某种共同属性或特征所决定的，无论是通过何种属性或者特征将政府信息资源进行归类划分，都是实现政府信息资源管理的前提和必要工作。做好政府信息资源的分类工作，能够更好地开展政府信息资源管理工作，从而创造巨大的经济效益和社会效益。

1.2　政府信息资源管理

信息技术驱动的知识经济时代，信息资源已成为与物质资源、能量资源同等重要的战略资源，由信息资源的管理、利用与开发活动带动的信息产业逐渐演变为国民经济的重要支柱性产业，信息资源管理的思想深入人心。政府信息资源管理，作为信息资源管理的重要组成部分，直接关系着政府机构之间、政府与社会之间、政府与公众之间等各种社会结构的有效推进，直接涉及社会发展、国民经济、公民生活、政府工作等方面面，必须充分重视相关问题。

1.2.1　政府信息资源管理的兴起与发展

政府信息资源管理源起于政府部门文件爆炸式增长与文件开发利用的低效率之间的矛盾，从而促使政府部门开始关注政府信息资源的有效管理和利用问题，推动了学科理论和应用实践的产生和发展。

一般认为，记录管理是现代政府信息资源管理的起源。记录（record）是各种社会组织业务活动情况的记载，包括关于组织在过去一段时间里的职能、政策、决策、程序、运作和其他活动以及对未来所做的安排和打算等信息。早期的记录主要以纸张为载体，如图书、图纸、文件、图片等，后来，随着科学技术的发展，磁带、磁盘、光盘、缩微胶片等各种新型介质开始出现，并和纸张一道成为信息记录存储的主要载体。

产生并率先实践政府记录管理思想的是美国联邦政府。在美国政府记录管理的历史阶段中，曾经有一些重要的相关法规，用以规范和指导联邦记录处理活动。这些重要的法规主要有：1989 年的《通用记录处置法》，以提高记录处理的效率；1921 的《预算和会计法案》，设立预算局并授权联邦机构控制所产生的记录数量；1943 年的《记录处置法》，授权美国国家档案局制订记录处置计划；1980 年的《文书削减法》，明确提出了"信息资源管理"概念，并且将记录管理的对象从记录扩展到文件、报告或记录中的信息；1985 年的《A−130 号通报》，即"联邦信息资源管理"，首次从政府的角度将信息资源管理定义为"与政府信息相关的规划、预算、组织、指挥、培训和控制"，并且将信息资源的范围扩展到信息本身以及与信息相关的人员、设备、资金、技术等方面。

其中，1980 年发布的《文书削减法》和 1985 年发布的《A－130 号通报》，成为美国政府信息资源管理历程中的重要事件，标志着现代信息资源管理思想基本形成。从 19 世纪 80 年代到 20 世纪 80 年代，近百年的发展过程，政府信息资源管理便从文件记录管理中独立出来，在政府领域有了"信息资源管理"的概念，明确了信息资源管理的法律地位，并开始逐步设立信息资源管理职位，从而逐渐奠定政府信息资源管理的理论基础。

从 20 世纪 90 年代开始，无论是在政府实践还是理论研究方面，政府信息资源管理呈现出递进发展的特点。在政府实践上，美国沿用法制建设驱动政府信息资源管理的模式，1995 年颁布了《信息技术管理改革法》，授权政府机构设立负责信息技术和信息系统的专门官员，并提议各联邦机构设立首席信息官 CIO；1996 年美国又通过了该法的修正案。随后，由美国发源的政府信息资源管理被推广到世界各地，掀起了一股政府信息化建设的新浪潮，并逐步开始朝着"电子政府"的方向迈进。相应地，政府信息资源管理的理论研究也在该时期取得了较为丰富的成果，例如美国学者克罗宁和达文波特的《信息管理的要素》，英国学者迈克尔·库克的《信息管理与档案数据》，我国学者卢泰宏的《国家信息政策》、冯惠玲的《政府信息资源管理》等代表性成果，都从不同视角阐释了政府信息资源管理的起源、内涵、特点、技术和方法等内容，使得政府信息资源管理研究演变成为信息资源管理的一个专门领域。

1.2.2 政府信息资源管理的发展动力

随着政府信息资源管理理论与实践的发展，各国政府信息资源管理呈现纷繁热闹的现象，并与政府改革密切相连，也深刻体现了社会信息化的时代背景。冯惠玲教授认为政府信息资源管理发展的基本动力来自于两个方面：一是内在动力——追求政府的优质和高效，二是外在动力——社会信息化。[①]

1. 内在动力——追求政府的优质和高效

自 20 世纪 70 年代以来，西方国家掀起了一场声势浩大的政府改革运动，成了政府信息资源管理的内在推动力。西方各国政府改革的内容主要集中在：一是明确政府功能的定位，追求政府职能的优化；二是推进公共服务市场化，提高公共服务的质量和水平；三是完善政府内部的管理体制和运行机制，实现自身组织结构和人员的优化。政府改革过程中，必然要求加强政府信息资源管理，因为政府信息资源管理本身就是政府管理活动的组成部分之一。政府信息资源管理的优劣程度对于政府管理改革有着至关重要的影响。

同样，我国政府从 20 世纪 80 年代开始，经历了 1983 年、1988 年、1993 年、1998 年、2003 年、2008 年和 2013 年总共 7 次政府行政体制改革，在简政放权、减少微观事务管理、更好地发挥市场和社会作用等方面进行系列调整和改革，政府信息资源在伴随着政府行政职能转变的过程中，也必须与其目标保持一致。从我国政府信息资源管理的

---

① 冯惠玲. 政府信息资源管理 [M]. 北京：中国人民大学出版社，2006：50—55.

实践中也可见一斑，由早期的政府办公自动化，到政府上网，再到电子政府、智慧政府的建设，无不体现了政府自身改革对于政府信息资源建设的内在推动作用。

2. 外在动力——社会信息化

美国前副总统戈尔曾经说过，数字地球不是一夜之间产生的，人类社会向信息社会的迈进是一个循序渐进的过程，也不可能一蹴而就。社会信息化就是这一过程的表现，体现了人类社会对于信息资源的依赖程度越来越高。

西方发达国家较早开始进行社会信息化建设，尤其是 20 世纪 90 年代初由美国政府率先提出的"信息高速公路计划"，以及后续的"全球信息基础设施计划""数字全球计划"等一系列信息化建设计划，推动了美国社会信息化建设浪潮，也带动了其他发达国家的信息化建设，并逐渐蔓延到发展中国家，使全世界掀起了国家信息基础设施建设的新高潮。我国政府从 1993 年底开始正式启动国民经济信息化的起步工程"三金"工程，即金桥工程、金关工程和金卡工程。2002 年国务院 17 号文件中，我国规划了政府信息资源建设的枢纽框架，提出了"两网一站四库十二金"建设思路："两网"是指政务内网和政务外网；"一站"是指政府门户网站；"四库"是指建立人口、法人单位、空间地理和自然资源、宏观经济等四个基础数据库；"十二金"是要重点推进办公业务资源系统等 12 个业务系统，继续完善已取得初步成效的办公业务资源系统、金关、金税和金融监督（含金卡）四个工程，促进业务协同、资源整合，启动和加快建设宏观经济管理、金财、金盾、金审、社会保障、金农、金质和金水八个业务系统工程建设。

社会信息化进程是政府信息资源管理的宏观背景，为政府信息资源管理提供了网络基础和内容资源，成为促进政府信息资源管理发展的外在动力。政府信息资源管理既是社会信息化的必然产物，又是社会信息化的重要体现。近年来，"政府数据开放"运动的发展，既是社会信息化对政府信息资源开放的要求，同时也是政府部门将拥有的大量信息资源开放给社会，为社会信息化提供更多的资源，创造更多价值的结果。

1.2.3　政府信息资源管理的框架模型

无论是追求优质高效的政府公共服务，还是社会信息化的浪潮推动，如果不通过政府信息资源的管理以达到信息资源的有效释放，一切所期望达到的目标都将是无源之水，无本之木。

与传统形势下的政府信息资源管理相比，泛在网络环境下的政府信息资源与国家安全和国计民生更为紧密相连，表现为载体多样化、信息存量动态化、开发手段自动化、服务对象外向化等显著特点。因此，加强政府信息资源管理研究，对于提高政府信息化水平、增强政府信息资源管理能力、有效满足社会各界的信息需求，都有着十分重要的意义。目前对于政府信息资源管理的框架模型，主要有层次管理框架模型、生命周期框架模型、资源规划框架模型、知识管理框架模型等。

1. 层次管理框架模型

马费成教授将信息资源管理活动分为宏观管理、中观管理和微观管理三个层次等级。同理，政府信息资源管理也可以划分为宏观管理、中观管理和微观管理。宏观管理是政府信息资源的战略管理，是由国家信息主管部门规划，运用多种手段，诸如法律、经济等对信息资源进行调控、统筹安排，避免各级各类政府之间重复开发信息资源。中观方面一般由省市级政府信息主管部门规划确定，在大的方面听令国家信息主管部门，但本身有很大的自由空间对国家政府信息主管部门的方案进行细节填充。微观管理是政府各细分部门按照已经定好的方向深入开展各项具体信息资源管理工作，需要各部门各信息人员对已经进行细致分类的政府信息资源进行收集、整理、存储。①

2. 生命周期框架模型

政府信息资源生命周期管理是指对政府信息资源从产生、处理、应用到衰退整个生命周期的管理。具体是指对政府信息资源的采集、创造、存储、传播、交流、发布、销毁等环节进行的计划、组织、领导和控制，在其生命周期管理各阶段有不同任务。政府信息资源生命周期管理的总体目标是：针对其生命周期的不同阶段，通过不同的管理活动，实现政府信息资源从无到有，从不可用到可用，从低可用到高可用，从低价值到高价值；尽可能延长应用时间，一旦进入衰退期，需要通过相应措施尽可能地挖掘其价值，一旦确认没有价值，应该果断地采取相应措施予以销毁或删除。就本质而言，政府信息资源生命周期管理以信息技术为依托，通过管理政府信息资源，实现在最恰当的时候、利用最恰当的方法、找到解决问题的最恰当的信息资源与知识资源。②

3. 知识管理框架模型

知识管理的主要思想是以人为中心，利用知识管理技术和工具促进知识资源在知识管理系统中的循环与流动，最大限度地实现知识的共享、利用和创新。在政府信息资源管理中应用知识管理，一方面是引入知识管理的理念指导信息资源管理，另一方面是利用知识管理最新技术更好地服务于公众的需要。应用知识管理优化政府信息资源管理集中体现在统一的政府信息资源共享平台、面向公众的政府知识分类、面向公众的政务流程集成、统一有序的政府知识中心建设等四个方面。③

1.2.4　政府信息资源管理的发展方向

随着物联网、云计算、移动互联网、大数据等新一代信息技术的飞速发展，政府信息资源管理的发展方向正朝着为智慧政府服务的方向转变。自从2014年"大数据"首次出现在《政府工作报告》中以来，这个名词便频频出现在国家高层议题中。2015年国务院印发了《促进大数据发展行动纲要》，系统部署大数据发展工作，提出"要加强顶层设计和统筹协调，大力推动政府信息系统和公共数据互联开放共享，加快政府信息平台整合，消除信息孤岛，推进数据资源向社会开放，增强政府公信力，引导社会发展，服务公众企业"。政府信息资源管理作为一种集成性和综合性的管理活动，如何为智慧政府服务是未来发展的重点所在。

---

① 王红霞. 政府信息资源有效管理 [J]. 现代情报，2004 (12).
② 朱晓峰. 论政府信息资源生命周期管理 [J]. 中国图书馆学报，2006 (3).
③ 刘虎，任建. 基于知识管理的政府信息资源管理模式研究 [C] //2012管理创新、智能科技与经济发展研讨会论文集. 南昌：南昌工程学院经济贸易学院，2012：6.

　　智慧政府在新一代信息技术推动下，引导着国内外政府在规划和实践方面的发展。2011 年 11 月，美国加利福尼亚州为提高政府服务的绩效及服务能力，提出智慧政府建设框架（Smart Government Framework）；2012 年 6 月，韩国政府公共行政与安全部顺应时代发展构建了智慧政府实施计划（Smart Government Implementation Plan）；2013 年 6 月，迪拜专门成立智慧政府部门（Dubai Smart Government Department），负责指导和监督迪拜智慧政府的实施工作；2014 年 3 月，新加坡资讯通信发展管理局推出"资讯媒体总体规划 2025"（Infocomm Media Masterplan 2025），该规划的重要目标是将新加坡政府建设成为智慧政府，帮助政府利用数据更好地分析城市问题，从而制定更适当的政策。我国相关政府部门也发布了《"宽带中国"战略及实施方案》《信息化发展规划》《关于印发促进智慧城市健康发展的指导意见的通知》等文件，推动智慧政府建设，目前已经有超过 200 个城市提出智慧城市的建设发展计划，而智慧政府则是智慧城市建设的首要任务。北京、上海、南京、广东、浙江等沿海发达城市和地区，已经率先启动智慧政府的建设工作，并且取得了阶段性的成果。① 在全球智慧政府建设的大潮中，政府信息资源管理将是新型信息技术高度集成、智慧服务高效便捷的政府信息资源管理新模式，为当前的政府信息化建设提出了更高的要求，也为政府信息资源管理的发展明确了方向。

　　未来的政府信息资源管理将更加趋向新型信息技术的应用。云计算、物联网、移动互联网、大数据、人工智能、语义网络、实境网络、Web 3.0 等技术工具的应用，将大大提高政府信息资源管理的效率。物联网新技术为政府信息资源管理的未来模式开启了无限的想象空间。云计算技术改变了传统政府信息资源管理的系统架构。大数据技术对于政府信息资源的深度挖掘，使得政府的公共决策更加科学有效，公共服务更加精准。移动互联技术，让政府信息资源的共享开放服务永不断线。这些新型信息技术的应用，加强了政府信息资源管理能力，从而提升政府办公、监管、服务、决策的智能化水平，形成高效、敏捷、便民的新型智慧政府。

　　未来的政府信息资源管理将更加趋向整合集成。政府信息资源的整合是智慧政府建设的前提和基础，政府部门所拥有的信息资源的互联互通是智慧政府建设中的关键和难点，必须努力解决由于政府部门条块分割所形成的"信息孤岛"问题，打破"信息孤岛"背后的部门利益割据现状，让政府信息资源在各部门之间流通顺畅、协同管理，共同开发和利用。正如《政务信息资源共享管理暂行办法》所强调的一样，政府信息资源的综合集成将成为加快推动政务信息系统互联和公共数据共享、增强政府公信力、提高行政效率、提升服务水平的重要力量，可充分发挥政务信息资源共享在深化改革、转变职能、创新管理中的重要作用。

　　未来的政府信息资源管理将更加趋向开放共享。政府信息资源管理的目的在于促进政府信息资源的有效利用，这样才能真正体现政府信息资源的价值和作用，因此开放共享是政府信息资源管理的重要理念。政府门户网站、政务微博、政务微信、政府数据开放等应用，推动着政府信息资源的开放共享进程。在 Web 2.0 甚至 Web 3.0 直至 Web

---

　　① 张建光，朱建明，尚进. 国内外智慧政府研究现状与发展趋势综述［J］. 电子政务，2015（8）.

N.0 的驱动下，政府信息资源的开放共享在增加政府的透明度和可问责性，推动智慧政府建设，促进政府、企业和公众的多方协作，扩大社会公共事务的参与度的同时，也是对于当前"大众创业、万众创新"新形势下，促进基于政府信息资源开放共享、激发信息经济活力迫切要求的一种积极回应。

1.3 政府信息资源管理研究现状

我国从 20 世纪 80 年代开始办公自动化后，经历了 1993 年的"金字"工程和 1999 年的"政府上网工程"，到今天的政府数据开放运动，政府信息资源管理研究逐渐成为一个学术热点，为了更好地把握政府信息资源管理的研究现状，通过中国知网的知识网络服务平台 KNS 6.6，寻求近十年在 CSSCI 期刊上发表的政府信息资源管理研究论文在文献之间、知识元之间、分类导航之间的交叉知识网络结构。具体检索策略为：文献时间为 2006—2015 年，文献来源类别为 CSSCI，以篇名作为检索字段精确匹配"政府信息"或者"政务信息"两个关键词。检索结果显示共有 768 篇论文符合要求，这里简单描述一下研究成果的时间分布、作者分布、发文机构分布、期刊分布等情况，同时讨论一下当前政府信息资源管理研究中的重要主题。

1.3.1 政府信息资源管理研究分布规律

1. 论文发表的时间分布

从图 1-1 中可以看出，政府信息资源管理研究在近十年中发文量最大的是 2008—2010 年，这是因为 2007 年国务院发布了《中华人民共和国政府信息公开条例》，并于 2008 年正式开始施行，在此期间围绕着"信息公开"问题展开了很多研究。此后，直接以"政府信息"或"政务信息"作为篇名的相关研究相对有所减少，一方面说明我国政府信息资源管理的研究正趋向稳定和成熟，另一方面也是因为随着 Web 2.0 的发展，很多研究开始关注政府信息资源管理的新型信息技术应用，更多的研究直接关注到政务微博、政务微信、政府数据开放等政府信息资源管理研究中的新主题。

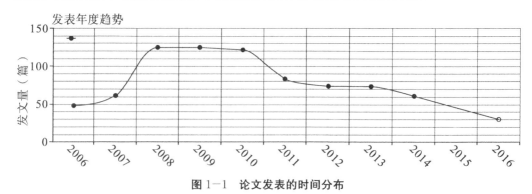

图 1-1　论文发表的时间分布

2. 发文作者分布

图 1-2 显示了政府信息资源管理研究成果的作者分布情况，可以看出发表论文 4

篇及以上的作者共有 34 人，在这些作者中，来自武汉大学的夏义堃、王新才，宁波大学的罗贤春，华中师范大学的段尧清，苏州大学的周毅，湘潭大学的王协舟、何振、陈能华等是该领域的代表人物。

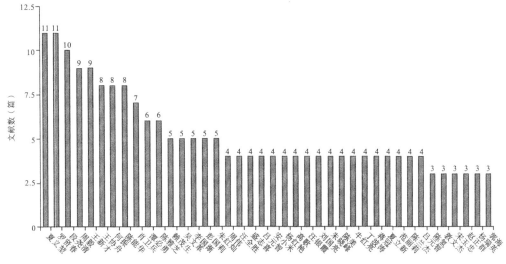

图 1-2 发文作者分布

3. 发文机构分布

通过统计政府信息资源管理研究撰文作者的机构以及机构发文的数量，可以了解政府信息资源管理领域的主要研究机构分布情况，掌握政府信息资源管理研究的核心机构。图 1-3 显示近十年我国在政府信息资源管理领域发文数最多的是武汉大学、湘潭大学、中国人民大学、北京大学、华中师范大学、苏州大学等，可以看出我国政府信息资源管理的研究阵地主要为各大高校。另外，部分科研院所在该领域也有所研究。

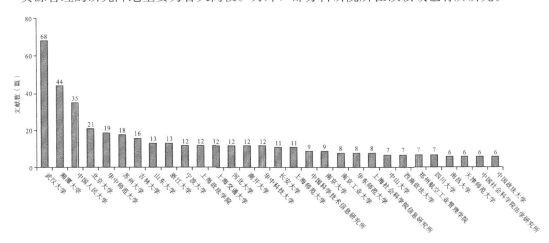

图 1-3 发文机构分布

4. 论文的期刊分布

通过统计政府信息资源管理研究论文的发表期刊，可以了解政府信息资源管理主要是哪些学科在进行具体研究，也可以有效获知我国政府信息资源管理学术发布的主要期刊源。对发表政府信息资源管理论文的期刊分布进行分析后，笔者发现图书情报与档案管理类的期刊是发表政府信息资源管理领域研究成果的主要载体。图1-4显示在发表政府信息资源管理领域研究成果最多的10个期刊中，图书情报与档案管理类的期刊占据了8个，其中《图书情报工作》《情报科学》《情报杂志》《情报理论与实践》这4个期刊刊载政府信息资源管理领域的论文都在50篇以上。其他学科的一些期刊也有所刊载，例如《中国行政管理》和《行政法学研究》。

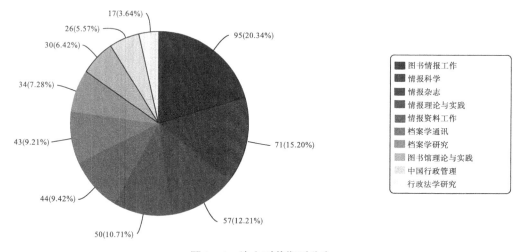

图1-4 论文刊载期刊分布

1.3.2 政府信息资源管理研究主题视域

1. 关键词分布

关键词是用以标引文献主题内容的单词或术语，能够有效表达出被标引文献的主题，因此对近十年政府信息资源管理领域的研究论文进行关键词出现频率的统计分析，能够很好地体现政府信息资源管理研究的热点问题。图1-5按照关键词出现频率高低进行了排序，可以发现"政府信息资源""电子政务""政府信息服务""政务信息资源""政府信息公开"等关键词出现的频率很高，是当前政府信息资源管理领域中的研究热点。

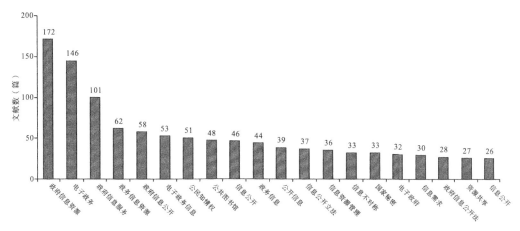

图 1-5　论文关键词分布

2. 关键词共现网络

图 1-6 则显示了发表论文的关键词之间的共现网络，关键词共现网络是根据关键词在同一篇论文中共同出现的次数来表示关键词之间的联系，如果两个关键词频繁在同一篇论文中出现，往往表明这两个关键词之间具有比较密切的联系。图中关键词的节点越大，表示该关键词在论文中出现的频率越高；关键词之间的连线越粗，表示这两个关键词之间的共现程度越高。从图 1-6 可见，政府信息资源与电子政务、政府信息资源与政府信息服务、政府信息资源与信息资源管理、政府信息资源与政务信息服务之间都有很强的共现关系。

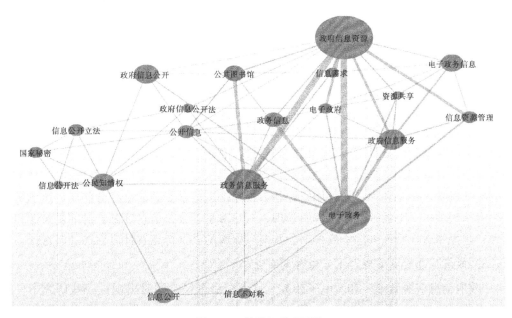

图 1-6　关键词共现网络

1.3.3 政府信息资源管理关联概念辨析

1. 政府信息与政务信息的关系

"政府信息"和"政务信息"这两个概念经常被交替使用，这也是为什么之前通过"政府信息"和"政务信息"这两个关键词进行检索以分析当前政府信息资源管理研究现状的原因。需要说明的是，为保持用语一致，本书尽量在文中使用"政府信息资源"一词，但在一些特定情况下，尤其是在"政务信息资源"作为专有名词时，例如在讨论政务信息资源目录体系的时候，书中都保留了"政务信息资源"一词。

政府信息一般被分成两大部分：一是"由（by）"产生的政府信息，二是政府"为（for）"而发出的信息。而政务信息是由我国行政工作者 1986 年提出，并在政府信息工作实践中逐步确立起来的概念。1988 年的第三次政务信息网络年会给政务信息下的定义为：政务信息是一种专门特殊的信息，是对政府工作运转情况和政府系统活动相联系的其他情况的反映，它为政府领导决策和指挥工作服务。政务信息包括反映政府内在运转情况的信息和反映政府与外界联系的信息，所以政务信息和政府信息所针对的产生收集以及对外传播的信息，在概念上具有一致性。实际上，当前学界对政府信息和政务信息没有严格区分，因为两者之间具有共同的思路：存在于政府环境中的信息就是政府治理活动的反映，而政府的治理行为显然不是孤立的，它需要与政府系统之外的主体进行交互和联系，所以信息也就表现为"内生"和"外生"两种趋向。[①]

2. 政府信息资源与公共信息资源的关系

政府信息资源和公共信息资源这两个概念也会经常被交替使用，但两者之间还是有一定区别的。公共信息资源不仅掌握在政府部门手中，还掌握在公共企事业单位手中，如一些公共事业单位所掌握的健康信息、文化信息、农业信息、气象信息、环境信息等。但政府是整个社会中最大的信息拥有者，那些产生于政府业务流程中的记录、数据、文件，以及政府为了工作顺利开展从外部收集的信息，构成了公共信息资源的主要内容。

公共信息资源较之政府信息资源，带来了管理上的改变：一是在范围上的拓展，即产生在公共领域的信息并不一定归属政府管理，非政府的社会组织同样具有一定的公共信息资源管理职能；二是公共信息资源管理成效在于公共信息资源效用价值的实现和公共利益的维护，主张利用一切可用资源和力量来促进信息资源的全社会共享，这也是有些学者所说的广义上的政府信息资源管理；三是尊重了公共信息资源自身的复杂性和层次性，也意味着在管理方法上应根据公共信息资源的类型特点有针对性地加以选择。[②]

3. 政府信息资源管理与电子政务的关系

"政府信息资源管理"和"电子政务"这两个概念经常同时出现在一些研究中，因此有必要对两者进行简单辨析。一般认为，政府信息资源管理是以政府信息资源为对

---

① 颜海. 政务信息管理 [M]. 武汉：武汉大学出版社，2009：2—3.

② 夏义堃. 政府信息资源管理与公共信息资源管理比较分析 [J]. 情报科学，2006（4）.

象，在外延上包括政府信息资源的收集、处理、传输、发布、使用和储存等过程的管理，以及在实施管理的过程中所涉及的技术、设备、网络、资金和人力等各种资源的管理。电子政务是指通过利用现代信息通信技术，将政府内部进行有机整合，实现政府与政府之间、政府与企业之间以及政府与公民之间的有效沟通，从而达到提高行政效率、降低行政成本、增加行政透明度等一系列目标。显然，政府信息资源管理和电子政务之间是具有内在联系的。南开大学的王芳教授认为，电子政务是现代信息通信技术在政府信息资源管理中的应用，是政府信息资源管理借助于新型技术手段的表现形式；电子是技术形式，政务是内容，提高政府信息资源管理效率是目标；电子政务降低了政府信息资源管理的技术成本、制度成本，优化了政府信息资源管理的流程结构，促进了信息内容产业的发展。[①]

政府信息资源管理和电子政务两者之间还是有一定区别的。（1）出发点不同：政府信息资源管理的出发点是政府拥有的巨大信息资源，必须加强管理以支持政府部门的日常运转和公共利益的实现；电子政务的出发点是随着现代信息通信技术的出现，政府部门必须采用计算机、网络和通信等技术手段，实现政府组织结构和工作流程的优化。（2）实践对象不同：政府信息资源管理是以信息资源为中心，强调的是信息资源的管理过程；电子政务是以公众服务为中心，强调的是优化业务流程的政府信息化过程。（3）实现目标不同：政府信息资源管理的目标是科学管理、开发利用政府信息资源，推动政府的正常运转和社会的健康发展；电子政务的目标是建成一个精简、高效、廉洁、公平的政府运作模式，满足公共服务、社会管理、市场监管和宏观调控各项政务目标的需要。

1.4 案例分享

景某诉 C 市公安局信息公开案

2013 年 11 月 11 日，景某向 C 市公安局邮寄了一份"政府信息公开申请表"，内容载明："2012 年 12 月 10 日下午，景某的爱人郭某被犯罪嫌疑人殴打致伤，景某向 C 市公安局下属的当地公安部门报案后，当地公安部门不予出具接受案件回执单。2013 年 10 月 18 日，景某向当地的 S 县公安局督察进行投诉，S 县公安局督察未作出答复。2013 年 10 月 30 日，景某向 C 市公安局督察投诉 S 县督察不作为，请求公开 C 市公安局督察对此事件的调查结果及法律依据。"

C 市公安局于 11 月 12 日收到景某申请后，经认真办理，于 11 月 30 日作出《C 市公安局关于景某申请政府信息公开事宜的答复意见》，主要内容为：

（1）调查结果。景某报其老公郭某被殴打一事，不构成刑事案件，S 县公安局的 J 派出所依法调查处理，不应出具接受刑事案件回执单，S 县公安局督察队接到投诉后做了大量的工作，并于 10 月 18 日、19 日将调查情况口头向景某作了答复。并且协调相关单位对此事做出了最终的处理决定，故景某反映 S 县督察队不作为的情况不属实。

① 王芳. 阳光下的政府：政府信息行为的路径与激励 [M]. 天津：南开大学出版社，2006：239-244.

（2）景某申请公开的法律依据不属于《政府信息公开条例》第二条所称的政府信息，根据《政府信息公开条例》第二十一条第（二）项的规定不予公开。该答复意见经邮寄送达了景某。

景某对C市公安局作出的答复意见不服，向省公安厅申请行政复议。2014年1月20日，省公安厅作出《行政复议决定书》，维持了C市公安局作出的具体行政行为。景某仍不服，遂起诉至人民法院。

人民法院经审理认为，根据《政府信息公开条例》第十三条、第二十一条的规定，景某可以根据自身生产、生活、科研等特殊需要，向C市公安局申请获取相关政府信息，C市公安局对景某申请公开的政府信息，具有根据情况分别予以答复的行政职责。

景某因S县公安局对其刑事报案不予出具接受案件回执单及该局督察不作为，而向C市公安局的督察机构投诉，并以政府信息公开的形式向C市公安局提出申请，申请公开C市公安局督察对此事件的调查结果及法律依据。其中，景某所投诉要求督察的是刑事立案问题，属于《中华人民共和国刑事诉讼法》调整的范畴，C市公安局督察机构对景某所投诉事项的调查处理行使的是刑事案件监督权，并非行使行政职权。因此，C市公安局就其督察机构对景某投诉事项的调查所形成的信息，并非《政府信息公开条例》第二条规定的政府信息。C市公安局基于景某公开政府信息的申请，告知督察结果而未公开所涉及刑事司法行为内部督察的信息，不属于本案行政诉讼所审查的范畴。《C市公安局关于景某申请政府信息公开事宜的答复意见》告知景某投诉事项的调查结果及法律依据不属于《政府信息公开条例》第二条所称的政府信息，并无不当。且C市公安局收到景某的申请后，在规定时间内作出答复，符合《政府信息公开条例》第二十四条的规定，程序合法。人民法院遂根据《最高人民法院关于审理政府信息公开行政案件若干问题的规定》第十二条第（八）项的规定，驳回了景某的诉讼请求。

本案例涉及政府信息内涵的分析界定，明确了申请人申请公开的信息内容是否为政府信息，才能进一步明确该信息内容是否属于公开范围。《政府信息公开条例》第二条规定："本条例所称政府信息，是指行政机关在履行职责过程中制作或者获取的，以一定形式记录、保存的信息。"即政府信息的法律概念包含以下几方面的内容：从信息产生的主体看，是行政机关；从信息产生的方式看，既可能是行政机关自身制作的，也可能是行政机关从其他国家机关、企事业单位等组织以及个人获取的；从信息的存在形式看，是以一定形式记录、保存的。《政府信息公开条例》第十七条规定："行政机关制作的政府信息，由制作该政府信息的行政机关负责公开；行政机关从公民、法人或者其他组织获取的政府信息，由保存该政府信息的行政机关负责公开。法律法规对政府信息公开的权限另有规定的，从其规定。"而第二十一条则规定了行政机关根据不同情况分别作出答复的情形只包括属于公开范围、属于不予公开范围、依法不属于本行政机关公开、政府信息不存在、申请内容不明确等几种情形，并无不属于政府信息的选项。但如果申请公开的信息内容确实不属于政府信息，就超出了《政府信息公开条例》的调整范围，行政机关作出不予公开的决定，适用法规并无不当。但是，该不予公开决定也应体现为书面答复，并释明理由。《最高人民法院关于审理政府信息公开行政案件若干问题的规定》第十二条将"不属于政府信息"列入应当判决驳回原告诉讼请求的情形之一，前提是被告行政机关已经履行法定告知义务或说明理由义务。

　　公安机关具有行政机关和刑事司法机关的双重职能，其在履行刑事司法职能时制作的信息不属于《政府信息公开条例》第二条所规定的政府信息。本案例中，两级法院虽未直接对公安机关的这两种职能进行区分，但明确了申请人景某要求公开的信息并非行政机关行使行政职权过程中形成的信息，从而判定该信息并非政府信息，具有一定的参考价值。同时，可以从案例中思考：狭义的政府信息是什么？广义的政府信息是什么？如果不单纯从《政府信息公开条例》这一法律条文来看的话，政府信息又包含哪些呢？

案例来源：C市人民政府政务公开办公室内部资料《政府信息依申请公开典型案例选编》

主要参考文献

[1] 查先进. 论政府信息资源管理及其发展动向 [J]. 中国图书馆学报，2002（4）.

[2] 冯惠玲. 政府信息资源管理 [M]. 北京：中国人民大学出版社，2006.

[3] 甘利人，朱宪辰. 电子政务信息资源开发与管理 [M]. 北京：北京大学出版社，2003.

[4] 李绪蓉，徐焕良. 政府信息资源开发与管理 [M]. 北京：北京大学出版社，2011.

[5] 刘虎，任建. 基于知识管理的政府信息资源管理模式研究 [C] //2012 管理创新、智能科技与经济发展研讨会论文集. 南昌：南昌工程学院经济贸易学院，2012.

[6] 马费成. 信息资源开发与管理 [M]. 北京：电子工业出版社，2004.

[7] 苏新宁，朱晓峰，吴鹏，等. 政务信息资源管理与政府决策 [M]. 北京：科学出版社，2008.

[8] 王芳. 阳光下的政府：政府信息行为的路径与激励 [M]. 天津：南开大学出版社，2006.

[9] 王红霞. 政府信息资源有效管理 [J]. 现代情报，2004（12）.

[10] 王新才. 政府信息资源管理 [M]. 北京：科学出版社，2011.

[11] 夏义堃. 政府信息资源管理与公共信息资源管理比较分析 [J]. 情报科学，2006（4）.

[12] 颜海. 政务信息管理 [M]. 武汉：武汉大学出版社，2009.

[13] 杨玉麟，赵冰. 公共信息资源与政府信息资源的概念及特征研究 [J]. 图书馆建设，2007（6）.

[14] 张建光，朱建明，尚进. 国内外智慧政府研究现状与发展趋势综述 [J]. 电子政务，2015（8）.

[15] 周毅，孙帅. 政府信息资源管理研究：视域及主体深化 [M]. 上海：复旦大学出版社，2015.

[16] 朱晓峰. 论政府信息资源生命周期管理 [J]. 中国图书馆学报，2006（3）.

第2章 政府信息资源的形成

在当前信息社会的大背景下，对政府信息资源进行科学合理的组织、加工、存储、传递与利用将成为各级政府部门优化政务处理流程，改善政务服务途径，提升政府公信力，保障社会公民的知情权、参与权、表达权、监督权的基础与核心所在。2016年国务院办公厅印发的《国家信息化发展战略纲要》作为指导和规范未来10年中国信息化发展的纲领性文件，是国家战略体系的重要组成部分，是我国未来信息化领域规划、政策制定的重要依据。而就政府信息资源来讲，其内容形式多样，获取渠道各异，形成主体多元化，并由多种媒介、工具和手段进行发布、公开和利用，具有很强的复杂性。因此，有必要从政府信息资源的形成主体和信息采集等角度入手并加以分析，为后续政府信息资源的组织与整合、传递与应用、管理与服务奠定良好的基础。

2.1 政府信息资源形成主体

政府信息资源量大面广、门类繁多、功能不一、专业性强，因此可以按多个标准进行划分。但就其来源来说，总体上可分为政府内源信息和政府外源信息。内源信息主要是指政府部门在履行自身职能的过程中形成的各类信息资源，主要包括两个方面：一是政府根据法律法规采集的信息，如企业工商登记、户口登记等，所有这些都是由相应的法律法规所规定的行政部门采集的信息；二是政府履行行政职能的过程中所产生的信息，包括政府公文、报告、信函、备忘录、政务处理记录、数据集等。政府外源信息则主要来自三个大的方面：一是广大社会公民参与各类社会活动的相关记录信息、参政意见等；二是一些企业在具体社会信息活动中产生的与企业组织的经营管理等方面相关的数据信息；三是一些广泛分布于社会各个层次的非政府机构产生的政府信息资源，主要是各类致力于公益事业的社会非营利性组织，如各类协会、社会团体在其社会活动中产生的相关信息资源。可见，政府信息资源的形成主体可以分为政府部门、非营利组织、企业法人单位和社会公众等。

2.1.1 政府部门

政府部门在履行自身社会职能的过程中总会以某种方式与人们的工作、学习、生活的各方面产生紧密联系，由此就产生了海量的信息资源，故而政府部门是信息资源管理思想最初的发源地之一。① 各级政府部门拥有财政、经济、教育、社会福利等诸多领域的各类信息资源，也涉及重大事件的处理与情况通报、群众普遍关注的热点问题等信息内容，可以说各级政府是开发和利用政府信息资源的责任主体，也是政府信息最主要的内部信息源。政府组织各职能部门之间，政府部门和外部的信息主体之间无时无刻不在进行着政府信息资源的交流、传递与共享，所以某种意义上政府的工作实际上就是一个信息资源的开发利用与管理的过程。它是政府行为决策的重要参考依据，及时、全面、精准、翔实的信息来源才能保障政府决策的科学性，政府行为的合理化，以及社会效益的最大化。

2.1.2　非营利组织

非营利组织，是指那些非政府的、不以盈利为目的的、致力于社会公益事业的各种组织或团体，其广泛分布于社会各个层级和领域，如政治、教育、学术、经济、文化等。联合国国际标准产业分类体系把非营利组织划分为 3 大类：第一类为教育，包括小学教育、中学教育、大学教育、成人教育及其他；第二类为医疗和社会工作，包括医疗保健、兽医和社会工作；第三类为其他社区服务和个人服务，包括环境卫生、商会和专业组织、工会、其他会员组织（包括宗教和政治组织）、娱乐机构、新闻机构、图书馆、博物馆及文化机构，运动和休闲机构。由于非营利组织在公益性政府信息资源的形成、加工和服务提供等方面发挥着巨大的作用，因此，政府部门就要通过结合工作特点和社会需求，建立投入保障机制，进行政策性引导，以鼓励非营利组织对政府信息资源进行开发，或者按照有关规定，设立公益性信息服务机构，发挥社会团体、组织等中介机构的作用。

2.1.3　企业法人单位

作为国家经济运行的重要实体，各类企业在各自领域内实时产生着各种信息，构成了政府信息资源的重要组成部分。企业组织在其生产运作的过程中能够产生帮助政府解决实际问题、把握国民经济发展态势的各类经济信息，包括商务与金融、新闻与媒体、化工与研究、科学与技术、能源与环保等各行业领域的信息，甚至于企业的生产信息、产品信息也会成为政府信息资源的构成部分。因此，有必要在确定政府信息资源管理责任的前提下，将私人部门引入政府信息资源服务领域，把那些具有商业开发价值的信息资源完全或部分交由私营部门开发供给，以竞争促进信息资源采集效率的提高和质量的改进，从而提高政府信息资源后续开发利用的有效性。

2.1.4　社会公众

作为社会活动的主体，社会公众在政府信息资源管理的整个流程中占据着重要地位。社会公众作为政务诉求的主要提出者和被服务对象，在政府信息资源的流通过程中，一方面获取和使用各类政府信息，如办事指南、工作规程、服务项目、行政审批程

---

① 霍国庆，孟广均，王进孝，等. 信息资源管理思想的升华 [J]. 图书情报工作，2002（4）.

序以及各类咨询问题的回复和意见反馈。另一方面，在满足了自我政务处理需求的同时，也进行各类政府信息的生产与反馈，如参政议政的呼声、意见、要求、建议等都可以作为政府信息的外部信息源。社会公众在各自的社会信息环境中实时获取政府信息，参与政务活动，并进行信息反馈，这些具有及时性、新颖性、强烈感知性、主观随意性和瞬时性特点的信息资源也是政府信息的一个重要组成部分。①

2.2　政府信息资源的采集

政府信息资源采集是政府信息资源管理的重要环节，是政府信息资源形成的标志性工作，也是开展政府信息资源服务工作的基础。政府信息资源的有效收集与利用是政府部门履行行政职能、进行科学管理决策的基础，是政府部门提供高效的公共服务的重要保障和基本前提，也是各级政府部门政务处理能力的集中表现。② 这就要求我们对政府信息资源采集的相关工作进行准确把握，切实提高政府信息资源的采集效率。

2.2.1　政府信息资源采集的内涵

政府信息资源采集，具体来讲，就是各级政府部门根据各自特定的政府信息需求和工作规划需求，利用科学的方法和手段，将处于不同空间位置的政治、经济、文化、社会等相关信息进行采集、集聚的一个过程。

政府信息资源采集的目的就是为了更好地掌握和利用分散的信息资源，按照一定的原则，根据相关流程和方法，通过特定的信道对政府信息资源进行采集、提炼、加工的过程。如果没有政府信息资源的采集和开发利用，政府决策的科学性就得不到根本保障，这就要求从事政府信息资源采集的人员要深入了解政府信息资源本身的相关特点，准确把握政府信息资源采集的基本原则，有步骤、有计划地展开相关工作，以实现政府信息资源的社会效益最大化。

2.2.2　政府信息资源采集的原则

1. 系统连续性原则

政府信息资源采集的系统连续性强调的是信息资源采集的覆盖面要广，要努力做到全面、系统、连续，使得无序零散的碎片化信息资源变为系统有序的政府信息资源，保证衔接性和连续性，从而最大限度地发掘政府信息资源的潜在价值。这是信息资源发挥其效能的前提，故而政府信息资源必须经过长期采集、积累和不断发展才能形成一个科学的资源体系，形成高质量的政府信息资源库。

政府信息资源采集的系统连续性一是要保证重点政府公共服务领域信息资源的采集做到系统、完整、连贯；二是要从政府信息资源的宏观布局出发，系统地进行政府信息资源采集的规划，妥善协调与处理各级政府及政府部门之间的资源采集计划，在保证地

---

① 苏新宁. 电子政务理论 [M]. 北京：国防工业出版社，2003：91.
② 周晓英，王英伟. 政府信息管理 [M]. 北京：中国人民大学出版社，2003：166.

方性政府信息资源采集的组织性、计划性的前提下，使其与中央政府信息资源建设和服务的大方向协同发展，从而使得政府信息资源在各个"子系统"之间有序而高效地流动。①

在进行政府信息资源采集时，必须要保证空间范围上的横向扩展和时间序列上的纵向延伸。空间上的横向扩展是指要把与某一问题相关的、分布在不同地理区域的信息资源全面采集，以保证对该问题和领域系统、全面认识；时间的连续性是指从纵向角度对某一关注点在不同时期、不同阶段的发展变化情况进行跟踪采集，以此来反映事物的历史演绎和变化轨迹。②

2. 真实可靠性原则

政府信息资源采集的真实可靠性是保证政府部门工作顺利开展、实现政府信息资源效用价值的根本保障，如果信息失真、虚假就会导致错误的决策。信息的失真一般受三个因素的影响：第一，信息源提供的信息失真，导致后续采集到的信息资源不准确；第二，信息资源在信道编码传递过程中受到外界信息噪音的干扰而导致信息失真；第三，信宿在接收时出现偏差。

因此，在政府信息资源的采集、传递和利用的过程中，要坚持严肃认真的工作作风，科学严谨的工作态度和切实可行的信息采集方法，深入、全面地分析各类信源、信道的可靠性，缩短信道长度，减少信息采集过程中外界因素的干扰。

3. 实用针对性原则

政府信息资源采集的实用针对性原则要求政府信息资源采集要根据自身的政务需求和服务对象的需求，对政府信息资源进行规划、选择和采集，从而有效地保证政务工作的正常展开和服务工作的有效进行。

因此，政府信息资源的采集要根据政府部门的工作任务进行针对性采集。一个国家或地区的政府信息服务系统，是由不同类型、不同级别的信息机构组成的有机体系，因此不同的政府信息机构应当根据自身的任务，有针对性地采集不同主题和类型的信息资源，以建立实用的政府信息资源库。同时，不同类型的政府信息服务机构有其特定的服务对象和用户，不同的服务对象和用户由于其工作性质、任务、目的以及所处的信息环境的差异，其信息需求也各不相同，因此要从实际出发，通过仔细调查信息需求、分析信息特征、选择信息渠道，从而有针对性地确定信息的采集范围和对象。

4. 发展预测性原则

政府信息资源采集是一个长期持久的工作，只有不断补充新的政府信息资源，整个政府信息资源管理体系才能具有持久的生命力，只有不断剔除陈旧无用的冗杂信息，才能使政府信息资源保持强大的活力。在政府信息资源的采集过程中坚持发展预测性原则，就是要一方面保障政府信息资源在整体上的稳定持续发展，另一方面也要根据政府信息资源利用的实际需求，不断调整政府信息资源的内容组成和数量结构，密切关注当

①　王新才. 政府信息资源管理 ［M］. 北京：科学出版社，2011（1）：38-39.
②　苏新宁. 政府信息资源管理与政府决策 ［M］. 北京：科学出版社，2008：34.

前信息技术发展前沿，制定面向未来的政府信息资源开发规划，在转变服务理念的同时依托先进技术，动态把握政府信息资源的分布规律和政府信息用户的信息需求规律，有预见性地采集相关政府信息资源，以此提高政府信息资源服务的主动性。

2.2.3 政府信息资源采集的流程

政府信息资源采集工作是一项基础性较强、复杂性较高的专业性工作，并影响着政府部门后续工作的顺利展开，因此在其实施过程中，要遵循规范科学的工作流程，以保障信息资源采集的效率和质量。从理论上讲，政府信息资源的采集主要可以分为如下的五个步骤：信息采集需求分析、采集信息源分析、采集途径分析、采集活动的实施和采集结果的评价。[①]

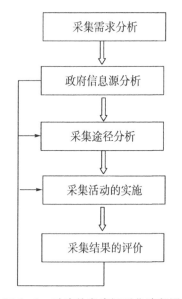

图 2—1　政府信息资源采集流程图

1. 需求分析

在进行政府信息资源的正式采集之前，首先应该进行采集需求分析，明确采集的目标任务，这是整个信息采集流程的起点，也是政府信息资源采集工作能否顺利展开以及成功与否的基础环节。政府信息资源采集的需求分析至少要包含以下几部分：第一，明确信息采集工作的服务对象和目的；第二，明确信息采集的内容和主旨；第三，确定信息采集的范围和来源。此外，在政府信息资源采集过程中，对于资源的种类、格式、可获得性、加工深度等相关因素，也要考虑在内，并进行适当的分析和说明，最后形成详细的信息采集计划。

2. 信息源分析

不同的信息资源，其来源渠道、内容和作用也各不相同。政府信息资源来源广泛，

---

① 张瑞荣，朱晓峰. 政府信息资源采集模型研究［J］. 情报杂志. 2007（4）.

形式多样，主要包括：个人信息源、机构信息源、文献信息源、新闻媒体信息源、数据库信息源、网络信息源、实物信息源等，如表 2-1 所示。[①] 因此，就要根据前期的信息需求分析结果，选择合适的信息源，掌握政府信息的分布和出版情况，深入了解政府信息源的数量、质量等情况，为采集工作提供参考。[②]

表 2-1　各类政府信息源及其特点

信息源名称	含义	特点
个人信息源	个人信息源指个人所拥有的信息和知识	及时性、新颖性、强烈感知性、主观随意性和瞬息性
机构信息源	机构信息源是指各级、各类组织机构（包括政府组织和非政府组织两大类）所拥有的反映组织机构的功能、政策、程序和其他活动等方面的信息和知识	权威性和垄断性
文献信息源	文献信息源是指存储于纸张、胶片、磁带等物质载体中的信息知识，其中最重要的文献信息源是政府记录，包括政府文件、报告、信函、备忘录等	系统性、易用性、可控性、稳定性
新闻媒体信息源	新闻媒体信息源是指新闻传播机构及其工具所产生和传递的知识	更新快、来源广、内容多
数据库信息源	数据库信息源是指在一定的计算机软硬件技术支撑下，按照一定的方式和结构组织存储起来，具有较小冗余度和较高独立性的大量相关数据的集合	存储量大、数据结构化程度高、更新速度快
网络信息源	网络信息源是存储于计算机网络中的信息和知识	数量庞大，半结构化、动态性和技术依赖性
实物信息源	实物信息源是指存在于物质实体或事件发生的现场的信息或知识	真实性、直观性和零散性

3. 采集途径的分析

通过对政府信息资源的采集途径进行分析，形成采集策略是政府信息资源采集的重要环节。不同类型、不同载体、不同内容的政府信息资源往往具有不同的流通渠道和分布范围，因此政府信息资源采集也具有不同的途径和策略。表 2-2 具体列出了各类政府信息资源的采集途径。[③]

表 2-2　各类政府信息源的采集途径

信息源名称	采集途径
个人信息源	现场调查、问卷调查、访问调查
机构信息源	采购、定点采集、访问调研、建立内部专家库
文献信息源	文献采购与交换

---

① 苏新宁. 政务信息资源管理与政府决策 [M]. 北京：科学出版社，2008：91.

② 苏新宁. 电子政务理论 [M]. 北京：国防工业出版社，2003：91.

③ 王新才. 政府信息资源管理 [M]. 北京：科学出版社，2011：48.

信息源名称	采集途径
新闻媒体信息源	利用大众传媒（报纸、杂志、电视、广播等）定时、定向、定题采集
数据库信息源	自建政府信息数据库、商业信息数据库等
网络信息源	网站、web搜索引擎、web数据挖掘等
实物信息源	展览、观摩、参观、利用多媒体分析

4. 采集活动的实施

在明确了政府信息源、采集途径之后，就可以正式开始政府信息资源的采集工作。在整个采集流程中，需要进行实时管控，对于出现的各类问题以及采集的初步结果及时地进行调整，以此来保证采集工作的高效率和高质量。当然，政府信息采集活动的实施要遵从相关原则。

5. 采集结果的评价

在采集工作结束后，应该按照相关标准对采集结果进行客观评价。这些评价对于以后信息采集过程中信息源、采集途径、采集方法等的分析提供了参考和依据。对于政府信息资源采集过程及其结果，一般可以利用信息采全率、信息采准率、信息采集费用率、信息采集及时率和信息采集的劳动耗费率5个指标进行衡量和评价。[1][2]

（1）信息采全率。信息采全率用来衡量切题信息资源采集的完整程度，即某一政府信息采集结果中所含的全部切题性信息在所有切题信息中所占的比例。如果用 P 表示采全率，r 表示采集结果中切题的政府信息，R 表示当时全部切题的政府信息，那么政府信息资源的采全率可以表示为：

$$P = r/R \qquad (公式 2-1)$$

（2）信息采准率。信息采准率用来衡量切题信息资源采集的针对性强弱程度，即政府信息采集结果中所含的全部切题性信息在该结果所有信息中所占的比例。如果用 E 表示采准率，r 表示该采集结果中切题的政府信息，Q 表示当时采集结果中所有的信息，那么该政府信息资源的采准率可以表示为：

$$E = r/Q \qquad (公式 2-2)$$

（3）信息采集费用率。采集费用率用来衡量政府信息资源采集的资金效率，即用于政府信息采集中单位信息采集的费用。费用率取决于采集过程中的组织、各环节的技术装备以及一些其他主、客观因素。如果用 C 表示单位信息的费用率，F 表示某一政府信息采集结果所产生的总费用，G 表示该政府信息采集结果中的信息总量，则费用率可以表示为：

$$C = F/G \qquad (公式 2-3)$$

（4）信息采集及时率。采集及时率用来衡量政府信息资源采集的速度，即在最短时

① 王新才. 政府信息资源管理 [M]. 北京：科学出版社，2011：49-50.
② 党跃武. 信息管理导论 [M]. 3版. 北京：高等教育出版社，2015：36-39.

间内完成政府信息资源采集过程的能力，它由采集过程的每一个环节（从信息资源的产生到被存储到资源库）所花费的时间总和来计算。其中，T 为信息采集的及时率，t_i（$i=1$，2，$\cdots$，n）表示某一环节所耗费的时长，则及时率可以表示为：

$$T = \sum_{i=1}^{n} t_i \tag{公式 2-4}$$

（5）信息采集的劳动耗费率。政府信息资源采集的劳动耗费率是指政府信息采集结果所耗费的最低劳动量，可以用采集过程所有环节的劳动消耗总数来计算，如果用 L 表示采集信息的劳动耗费率，l_i（$i=1$，2，$\cdots$，n）表示某一环节中的劳动耗费（可用人、时间等单位表示），那么政府信息资源采集的劳动耗费率可以表示为：

$$L = \sum_{i=1}^{n} l_i \tag{公式 2-5}$$

2.3　政府信息资源采集模式及趋势研究

2.3.1　政府信息资源采集模式

1. 静态政府信息资源采集

静态政府信息采集是指将政府部门在履行职责中涉及的静态、常规的（如政府公告、政策法规等）信息进行采集、获取的过程。这些政府信息来源不同、类型多样，主要包含了基于政府外部的信息采集和基于政府内部的信息采集两大类，如图 2-2 所示。[①]

基于政府外部的信息资源采集是指针对非政府部门所掌握的、非政府工作人员所拥有的信息资源进行的采集和获取工作。它的采集对象包括各类新闻与学术媒体（如报纸、期刊、电视台等）发布的所有信息、网络资源、各类专题或主题数据库、公众访谈信息、面向公众或企业的调查问卷等。政府外部信息资源的采集方法主要包括基于搜索引擎的网络信息资源获取、web 数据资源挖掘、联机检索、现场调查、访谈调查、问卷调查、各职能部门系统检索、基于专项信息的采集等方法。

基于政府内部信息资源的采集是指针对政府部门所掌握的、政府工作人员所拥有的信息资源进行的采集和开发，其主要目的也是为了促进政府各级部门之间的信息高效流通和共享利用。政府内部信息采集工作主要通过建立规范的信息采集制度、使用先进的信息传递工具、建立专家库等方式加以保障。

2. 动态政府信息资源采集

动态政府信息也称作政务过程信息，是指能够连续的、动态地反映客观事物及其运动状态，可以以某种方式显示、存储和传输的，并经政府工作人员加工处理的、能够给政府部门管理决策带来价值的各种政府信息的总和。

---

① 苏新宁，朱晓峰，吴鹏，等. 政务信息资源管理与政府决策 [M]. 北京：科学出版社，2008：41-48.

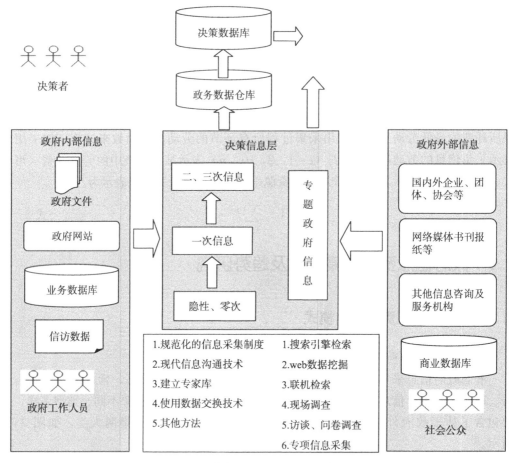

图 2-2　静态政府信息资源采集模型

动态政府信息的采集面对的是动态产生的各种非机构化、异构化的信息资源，由于动态信息资源具有分布广泛、类型多样、变化较快的特点，动态信息资源的采集与静态的信息资源采集有一些不同之处。图 2-3 显示了动态政府信息资源的采集模型：[①]

动态政府信息资源采集模型的构建需要一些特别的要求：（1）以高效快捷的信息采集平台作为支撑。高效快捷的信息采集平台对于实现政府信息的动态采集、最新内容动态入库，以及后续的数据挖掘、自动分类处理、联机分析、信息抓取与推送等服务至关重要。（2）能够支持多种数据格式。由于动态政府信息采集到的数据来源丰富、数量众多、结构复杂，具有多元性，因此信息采集模型关键在于通过构建信息资源元数据体系去解决多种数据格式的识别、兼容和转换的问题，通过建立和使用规范标准，如支持 XML 的数字资源管理标准、支持数字资源的标准化表示和传送协议来支持多种数据格式，如纯文本、Microsoft 的 Word/Excel/PowerPoint、PDF、JPEG/GIF/PNG 等图像类型、电子邮件、HTML/XML 页面、多媒体文件等其他类型的数据资源。（3）提供多元化的检索手段。为了满足不同用户群体的个性化检索需求，最大限度地支持用户对

---

① 苏新宁，朱晓峰，吴鹏，等. 政务信息资源管理与政府决策［M］. 北京：科学出版社，2008：51-53.

政府信息资源的使用，在政府信息采集过程中按照多种分类方式归档，以支持全文检索、智能检索、语义检索、多媒体资源检索以及其他二次检索方式。（4）支持数字资源的安全和审核机制。动态政府信息资源的采集必须要保障政府信息系统的安全性和信息源的可靠性，采用相关安全保障措施，如通过防止非法用户侵入、权限控制、知识产权管理、存储和传输加密以及数字签名和数字认证等安全防护手段来实现对资源合法、合理、高效的开发利用。

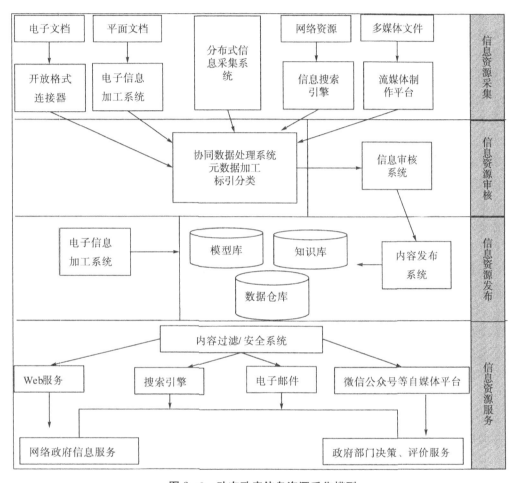

图 2—3　动态政府信息资源采集模型

2.3.2　政府信息资源采集的发展趋势

政府信息资源的采集获取是整个信息资源生命周期的起点，国内学者柳国炎[①]和东方[②]等人从政府机构设置、信息采集渠道、政策法规体系、信息技术支撑等方面分别研究了比利时政府和美国政府的信息资源采集获取现状。通过对国外信息资源的开发案例

---

① 柳国炎. 强化政府信息采集管理，发挥决策支持系统作用——比利时政府信息采集和管理体制及启示 [J]. 信息化建设，2001（7）.

② 东方. 美国政府信息资源公共获取及启示 [J]. 图书情报工作，2010（5）.

进行分析可知，国外信息资源开发获取主要表现为如下特点：制度化、法律化、市场化、数字化、集成化。相较可知，尽管我国在政府信息资源的采集与获取上取得了长足的进步，但在资源采集与获取工作方面仍存在诸多问题。

（1）缺乏专门的政府信息资源管理部门。由于政府信息资源管理职责划分的不明确，导致政府信息的采集与获取工作缺乏宏观的统筹规划，政出多门、职责不明、信息资源重复建设、跨地区跨部门信息共享性较差的现象经常发生，严重影响了我国政府信息资源的采集、开发与利用。因此，应明确一个政府职能部门负责政府信息资源采集、开发管理工作，统筹规划政府信息资源的采集、开发与利用，各级地方政府也要通过成立或指定专门机构来负责地方政府信息资源管理。在政府网络信息资源采集获取方面，应着重做好政府信息网络和信息共享平台建设，加快政府信息资源的数字化和网络化步伐，制定信息存储、获取、传播、交换的标准协议，定期对政府信息网络建设和运行中的重大问题进行协调等。[①]

（2）政府信息资源的采集缺乏统筹规划。政府信息资源作为面向公众的公益性服务资源，在其采集之前，需要进行全面细致的采集开发工作的规划和部署。当前，我国政府信息资源的采集和获取在这方面有所缺失。只有明确信息采集工作的分工部署，强化团队协作，才能避免重复开发、降低采集成本，减轻社会负担。各级政府和政务部门也要依托本地自身特点，制定符合实际的开发策略，严格履行信息采集职责，遵循采集标准和流程要求，以此确保信息采集的真实性、实用性、系统性和导向性。要统筹协调基础信息数据库的信息采集分工、持续更新和共享服务工作，增强地理空间等基础信息资源的自主保障能力，加快由传统载体存储的政府信息资源向数字化信息资源的转型。

（3）政府信息资源的采集缺乏导向性。政府信息资源采集的主要目的是满足公众的多元化信息需求，服务大众，要遵循以人为本、需求导向的政府信息资源采集理念。政府信息资源的采集是一个基础性、长期性，并需要十分庞大的财政支撑的工作，如果没有明确的需求导向，将使采集工作陷入困境。长期以来，很多政府部门仍处于从"管理"向"服务"的职能转变中，政府部门依旧保持传统的依照事先制定的服务范围和服务方法，模式化地获取和发布政府信息资源，未能识别差异化的服务对象，细化需求，使得政府信息资源的采集获取工作出现了高投入、低产出，重采集、轻利用的现象。

（4）政府信息资源的采集缺乏统一标准和行为规范。政府信息资源的采集与获取是政府部门各项工作开展的基础，也是政府信息化工作快速高效推进的重要保障。信息资源采集的标准化是制约信息资源有效获取的一大因素。如果没有一个统一的标准，被采集的信息在技术层面上就不能互通共享，存在质量上的参差不齐，最终导致重复开发现象严重。与此同时，由于长期以来缺乏完善的信息采集管理制度来约束采集工作的行为规范，存在由传统的信息采集方法带来信息失真率较高的现象。

现代信息技术的不断更迭与政府信息采集工作紧密结合使得政府信息资源采集工作呈现出新的发展趋势，主要体现在以下三个方面。[②]

---

① 魏吉华，王新才. 我国政府信息资源开发利用探讨 ［J］. 电子政务，2007（12）.

② 王新才. 政府信息资源管理 ［M］. 北京：科学出版社，2011：50—52.

第一，政府信息资源采集对象的扩大化。在数字环境下，政府信息资源的来源、种类、数量都发生了巨大变化，主要表现为：①政府信息资源来源的分散化。虽然政府部门仍然是政府信息资源的主要来源，但在网络环境中，相关网站上政府信息资源的范围非常模糊，难以确定。例如政府信息资源并不一定都在以".gov"结尾的网站中，而且以".gov"结尾的网站中的信息资源也并不一定属于政府网站信息资源。②政府信息资源种类的多样化。数字环境下，政府信息资源不仅包括传统的印刷型、缩微型出版物，同样也包括网页、数据库、电子邮件、电子期刊等多种出版物。③政府信息资源增长的快速化。随着政府职能的扩大和深化、国际交往的频繁以及各国电子政务建设的快速推进，信息的生产和流动也大大加快，网络已成为信息增长的"超级引擎"，推动着政府数字信息资源的快速增长。相较于传统政府信息资源，政府数字信息资源在采集、加工、整理、传递、存储和利用等方面都有很大的不同，因此，政府信息资源采集将面临一个更加动态多变的环境，而如何提升政府数字信息采集、加工与利用的能力将是一个需要面对的现实问题。

第二，政府信息资源采集流程的网络化。海量的政府数字信息资源决定了政府信息管理部门只能搜集、筛选、鉴别和收录有回溯价值的信息单元，而不是将无意义的信息碎片堆积在一起。由于政府数字信息资源生命周期很短，而且政府部门大多缺乏回复和保留回溯性信息的能力，政府数字信息资源也经常出现在非政府部门网站上，数字信息采集和选择的法律基础薄弱，这些因素都给政府数字信息资源的选择和采集带来了极大的挑战。政府信息资源采集对象的数字化趋势日益明显，而信息采集工具的自动化、智能化和信息采集平台的网络化，使得政府信息采集的绝大部分工作都能在网络上协同完成，从而促进了政府信息资源采集流程的网络化。

第三，政府信息资源采集方式的合作化。政府信息资源采集是一项巨大的系统工程，任何政府信息资源管理机构都难以单独处理这一事务。随着社会分工的细化，政府信息资源采集工作的分工也越来越细，其他信息服务机构也可以参与政府信息资源采集的某些环节，为政府部门提供信息采集服务。长期以来，我国政府信息资源采集机构存在结构不合理的问题，例如统计部门、信息中心主要负责经济信息的搜集和处理，对社会信息方面的采集和处理关注较少；同时也存在我国政府信息部门采集信息往往依靠层层填写、汇总统计报表的方式，在缺乏有效监督的情况下，难以保证信息的真实性和完整性的问题；以及由于信息架构缺乏主动搜集信息的动力机制，往往只是根据上级下达的任务搜集有关信息等问题。因此，应当建立层次多、范围广的政府信息资源采集机制，除了各级政府部门主动地采集信息资源之外，还可以与图书馆、档案馆等公共信息机构或信息咨询服务公司建立合作关系，通过科学分工，形成对特定类型政府信息资源的有效采集。

2.4　案例分享

西宁市人民政府办公厅发布关于做好市政府公开电话知识库信息采集工作的通知
各区、县人民政府，市政府各局、委、办：

为进一步推进市政府公开电话工作，提升政务服务水平，更好地方便人民群众查询和办事，经研究，决定建立市政府公开电话知识库。现就知识库信息采集有关事项通知如下：

一、知识库功能

市政府公开电话知识库是市政府公开电话工作人员直接解答群众咨询事项的重要依据，群众反映的大部分咨询事项将由工作人员直接调取知识库信息进行解答；知识库中没有相关信息的，则通过电话交办、督办单等方式交由相关地区和单位办理或答复。

二、采集范围

根据国务院、省政府和市政府有关信息公开的规定及市政府公开电话的功能定位，各区县政府、市直各单位所有涉及群众、企业、组织依法应公开的事项（不含保密内容），都应纳入知识库。主要包括以下三大部分。

（一）部门单位信息

1. 机构职能：部门单位名称、职能、领导班子成员及分工、内设机构及职责、办公地点及联系电话；设二级单位的部门单位，要提供二级单位的上述相关信息。

2. 政策法规：包括本单位处理各类政务事项所依据的国家法律法规、地方性法规、省政府规章、部门规章、市政府规范性文件等。重点提供与群众生产生活密切相关的部门规章和政府规范性文件。

3. 行政审批（许可）：包括办理的审批（许可）事项、办事流程、申报材料、审批条件、法律依据、收费说明、收费依据、办理单位、地点、受理时间、联系电话等相关信息。

4. 行政执法：包括执法依据、执法对象及违法行为、执法主体、执法程序、执法内容、法律救助、联系电话。

5. 公共服务：指除行政许可以外的为公众提供的公共产品和服务。具体内容：项目及范围、时间及内容、标准及依据、方式及措施、进度及效果、申请及办理、管理及依法处罚等。

6. 民生类咨询常见问题：各单位结合自身职能情况，针对群众经常性反映或投诉的热点问题，编写规范的答案样本（常见问题采取"一问一答"形式）。

（二）市情

1. 市情概况：由市统计局提供。主要包括经济社会主要指标等内容。

2. 区（县）情概况：由区（县）政府办公室提供。主要包括各乡镇和区（县）所属功能区的行政区划情况、主要负责人、办公地点、联系电话等基本情况。

（三）市民常用信息

1. 教育：由市教育局提供。主要包括：（1）基础教育：各幼儿园、小学、初中、高中、外来人口本地就读服务、外籍及港澳台本地就读服务，义务教育施教区划分。（2）职业教育：职业中专、职业高中、职业技校、继续教育。（3）特殊教育：残疾、残障人士教育。需提供上述各类幼儿园、学校名称简介、地址、主要负责人、联系电话等。

2. 医疗：由市卫计委和市食品药品监管局提供。主要包括市区各公共医疗服务机构、各大医院、社区卫生服务中心（站）及药店等负责人、地址、值班电话等。

3. 交通：由市交通局提供。主要包括：（1）公交汽车线路；（2）客运站、公交公司、出租车公司等的地址、联系电话、单位负责人及联系电话；（3）火车、汽车、飞机等时刻表或作息表。

4. 招商：由市经合局提供。主要包括招商动态、投资环境、投资程序、优惠政策等。

5. 金融保险：由市金融办提供。主要包括：（1）我市近几年出台的主要金融（保险）政策。（2）市区各类银行、保险公司及其网点等的地址、联系电话、负责人及 24 小时服务电话。

6. 其他：如住房、供水、供电、供气、物价、有线电视、社保、园林等群众关心的重要实时信息，涉及公共利益的重大决策及相关政策或有关突发性、公共性的重大紧急问题处理应向公众公开的信息，由各相关部门及时提供。

三、知识库格式

（一）为便于分类、整理和检索，本着标准化、规范化原则，知识库信息采集采用统一格式的文本模板和框架。各单位要按通知要求，参照提供的规范格式，全面收集、梳理、汇总、上报有关信息。

（二）民生类咨询常见问题，以"一问一答"形式编写规范答案；比较复杂的问题，可先用一道题对整体问题作概括性的介绍，再从不同角度对每一子项问题分别设问、回答，独立成题。

（三）关键词。填写能概括规范答案所指问题的关键词语。如："城管局，占用城市道路、设立临时建筑物、审批"等。

四、工作要求

（一）各地区、各单位要高度重视知识库的信息采集工作，认真组织实施，确定业务知识全面、文字能力强的工作人员具体负责采集工作，对所上报知识库内容的合法性、时效性、准确性负责。

（二）各地区、各单位收集上报知识库内容力求简明扼要、真实准确、便于查询。所有文档按目录做好分类，经单位主要领导审核后，将纸质材料（需本单位主要领导签字并加盖单位公章）和电子版（WPS 格式与文本 txt 格式各一份，以单位名称作为文件名）于 2015 年 6 月 10 日前报市政府公开电话办公室。

（三）市政府公开电话知识库建立后，各地区、各单位要继续做好知识库内容的更新、维护工作。相关信息发生变化时，要在 5 个工作日内将变更的信息及时报市政府公开电话办公室进行更新，以确保知识库内容的时效性和准确性。

西宁市人民政府办公厅

2015 年 5 月 21 日

案例来源：西宁市人民政府办公厅关于做好市政府公开电话知识库信息采集工作的通知，http://www.xining.gov.cn/html/2459/330165.html

主要参考文献

[1] 党跃武. 信息管理导论 [M]. 3 版. 北京：高等教育出版社，2015.

[2] 东方. 美国政府信息资源公共获取及启示 [J]. 图书情报工作，2010 (5).

[3] 高复先. 信息资源规划——信息化建设基础工程 [M]. 北京：清华大学出版社，2002.

[4] 郭瑞鹏，孔昭君. 危机决策的特点、方法及对策研究 [J]. 科技管理研究，2005 (8).

[5] 黄如花. 网络信息组织：模式与评价 [M]. 北京：北京图书馆出版社，2003.

[6] 霍国庆，孟广均，王进孝，等. 信息资源管理思想的升华 [J]. 图书情报工作，2002 (4).

[7] 刘铭，刘岩. 浅谈 GIS 在政府信息资源平台建设中的应用 [J]. 电子政务，2009 (2).

[8] 刘兹恒. 信息媒体及其采集 [M]. 北京：北京大学出版社，2008.

[9] 柳国炎. 强化政府信息采集管理，发挥决策支持系统作用——比利时政府信息采集和管理体制及启示 [J]. 信息化建设，2001 (7).

[10] 苏新宁，朱晓峰，吴鹏，等. 政务信息资源管理与政府决策 [M]. 北京：科学出版社，2008.

[11] 苏新宁. 电子政务理论 [M]. 北京：国防工业出版社，2003.

[12] 王新才. 政府信息资源管理 [M]. 北京：科学出版社，2011.

[13] 张启祥，李慧. 政府信息资源库：电子政务的基石 [J]. 信息化建设，2002 (5).

[14] 张瑞荣，朱晓峰. 政府信息资源采集模型研究 [J]. 情报杂志，2007 (4).

[15] 周晓英，王英伟. 政府信息管理 [M]. 北京：中国人民大学出版社，2004.

[16] 朱晓峰，潘郁，陆敬筠. 危机决策中政务信息采集模型研究 [J]. 情报理论与实践，2008 (2).

[17] 朱晓峰. 政府网站信息资源采集行为模型研究 [J]. 情报理论与实践，2006 (1).

第3章 政府信息资源的组织

在我国政府信息化建设全面铺开并快速发展的当前，政府信息资源的地位和作用将更加引人注目。随着《政府信息公开条例》在政策层面上的推进，政府信息资源的质量与数量都取得实质性发展，保障了"阳光政府""服务型政府"等理念的落地实施，政府信息资源管理在政府运行体制中已经形成了一套规范化、科学化办法，并深刻影响着政府工作与服务的方方面面。但有效的政府信息资源管理需要以科学的信息组织手段为基础，政府信息资源的描述与组织是连接政府信息资源形成和政府信息资源服务的关键环节，能够有效地解决海量政府信息资源的管理问题。

3.1 政府信息资源的描述

3.1.1 政府信息资源描述概述

政府信息资源描述，是指根据政府信息组织和检索的需要，对政府信息的主题内容、形式特征、物质特征等进行分析、选择、记录的活动。政府信息资源描述主要分为两种类型：一是著录，即对政府信息外部特征，如题名、责任者、出处和出版时间等要素的描述；二是标引，即对政府信息的内容特征进行揭示。不同类型文献和不同形式目录的著录项目不尽相同，例如国际图联制定的 ISBD 为书目描述提供了原则性的框架，以及美国国会图书馆的网络开发和 MARC 标准办公室维护的 EAD 标准，是为适应档案馆和原稿库的需要而开发的一种资源描述方式。政府信息资源的标引要以正确的主题分析为前提，例如比较有代表性的"加拿大主题信息资源"，就是采用杜威十进制分类法建立"主题树"来展示加拿大政府信息资源目录。[①]

通过政府信息资源的描述，提供信息资源的外部特征和内容特征，以便用户访问时使用，如出处、位置、网址以及主题、作者、题名、类型、出版时间等，帮助用户识别、定位、检索和选择具体的信息资源对象，如图 3-1 所示。

---

① 王新才. 政府信息资源管理 [M]. 北京：科学出版社，2011：63-71.

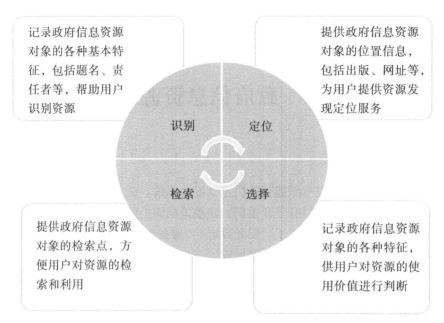

记录政府信息资源对象的各种基本特征，包括题名、责任者等，帮助用户识别资源

提供政府信息资源对象的位置信息，包括出版、网址等，为用户提供资源发现定位服务

提供政府信息资源对象的检索点，方便用户对资源的检索和利用

记录政府信息资源对象的各种特征，供用户对资源的使用价值进行判断

图 3-1　政府信息资源描述作用示意图

3.1.2　政府信息资源元数据标准

政府信息资源作为一种典型的信息资源，对资源本身内容与外部特征的描述需要一套完整的元数据描述方案。元数据是关于数据的数据，是依赖于被描述的信息资源而存在的。元数据本身是结构化的，具有信息资源的描述、解释、定位、检索、使用与管理等功能。[①] 元数据在图书馆、出版、教育、博物馆、档案馆、多媒体以及互联网等领域的长期实践管理中已形成各种描述规范与标准。例如通用元数据标准都柏林核心元数据Dublin Core（以下简称 DC），适用于各类信息资源的基础描述与组织，各类行业元数据方案之间通过 DC 元数据建立起映射，促进相关领域跨平台的信息资源共享与集成。

在政府信息资源管理实践进程中，政务信息资源的元数据描述标准也已经形成并稳固。2007 年发布的国家标准《政务信息资源目录体系》（GB/T 21063）第 3 部分（核心元数据）的制定参考了国内外相关元数据标准，如 DC 元数据、国际地理信息-元数据标准（ISO19115）、美国政府信息定位服务（Government Information Locater Service，GILS）、英国电子政务元数据标准等，兼顾了资源描述的通用性与实用性。本节根据《政务信息资源目录体系》系列标准的第 3 部分（核心元数据）来介绍政府信息资源的元数据描述方法。这一部分规定了描述政府信息资源特征所需的核心元数据及其扩展原则与方法，包含了 6 个必备核心元数据（信息资源名称、信息资源摘要、信息资源提供方、信息资源分类、信息资源标识符、元数据标识符）与 6 个可选核心元数据（信息资源发布日期、关键字说明、在线资源链接地址、服务信息、元数据维护方、元

---

① Understanding Metadata. Bethesda，MD：NISO Press［EB/OL］. http://www.niso.org/standards/resources/UnderstandingMetadata.pdf

数据更新日期），表 3-1 整理了政府信息资源的核心元数据方案。

表 3-1　政府信息资源元数据描述方案

元素名（中文）	元素名（英文）	数据类型	值域	必须/可选	最大出现次数
1. 信息资源名称	Resource Title	字符串	自由文本	必备	1
2. 信息资源发布日期	Date of Publication	日期型	GB/T 7408—2005	可选	1
3. 信息资源摘要	Abstract	字符串	自由文本	必备	1
4. 信息资源提供方	Point of Contact	复合型		必备	N
4.1 资源提供单位	Organisation Name	字符串	自由文本	必备	1
4.2 资源提供方地址	Address	字符串	自由文本	可选	1
5. 关键字说明	Descriptive Keywords	复合型		可选	N
5.1 关键字	Keyword	字符串	自由文本	必备	N
5.2 词典名称	Thesaurus Name	字符串	自由文本	可选	1
6. 信息资源分类	Resource Category	复合型		必备	N
6.1 分类方式	Category Standard	字符串	值词汇	必备	1
6.2 类目名称	Category Name	字符串	值词汇	必备	1
6.3 类目编码	Category Code	字符串	值词汇	必备	1
7. 在线资源链接地址	Online	字符串	自由本文	可选	N
8. 信息资源标识符	Resource ID	字符串	自由文本	必备	1
9. 服务信息	Service Information	复合型		可选	1
9.1 服务地址	Service URL	字符串	自由文本	必备	1
9.2 服务类型	Service Type	字符串	取值词汇	必备	1
10. 元数据标识符	Metadata Identifier	字符串	自由文本	必备	1
11. 元数据维护方	Metadata Contact	复合型		可选	N
11.1 元数据联系单位	Organisation Name	字符串	自由文本	必备	1
11.2 元数据维护方地址	Address	字符串	自由文本	可选	1
12. 元数据更新日期	MetaData Update	日期型	GB/T 7408—2005	可选	1

从表 3-1 可以看出，GB/T21063 定义的元数据方案搭建起了政府信息资源的整体框架。元数据元素的数据类型主要包括字符串、日期型与复合型。字符串类型的元素取值可使用自由文本与值词汇两种。自由文本很容易理解，由一定长度的自由输入的字符组合而成，如信息资源名称、信息资源摘要、关键字等。值词汇是指从取值列表、词典、主题目录、代码表等中选取，填充元数据元素值的一类规范化词汇。政府信息资源元数据中涉及值词汇的元数据元素包括信息资源分类，具体包括分类方式、类目名称、

类目编码以及关键词所属的词典名称。日期类型的元素取值采用国家标准《数据元和交换格式 信息交换 日期和时间表示法》 （GB/T 7408—2005）中规定的时间格式，CCYY—MM—DD，如 2016－10－07。复合型是指包含子元素的元数据元素，如信息资源提供方包括资源提供单位与资源提供地址两个子元素，应予以配套描述相关字段。

元数据描述方案充分揭示了政府信息资源自身属性与相关信息，为更好地识别、定位、检索、发现、服务与利用政府信息资源打下了坚实的基础。在此之上，如何有效组织管理政府信息资源及其元数据描述信息，则需要资源组织体系与词表工具的参与。

3.1.3　政府开放数据的元数据标准

在大数据时代背景下，政府数据开放成为热门词汇，涂子沛在《大数据》一书中指出，大数据的价值在于数据开放。透过美国政府的开放运动，引人思考的是数据开放与共享对有效推动政府透明、阳光与社会公正的行动价值与意义。2015 年国务院在《关于促进大数据发展行动纲要的通知》中指出："2018 年底前建成国家政府数据统一开放平台，率先在信用、交通、医疗、卫生、就业、社保、地理、文化、教育、科技、资源、农业、环境、安监、金融、质量、统计、气象、海洋、企业登记监管等重要领域实现公共数据资源合理适度向社会开放，带动社会公众开展大数据增值性、公益性开发和创新应用，充分释放数据红利，激发大众创业、万众创新活力。"这一信号的发出可视为大数据时代政府信息公开网站的升级要求，从信息公开的单一目标向数据开放的全面应用创新迈进。

针对政府开放数据面向社会公众服务增值的利用需求，已有的政府信息资源元数据适用于政府开放数据的描述，但需要在其基础上进行扩展和定制。目前我国已经上线的政府数据开放门户有国家数据网（隶属国家统计局）、北京政务数据资源网、上海政府数据服务网、浙江省公共数据开放目录、武汉市公开数据服务网、青岛政府开放网、数说南海（佛山南海区）等。由于中国目前还未形成统一的政府开放数据建设标准与规范，多数实践以政府信息资源元数据与主题分类目录为基础进行，总体而言政府开放数据的元数据描述情况相差较大，对于描述元数据、管理元数据以及利用元数据等三个方面还未形成一致化的系统性方案。

目前美国和英国是政府数据开放实践走在前列的国家，本部分内容介绍国外政府开放数据的元数据方案，以期为中国国家政府数据统一开放平台的元数据描述标准提供对照参考。W3C 于 2014 年 1 月 16 日颁布的数据目录词汇 DCAT（Data Catalog Vocabulary）是当前国外各类型开放数据主要参考的元数据描述标准。它定义了一套用于加速开放数据目录互操作的 RDF 词汇，既体现了元数据描述的系统规范化，又融入了语义网的表征规范，为更好地开放数据集成与互操作提供了可靠的技术参考。DCAT 在设计时充分考虑已有的语义网标准与成熟的元数据词汇，以 DC 元数据（含限定词）、FOAF（人物描述元数据）、SKOS（简单知识组织体系）、vCard（个人名片信息元数据）等为标准依据，为资源关联与集成打下了良好基础。

DCAT 推荐标准中定义了三种实体：数据集（dcat：Dataset）、数据集分发（dcat：Distribution）与数据目录（dcat：Catalog）。数据集是反映某一主题、范围、事件等的结构化数据对象的集合，成了开放数据的基本资源对象。数据集与传统的政府信息资源对象既有区别又有联系，它可能是一份具体的公文，也可能是一段时间的地方经济发展统计数据表格。数据集分发代表数据的一种可获取形式，例如，一份可供下载的 excel 文件、一个 RSS 订阅源或者需要通过 API 编程获取的数据。对每个数据集进行元数据描述的过程即资源编目，若干数据集的编目结果称之为数据目录。通过数据目录可以定位、查找与发现所需的相关数据集。这三类实体构成了开放数据的元数据描述基础，如图 3-2 所示，展示了开放数据涉及的实体、元数据属性以及语义关系。①

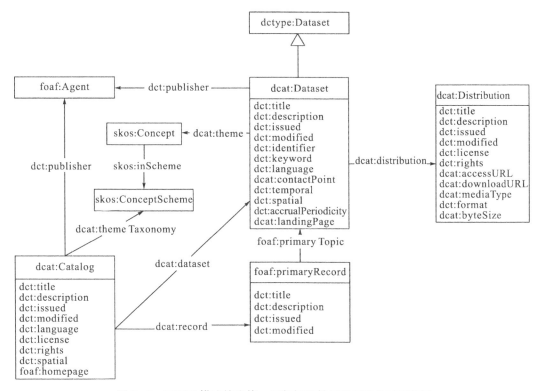

图 3-2　DCAT 描述的实体、元数据属性以及语义关系示意图

DCAT 给出了面向实体（概念）、语义的立体化元数据描述，从简单罗列元数据元素上升到系统化、全面化的元数据应用纲要设计。根据具体情况，在 DCAT 基础上可以进行已有实体元数据属性增减、新实体关联引入的扩展，这样既保证了元数据描述的规范化，又给予了语义丰富化空间。以下是 DCAT 描述数据集的一个示例，左侧是数据描述代码，采用 Turtle 语法编写，右侧是对此示例的中文解读。

---

① Data Catalog Vocabulary (DCAT) [EB/OL]. http://www.w3.org/TR/vocab-dcat/.

：dataset-001 　　　a dcat：Dataset ； 　　　dct：title "Imaginary dataset"； 　　　dcat：keyword "accountability"， "transparency"，"payments"； 　　　dct：issued "2011-12-05" ˜xsd：date ； 　　　dct：modified "2011-12-05" ˜xsd：date ； 　　　dcat：contact Point ＜ http：//example. org/transparency-office/contact＞ ； 　　　dct：temporal＜http：//reference. data. gov. uk/id/quarter/2006－Q1＞ ； 　　　dct：spatial ＜ http：//www. geonames. org/6695072＞ ； 　　　dct：publisher：finance-ministry ； 　　　dct：language ＜ http：//id. loc. gov/vocabulary/iso639-1/en＞； 　　　dct：accrual Periodicity＜http：//purl. org/linked-data/sdmx/2009/code♯freq-W＞； 　　　dcat：distribution ：dataset-001-csv ； 　　　。	♯数据集标识为 dataset-001 ♯定义为一个数据集 ♯数据集名称，此处为虚构的 ♯关键词，可多个 ♯发布日期，采用 xsd：date 数据类型 ♯更新日期，采用 xsd：date 数据类型 ♯联系人，此处为联系人实体的 URL ♯时间范围，此处为 2006 年第一季度 ♯空间范围，此处为 geonames 的一个地名标识 ♯发布者，此处为财政部 ♯语种，此处为 ISO639－1 的语种代码 en（英文），取自美国国会图书馆的关联数据服务系统 ♯更新周期，此处为按周更新，取自统计数据与元数据交换规范中的更新周频次 ♯数据集分发形式为 csv，命名为 dataset-001-csv

图 3－3　DCAT 描述数据集的一个示例

从以上示例可以看出，开放数据的元数据描述已经加强了元数据复用与语义化表征。这两方面也是未来元数据深入发展的主流趋势，值得引起人们的关注。

美国、英国以及欧盟一些国家的政府开放数据门户都以 DCAT 为基础制定各自的开放数据元数据标准。美国政府数据开放门户（http：//data. gov）的元数据描述方案名为 Project Open Data Metadata Schema[①]，目前最新版本为 2014 年 11 月 6 日颁布的 1.1 版本，在 2015 年 2 月 1 日之前完成数据集元数据描述的转换工作。美国政府开放数据的元数据方案首先对数据集、数据目录以及 Web API 等基本资源对象做了明确界定。数据集公开发布之后，除了提供数据集文件的直接下载之外，Web API 是另一种让计算机可以编程自动获取特定数据集的利用方式。美国政府开放数据的元数据方案中包含三类待描述的实体字段：数据目录字段、数据集字段、数据集分发字段。这三个实体之间具备一定的语义关系，与 DCAT 的语义模型保持一致。值得注意的是，美国政府开放数据的元数据定义时非常重视对数据编码与格式的规范，在数据集页面上有关数据集的元数据描述文件给出的是 JSON 格式，方便进行元数据交换与共享。图 3－4 是美国政府数据开放门户中一个热门数据集（消费者投诉数据）的详细页面及元数据 JSON 文件的树状视图展示。左侧详细页旨在服务用户的良好阅读与访问，其中包含了该数据集的许多元数据信息，以及各种引导使用数据集的提示。右侧是该数据集的元数据 JSON 文件，面向计算机的编程采集与解析读取等。需要说明的是，两边的元数据信息是完全一致的，只是面向用户与机器的不同处理要求而同时存在。

---

① Project Open Data Metadata Schema v1. 1 ［EB/OL］. https：//project-open-data. cio. gov/v1. 1/schema/.

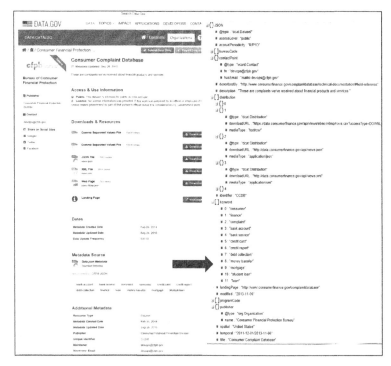

图 3-4　消费者投诉数据的详细页面及元数据 JSON 文件的树状视图

英国政府数据开放门户、欧盟数据开放门户均采用开源软件 CKAN 作为系统平台基础，有关元数据的描述基本遵守 CKAN 所提供的数据结构。图 3-5 是英国政府数据开放门户的一个数据集详细页面，展示了时序性数据的描述发布情形，另外还加入了评论、评分等互动元数据使用情况。英国政府开放数据的描述与组织更倾向于用户角度的查看与利用，在机器自动处理的数据格式方面并未有更多支持。

图 3-5　英国政府数据开放门户的一个数据集页面

综上所述，元数据描述与组织机制是政府信息资源管理的必备组件，通过全面系统化的元数据描述与科学合理的分类组织，才能更好地实现资源查找、发现与利用。国外政府数据开放的实践经验为中国政府数据开放门户建设提供了标准化的元数据设计与实施建议。在中国政府数据开放的实践中，如何延续已有的政府信息资源元数据标准与词表规范，加强元数据描述对开放标准的兼容（如 DC、DCAT 等）与语义化表征，如何面向终端用户提供友好的数据阅读、分析与利用界面，面向机器处理提供结构化、富含语义与易交换的开放元数据格式，如 JSON、RDF/XML 等，以及如何通过不同元数据标准之间的映射研究，搭建跨部门多来源政府信息资源共享与集成的通道，都是一些必须努力解决的重点工作。

3.2　政府信息资源的分类组织

政府信息资源的描述，尤其是元数据描述提供的方案，主要是为信息资源分类组织提供取值依据。政府信息资源的分类组织主要是指根据政府信息资源的分类目录、主题词表等组织工具，对政府信息进行归类的过程。

3.2.1　政府信息资源的分类目录

GB/T 21063.4 政务信息资源分类给出了建立政务信息资源目录的分类依据。在规范征求意见稿中，提出了主题分类、行业分类、服务分类和资源形态分类等 4 个维度的分类方法，如图 3-6 所示。其中，主题分类体现政务信息资源的内容属性与特征；行业分类体现政务部门职能特点；服务分类体现政务信息资源面向用户的功能服务划分；资源形态分类体现政务信息的物理属性及存在形式。

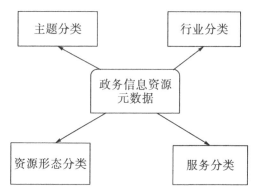

图 3-6　政务信息资源多维度分类

GB/T 21603.4 中只给出了主题分类类目表，主题分类是政务信息资源的核心分类方法，其他三种作为辅助性分类。从信息资源组织角度，政务信息资源的多维度分类有助于更好地揭示与发现，因此政务信息资源组织的主题分类是必要基础，其他组织方法可根据资源具体情况灵活划分处理。

当前政府信息资源管理实践过程中信息资源的主题分类不止一种划分依据。GB/T 21603.4 国家标准中的主题分类与国务院办公厅信息公开目录的主题分类是两种主要的主题分类依据。GB/T 21603.4 的主题分类类目表设置了 21 个一级类和 133 个二级类。分类代码标识采用罗马字符与数字混合方式，一级类用 1 位大写罗马字符表示，例如 ZA 表示综合政务；二级类用 1 位大写罗马字符与 2 位阿拉伯数字表示，例如 ZAC00 表示中共党务。（表 3-2 是主题分类的一级类简表）

表 3－2 GB/T 21063.4 政务信息资源主题分类一级类目

ZA 综合政务 ZB 经济管理 ZC 国土资源、能源 ZD 工业、交通 ZE 信息产业 ZF 城乡建设、环境保护 ZG 农业、水利 ZH 财政 ZJ 商业、贸易 ZK 旅游、服务业 ZL 气象、水文、测绘、地震	ZM 对外事务 ZN 政法、监察 ZP 科技、教育 ZQ 文化、卫生、体育 ZR 军事、国防 ZS 劳动、人事 ZT 民政、社区 ZU 文秘、行政 ZV 综合党团 ZW 综合类

随着政府信息公开工作实践的推进，国务院办公厅为方便公民、法人或其他组织查阅、利用政府信息，编制了国务院办公厅政府信息公开目录。采用两级的主题分类法，将公开的政府信息分为 21 个主题类与 1 个其他类，共计 22 类，如表 3－3 所示。一个圈点表示一级主题分类，两个圈点表示二级主题分类。每个类别下除设置主题类目之外都带有一个其他类，方便不易归类的条目存放。每条政府信息包含索引号、发文机关、发文日期、名称、文号等属性。

表 3－3 国务院办公厅政府信息公开目录主题分类表

·国务院组织机构 ··国务院 ··国务院办公厅 ··国务院组成部门 ··国务院直属特设机构 ··国务院直属机构 ··国务院办事机构 ··国务院直属事业单位 ··国务院部委管理的国家局 ··国务院议事协调机构 ··其他 ·综合政务 ··政务督查 ··应急管理 ··电子政务 ··文秘工作 ··保密工作 ··信访 ··参事、文史 ··其他 ·国民经济管理、国有资产监管 ··宏观经济 ··经济体制改革 ··统计	·国土资源、能源 ··土地 ··社会信用体系建设 ··审计 ··其他 ··矿产 ··水资源 ··海洋 ··煤炭 ··石油与天然气 ··电力 ··其他 ·农业、林业、水利 ··农业、畜牧业、渔业 ··林业 ··水利 ··其他 ·工业、交通 ··机械制造与重工业 ··轻工纺织 ··化工 ··国防工业 ··航天、航空 ··信息产业（含电信） ··公路 ··水运 ··铁路	·食品药品监管 ·安全生产监管 ·市场监管、安全生产监管 ··工商 ··质量监督 ··标准 ··其他 ·城乡建设、环境保护 ··城市规划 ··城乡建设（含住房） ·环境监测、保护与治理 ··节能与资源综合利用 ··气象、水文、测绘、地震 ··其他 ·科技、教育 ··科技 ··教育 ··知识产权 ··其他 ·文化、广电、新闻出版 ··文化 ··文物 ··新闻出版	·劳动、人事、监察 ··劳动就业 ··社会保障 ··人事工作 ··军转安置 ··监察 ··纠正行业不正之风 ··其他 ·公安、安全、司法 ··公安 ··国家安全 ··司法 ··其他 ·民政、扶贫、救灾 ··减灾救灾 ··优抚安置 ··社会福利 ··行政区划与地名 ··扶贫 ··其他 ·民族、宗教 ··民族事务 ··宗教事务

··物价 ·国有资产监管 ·重大建设项目 ·其他 财政、金融、审计 ·财政 ·税务 ·银行 ·货币（含外汇） ·证券 ·保险	··民航 ·邮政 ·其他 商贸、海关、旅游 ·对外经贸合作 ·国内贸易（含供销） ·海关 ·检验、检疫 ·旅游 ·其他	··广播、电影、电视 ·其他 卫生、体育 ·卫生 ·医药管理 ·体育 ·其他 人口与计划生育、妇 女儿童工作 ··人口与计划生育 ··妇女儿童 ··其他	·对外事务 ··外交、外事 ··国际条约、国 际组织 ··其他 ·港澳台侨工作 港澳工作 对台工作 侨务工作 ·国防 ··国防建设 ··国防动员 ·其他

图3-7是中央人民政府网站信息公开目录的主题分类及对应的公文资料。各个地方政府和部委单位信息公开的主题分类则根据自身情况进行细化与扩展制定，例如，组织机构根据地方政府部门的设置进行细化。

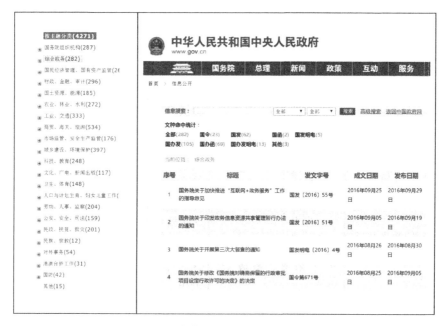

图3-7 中央人民政府网站信息公开目录

当前，政府信息资源的分类组织成果主要体现为政府信息公开目录。政府信息公开目录是依照《政府信息公开条例》对政府信息按照一定编目描述组织方法所形成的资源体系，作为政府信息公开发布与公众获知查询信息的检索工具。在政府信息公开目录建设中，GB/T 21063.4的主题分类涵盖的政府信息资源更广一些，国务院政府信息公开目录主题分类则主要针对政府文件等政府信息，在政府网站实践中后者较为常见。

除了主题分类之外，面向公众服务的信息资源其他分类维度也是需要的。资源形态分类主要包括电子化资源与非电子化资源两类。电子化资源细分为数据库、文本资源、多媒体资源（音频、图像、视频等）、交互资源、空间数据等。各级地方政府在编制信息公开目录时可根据本地实际情况进行分类维度扩展，例如四川省政府信息公开目录包含四种分类：基础、主题、体裁与服务对象。四川省政府信息公开目录的主题分类依照国务院办公厅政府信息公开目录主题分类设置；基础分类包括概况、文件、动态、财政、服务及其他 6 个子类；体裁分类包括决议、决定、命令（令）、公报、公告、通告、意见、通报、报告、请示、批复、议案、函、纪要及其他 15 个子类；服务对象分类包括个人与企业两大类，其下再细分。再例如，山东省政府信息公开目录除了主题分类之外，设置了单位分类与组配分类两种，其中单位分类可以以信息公开的部门为检索入口，但组配分类不太容易被理解和使用。总而言之，单一的主题分类无法满足多元化检索需要，多维度的政府信息资源分类是站在用户角度努力优化资源检索与利用效果。

3.2.2　政府信息资源的主题词表

政府信息资源的主题分类在一定程度上实现了政府信息的有序化组织。在此基础上，选择主题词表对政府信息资源进行组织管理，通过多维度的语义关系组织信息资源，将有助于提升政府信息资源体系的组织质量。主题词表是规范化的语义检索工具，根据信息检索的查全率与查准率要求，将自然语言与人工语言进行转换与规范，作为信息资源对象的标引依据和查找途径。随着计算机信息检索技术的快速发展，基于关键词的全文检索与自动标引技术在一定程度上能够满足基本的文档查找需要，但是文档一体化管理、跨库资源共享与集成以及语义检索等都需要主题词表的规范化控制。

政府信息资源管理实践进程中产生了一些国家与地方主题词表，比较有代表性的是《公文主题词表》（中共中央办公厅秘书局，1998 年 10 月修订）、《国务院公文主题词表》（国务院办公厅秘书局，1997 年 12 月修订）以及《综合电子政务主题词表》（2005 年 1 月）。《公文主题词表》与《国务院公文主题词表》虽然两者类目设置和标引规则有所不同，但从分类组织的原理与结构上看，与政府信息公开目录的主题分类相似，都是扁平结构，通过在每个类目下列举主题词的方式进行组织。所有的主题词可用于公文的标引与检索聚类。2012 年 7 月 1 日起施行的《党政机关公文处理工作条例》规定的公文格式未规定主题词一项，背后的原因分析起来大体有两点：一是具体实践中公文主题词标引的随意性与盲目性，导致主题词作用无法发挥；二是计算机信息检索技术使得关键词检索能够满足基本的公文查找需要，但这并不意味着，当前政府信息资源的深度组织不需要主题词表的规范化控制。要提升政府信息资源利用水平，从字面匹配到语义关联、内容分析与知识挖掘等信息资源深度利用层面上看，主题词表依然会发挥积极作用。

2004 年 10 月《电子政务主题词表编制规则》（GB/T19486—2004）作为国家标准颁布，规范了综合电子政务主题词表和专业电子政务主题词表的编制原则、方法与要求，控制资源标引质量的同时，考虑面向网络环境的兼容与共享。《综合电子政务主题词表》（试用本）作为国家科技基础性工作和社会公益研究专项"《电子政务主题词表》编制及应用系统"的研究成果之一，于 2005 年 1 月编制完成。《综合电子政务主题词表》是第一部严格遵守《电子政务主题词表编制规则》，截至目前收录主题词汇量最多、专业覆盖面广的电子政务类大型词表。值得一提的是，《综合电子政务主题词表》覆盖了《公文主题词表》和《国务院公文主题词表》的所有主题词，并丰富了分类结构与词间关系。

《综合电子政务主题词表》（试用本）由字顺表与范畴表两部分组成。字顺表是词表主体部分，共收录主题词20252个，其中正式主题词17421个，非正式主题词（入口词）2831个。主题词款目由款目主题词、参照项、范畴号、注释等组成。主题间语义关系包含用（Y）、代（D）、属（S）、分（F）、参（C）等五种。主题词举例如下图3－8：主题词右侧的数字与字母组合代码则表示范畴表中相应的类号；白皮书的01D类目名称为政府工作，八一建军节的16A类目名称为军事国防。

八一建军节　　　　　　　　（16A）白皮书　　　　　　　　（01D）
D 中国人民解放军建军节　　　　S 政府出版物
S 建军节　　　　　　　　　　　　·出版物
　·节假日　　　　　　　　　　 C 外交文书

图3－8　综合电子政务主题词表示例

由于电子政务本身的学科交叉性与综合性，范畴表以学科知识领域划分作为首要分类依据，兼顾政府部门职能与行业类别，同时体现了政治思想工作、党派团体活动等中国特色的政治活动。范畴表最深层级为3级，一级范畴类目21个，二级范畴类目132个，三级范畴类目37个。范畴表与之前介绍的主题分类相比，主题覆盖面与划分力度相似，但范畴表拥有唯一识别的编码标识，并且结构与语义相对完备。

《综合电子政务主题词表》为政府信息资源的信息构建提供了规范化的全面体系框架，是政府信息公开目录建设的必要组件，有助于优化政府信息资源的组织、检索与利用。地方政府和相关部门可在《综合电子政务主题词表》的基础上编制专业电子政务主题词表，以满足地方性和专业性信息资源的标引与组织需要。

随着政府信息资源管理实践的快速发展，为避免范畴分类结构局限和考虑到用户检索需要的多元化需要，出现了一些针对《综合电子政务主题词表》进行优化的研究实践。分面化改造是《综合电子政务主题词表》优化的一种主流思路，[①②] 运用分面分析与组配方法，设置基础分面，通过主题词组配提升主题容纳空间，最终达到多维度组合检索的应用价值。《综合电子政务主题词表》的使用价值需要随着政府信息资源形态和服务手段的变化而及时地升级改造，否则词表会有无法适应资源现状而被淘汰的危险。

3.3　案例分享

海南发布第二批政务信息资源共享目录

继2015年10月发布首批政务信息资源共享目录之后，海南省信息化建设领导小组办公室于2016年2月16日发布第二批政务信息资源共享目录，包括37个省级部门共

---

① 高文飞，赵新力. 电子政务主题词表的分面化改造［J］. 电子政务，2008（9）.
② 贾君枝，武晓宇. 基于FAST的综合电子政务主题词表分面式改造［J］. 图书情报工作，2014（8）.

享目录，共 297 项信息资源，进一步扩大了政务信息资源的共享范围。

根据《海南省信息化条例》和《海南省政务信息资源共享管理办法》相关要求，为促进海南政务信息资源共享和业务协同，2015 年 10 月 14 日，省信息化建设领导小组办公室发布第一批政务信息资源共享目录，主要涉及企业法人和人口基础信息，基于省电子政务数据共享交换平台（以下简称省共享交换平台）为全省政务部门提供信息资源共享服务。为进一步扩大政务信息资源的共享范围，该办公室梳理形成的第二批政务信息资源共享目录，包括 37 个省级部门共享目录，共 297 项信息资源，并于 16 日正式公布。

海南省第二批政务信息资源共享目录包括省政府办公厅提供的权力清单、责任清单、办事指南，省发改委提供的政府投资项目审批信息、工程建设项目招标事项核准信息、创业投资企业备案信息、国家鼓励发展的内外资项目确认信息、外商投资项目核准信息等，省旅游委提供的景区信息、星级酒店信息、旅行社信息、导游信息、电子行程单信息等，省农业厅提供的主要农作物种子生产许可信息、无公害畜产品产地认证信息等，省人社厅提供的社保个人参保信息、企业社保缴纳记录信息、就业扶持政策信息等，涵盖 37 个省级部门。图 3-9 为海南省人民政府办公厅的信息资源共享目录。

序号	资源提供单位	信息资源名称	资源子项	共享类型
1	海南省人民政府办公厅	权力清单	职权类型、职权类型代码、单位名称、单位代码、职权编码、职权名称、职权依据、行使主体、运行流程	无条件共享
2		责任清单	主要职责、权力边界、事中事后监管、公共服务事项	无条件共享
3		办事指南	大项编号、大项名称、子项编号、子项名称、事项类别、办件类型、法定时限、承诺时限、是否收费、申办条件、申请材料列表、办理依据、办理结果	无条件共享

图 3-9　海南省人民政府办公厅的信息资源共享目录

案例来源：海南发布第二批政务信息资源共享目录，http://www.hinews.cn/news/system/2016/02/16/030140931.shtml

主要参考文献

[1] Data Catalog Vocabulary (DCAT) [EB/OL]. http://www.w3.org/TR/vocab-dcat/.

[2] National Information Standards Organization Press. Understanding metadata [J]. National Information Standards, 2004 (20). http://www.niso.org/standards/resources/UnderstandingMetadata.pdf.

[3] 高文飞，赵新力. 电子政务主题词表的分面化改造 [J]. 电子政务，2008 (9).

［4］贾君枝，武晓宇．基于 FAST 的综合电子政务主题词表分面式改造［J］．图书情报工作，2014（8）．

［5］李霖，郭仁忠，桂胜．电子政务信息资源目录体系建设及案例［M］．北京：科学出版社，2009．

［6］李荣艳，梁蕙玮，曲云鹏，等．我国政府信息资源元数据标准研究［J］．图书馆学研究，2012（11）．

［7］穆勇，彭凯，等．政务信息资源目录体系建设理论与实践［M］．北京：北京大学出版社，2009．

［8］王红霞，苏新宁．基于元数据的电子政务信息资源组织模式［J］．情报理论与实践，2007（1）．

［9］王仁武，杨洪山，陈家训．电子政务信息资源元数据标准的设计与实现［J］．情报资料工作，2007（4）．

［10］王新才．政府信息资源管理［M］．北京：科学出版社，2011．

［11］吴鹏，强韶华，苏新宁．政府信息资源元数据描述框架研究［J］．中国图书馆学报，2007（1）．

［12］张承伟，赖洪波．政府信息资源元数据的描述方法［J］．情报科学，2007（6）．

［13］张晓林．开放元数据机制：理念与原则［J］．中国图书馆学报，2003（3）．

第 4 章　政府信息资源的整合

自 20 世纪 90 年代我国政府开始实施"金字"工程和"政府上网工程"以来，政府信息资源管理实践取得了巨大成就，但随着物联网和云计算等信息技术的不断发展和成熟，传统的政府信息资源管理中各自为政、条块分割的运行模式已越来越无法适应大数据时代新的发展要求，也愈发突显出信息孤岛、纵强横弱、标准不统一等诸多问题。因此，推进政府信息资源整合与共享，建立以业务整合为主导，以信息资源为基础的目录体系和交换平台，为社会治理提供决策依据，助推经济转型，已成为当前政府信息资源管理中的重点工作。

4.1　政府信息资源整合概要

4.1.1　政府信息资源整合的动因

信息资源整合是指将某一范围内，原本离散的、多元的、异构的、分布的信息资源通过逻辑或者物理的方式组织为一个整体，使之有利于管理、利用和服务。也就是说，信息资源整合就是把分散的资源集中起来，把无序的资源变为有序，使之方便用户查找信息，方便信息服务于用户。[①] 政府信息资源整合就是把分散的政府信息集中（包括物理集中和逻辑集中）起来，化无序为有序，方便利用，实现共享。[②] 尤其随着我国政府信息化进程的加快，产生的大量政府信息资源往往无法有效整合共享，因此以业务整合为主导，以信息资源为基础的信息资源整合集成工作，已成为当前我国政府信息化工作的迫切任务。但当前，政府信息资源管理仍然存在诸多问题，对政府信息资源整合提出了更高的要求：[③]

（1）信息一体化服务建设阻碍——信息服务体系分散。我国政府现有的信息管理服务体系是按照各自独立的系统进行组织的，这导致政府部门信息管理在组织结构上呈现出条块分割、各自为政的现象，使得不同系统的信息资源建设和服务对象各自独立、互相封闭，各个体系中的信息资源处于离散状态。

（2）公众信息需求不能有效满足。目前的政府信息服务部门向用户提供的信息服务

---

① 苏新宁，章成志，卫平. 论信息资源整合 [J]. 现代图书情报技术，2005 (9).

② 陈永生. 政府信息资源整合共享研究——从国家档案馆的角度 [J]. 档案学研究，2010 (1).

③ 赵英，姚乐野. 跨部门政府信息资源整合与共享路径研究——基于知识管理视角 [J]. 情报资料工作，2015 (5).

内容一般都是部门信息，未能很好地将不同部门、不同领域的政府信息资源进行整合，因此在某种程度上无法有效满足社会公众的具体信息需求。

（3）政府部门的信息资源管理工作造成的问题。政府部门往往重视政府信息资源的收集，而忽略了其再加工、再利用等挖掘整合工作，没有在纷繁复杂的数据中分析挖掘出那些真正需要的信息和知识，致使信息服务与信息利用互动性差，对政府内部使用和共享造成障碍，难以发挥政府信息资源应有的价值。

因此，如何整合海量政府信息资源，提高政府运转效能和公共服务水平，更好地为国民经济和社会发展服务，提升国家综合国力和增强国家安全，实现由传统政府向现代政府转变，已成为我国政府亟待解决的问题。

4.1.2　政府信息资源整合的原则

在数字化政府信息环境的背景下，对政府信息资源整合除了要遵循一般信息资源整合的实用性原则、用户至上原则、系统性原则、新颖性原则等之外，还要遵循一些特定原则。

（1）整体性原则。通过对相关政府信息资源的有效加工整合，保持政府信息资源对象的完整性，在体现自身资源价值的同时反映信息资源对象之间的内在关系。

（2）标准化原则。政府信息资源整合的标准化主要包括数据格式标准化、描述语言标准化、标引语言标准化、通信协议标准化、软硬件管理标准化以及信息资源安全保障标准化等，其目的都是为了促进政府信息资源的共享。

（3）灵活性原则。灵活处理已经开发和尚未开发这两种类型的政府信息资源，对那些尚未开发的零散政府信息资源进行及时有效的采集、加工、整序与存储，而对于那些已存在于政府部门的分散异构信息资源，利用技术手段实现无缝集成，实现内容、数据、应用的多方面整合。

（4）安全性原则。随着互联网信息技术的快速发展，计算机病毒、介质故障、黑客攻击、垃圾信息充斥等方面的问题给政府信息资源整合方面带来了巨大的威胁。因此，在政府信息资源的整合过程中，就需要采取必要的安全保障措施来保证政府信息资源的安全。

4.1.3　政府信息资源整合的对象

政府信息资源整合工作需要从整体的角度，依据一定的目的需要、理念设计，把不同实践要素按照合理的活动程序、配置比例，将各种片断或分散的对象元素或单元再建构，使之具有可以发挥信息资源功能的总体性能。[①] 因此，在实际操作中，可以将整合对象分为如下三大类，如图4－1所示：

---

① 侯艳筠. 电子政务信息资源整合的概念与内容［J］. 湖北档案，2006（6）.

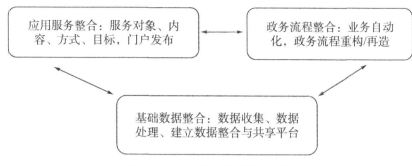

图 4—1　政府信息资源整合对象

1. **基础数据整合**

数据整合是政府信息资源整合的基础，主要用来实现各级政府系统的数据交流与共享，通过对数据进行标识来确定元数据标准，然后依托建立的统一数据模型实现数据的分布和共享。在数据整合过程中同样要注意数据标准问题、数据交换平台问题和数据源整合问题。

数据标准是数据规范使用的保证，是数据共享的基础，不仅包含了数据内容规范，还包含了数据权限规范。数据交换平台是政府信息整合共享的实现条件，是当前政府信息资源管理实践中重点完善和统一建设的工作内容。面对诸多尚未电子化、标准化或结构化的数据资源，需要以统一的标准格式或能够进行描述的定义语言（如 XML）将不同数据源转换为可操作、可交换的数据，减少数据冗余和重复更新。

2. **应用服务整合**

应用服务整合是政府信息资源整合的关键，通过对不同部门的服务对象、服务内容、服务方式及服务目标等进行有效整合，实现政府各部门之间的服务集成。对应用服务的整合应该遵循以下几个原则：首先要提供一个开放式的整合框架，使所有纳入整合的应用系统能够通过统一的技术框架来进行快速整合；其次，提供一套规范的访问接口，使得遵循规范的应用系统能够方便地整合起来；最后就是要提供一个统一门户实现应用整合，使得各级用户能进行统一的登录和访问。

以政府门户网站为例，通过将政府信息资源在政府门户网站集成，提供一站式整合服务。无论是政府部门工作人员、企事业单位或是社会组织团体与社会公众都可以随时随地访问政府网站以获取信息和服务，因此可以将政府门户网站建设看作是政府信息资源整合的有效途径。

3. **政务流程整合**

政府部门之间的业务处理通常都需要跨部门、跨地区协同整合，所以政府信息资源整合必然离不开政务流程整合。政务流程整合就是在基础数据整合和应用服务整合的基础之上，利用信息技术对政务流程重新进行分析、梳理、重组，将传统的职能管理转向业务流程的管理，优化和重构政务工作流程。

政务流程整合的前提是要分析信息技术发展对业务流程的影响，对流程进行重新组合和更新再造，并非简单利用信息技术处理现有的业务流程；要对传统的工作模式、工作方法和工作手段进行全面革新，而非简单地将现有业务、办公、办事程序一成不变地移植到计算机上。①

4.2 政务信息资源的目录体系

4.2.1 政务信息资源目录体系概述

信息资源目录是现代信息资源管理的一种组织方式，主要借鉴了图书目录信息资源的组织工作，因此政务信息资源目录体系采用了信息资源目录的工作原理，依据政府信息的属性对信息资源进行合理的采集、分类、加工处理和存储，达到信息资源的有序组织，从而完成对政府信息资源的发现、定位和操作。在政务信息资源目录体系的概念阐释上，郭家义认为政务信息资源目录体系是用于采集、存储、使用和管理政务信息资源目录内容，通过元数据信息的定位和发现机制，实现政务信息资源的共享。②吴晓敏从技术角度定义政务信息资源目录体系是以元数据为核心，以政务分类表和主题词表为控制词表，对政府信息资源进行网状组织，满足从分类、主题、应用等多个角度对政府信息资源进行管理、识别、定位、发现、评估与选择的工具。③所以一般认为，政务信息资源目录体系是一个根据政府信息资源的语法、语义、语用等规则，对信息资源进行分级、分节点、分布式的组织和管理，体现各种政务资源内在关联的有机整体，是政府信息资源共享和服务的一套工具，是方便信息资源检索、定位和共享的应用服务体系。国家标准《政务信息资源目录体系》中指出政务信息资源目录体系是以国家统一的电子政务网络为基础，通过构建覆盖中央、省、市、县的多级政务信息资源目录体系技术总体架构，采用元数据对共享政务信息资源特征进行描述，形成统一的目录内容，通过对目录内容的有效组织和管理，形成部门间政务信息物理分散、逻辑集中的信息共享模式，提供政务信息资源的定位发现服务，支持全国范围内跨部门、跨地区的普遍信息共享，方便用户发现、定位和共享多种形态的政务信息资源，支持政府的经济调节、市场监督、社会管理和公共服务。需要说明的是，本部分内容为了与国家标准《政务信息资源目录体系》的表达相一致，没有采用"政府信息资源目录体系"的说法，而是统一使用"政务信息资源目录体系"一词。

基于政务信息资源目录体系的政府信息资源整合具有业务驱动、按需整合，满足信息整合整体性原则及标准化的优势，可以有效满足在协同政务中的政府信息资源整合和共享的需求，同时可以适应政府信息资源随业务动态变化的特点，保证整合的政府信息资源及时准确。政务信息资源目录体系是实现政府信息资源整合和共享的先进手段，是政务协同建设的基础设施。

美国从 20 世纪七八十年代开始研究和出台一系列政策对政府信息资源进行管理，

---

① 程万高. 政府信息资源开发与利用 [M]. 北京：科学出版社，2009：126.
② 郭家义. 政务信息资源目录体系的相关问题初探 [J]. 电子政务，2005 (21).
③ 吴晓敏. 政府信息资源目录体系与交换体系建设再探 [J]. 信息化建设，2005 (Z1).

其中由美国联邦文书委员会倡议建立的政府信息定位服务（Government Information Locator Service，GILS），作为政务信息资源的目录体系工具，有效整合了政府的公共信息资源，为公众提供单一窗口的政府信息导航、检索和定位服务。1994 年美国商务部正式将 GILS 计划作为联邦政府信息处理标准颁发，公布正式建立 GILS，要求所有政府单位机构必须实现 GILS 的系统使用。GILS 支持公众检索、获取和使用政府公开信息资源的分布式目录管理及利用，各政府机构利用 GILS 标准描述自己拥有的信息资源，建立相应的信息资源目录和检索系统。① 例如美国的佛罗里达州就建立了本州的 GILS 目录主题，如图 4-2 所示。现在，GILS 发展已颇为完备，已被列为美国国家信息基础设施（NII）的一个重要组成部分，而且也被加拿大、日本、澳大利亚等国家相继采用。

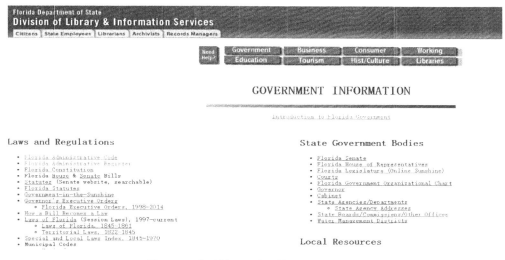

图 4-2　美国佛罗里达州的 GILS 目录主题

我国从 2002 年开始对政务信息资源的目录体系和交换体系工作进行部署，2002 年 8 月《国家信息化领导小组关于我国电子政务建设的指导意见》中提出："为了满足社会对政务信息资源的迫切需求，国家要组织编制政务信息资源建设专项规划，设计电子政务信息资源目录体系与交换体系。"2004 年 12 月，中共中央办公厅和国务院办公厅下发了《关于加强信息资源开发利用工作的若干意见》，提出"依托统一的电子政务网络平台和信息安全基础设施，建设政务信息资源目录体系和交换体系，支持信息共享和业务协同"。

2006 年国家信息化领导小组发布的《国家电子政务总体框架》中提出："按照统一的标准和规范，逐步建立政务信息资源目录体系，为各级政府提供信息查询和共享服务；逐步建立跨部门的政务信息资源交换体系，围绕部门内信息的纵向汇聚和传递、部门间在线实时信息的横向交换等需求，为各级政府的社会管理、公共服务和辅助决策等提供信息交换和共享服务。依托统一的国家电子政务网络，以优先支持的业务为切入

---

① 穆勇，彭凯. 政务信息资源目录体系建设理论与实践 [M]. 北京：北京大学出版社，2009：35.

点，统筹规划、分级建设覆盖全国的政务信息资源目录体系与交换体系，支持信息的交换与共享。"为了更好地推进政务信息资源目录体系与交换体系建设，受国家标准化管理委员会和国务院信息化工作办公室委托，由国家电子政务标准化总体组组织编写《政务信息资源目录体系》，并于 2007 年正式出台了国家标准《政务信息资源目录体系》，分为总体框架、技术要求、核心元数据、政务信息资源分类、政务信息资源标识符编码规则、技术管理要求六个部分。

4.2.2 政务信息资源目录体系建设目标

通过政务信息资源目录体系建设，能够有效实现信息资源横向共享和纵向汇聚，逐步实现跨地域跨部门信息资源共建、共享和信息服务的需求。总的来说，政府信息资源目录体系的目标是建立"一个系统"，解决"两个问题"、支持"三个应用"、面向"四个服务"。[①]

1. 建立"一个系统"

建立一个分布的、可扩展的、可集成的、有统一数据模型的、有多种用户视角的、可交换的和安全可靠的系统，对各类政府资源（信息、服务、模型、人力）进行组织和管理，以统一的规范和方式对其进行分类描述和引用，从而促进分散的各类信息资源的共享、集成、整合和互操作，形成政府各业务系统和政府部门之间协同工作的数据中心、政府门户的信息中心和信息资源交换中心，支持政府的政务协同和决策预测。

2. 解决"两个问题"

第一个是政务信息资源的发现与定位。按照统一的政务信息资源目录体系建设标准，对物理上分散在各级各部门间及面向社会可共享、公开的政务信息资源进行标准编目，生成可统一管理和服务的信息资源目录，通过互联互通实现逻辑上集中，为各级政务人员和社会公众提供准确的信息资源发现和定位服务，实现部门间信息资源共享和面向社会的信息服务。

第二个是政务信息资源的规划与整理。通过政务信息资源目录体系的建设，各政务部门可以对本部门的信息资源进行梳理，规划本部门信息资源的整体架构，按标准进行整理、分类和编码，形成本部门信息资源公开的内容和目录、交换服务的内容和目录。通过对政务信息资源的规划与整理，可以对产生政府信息的政务流程进行优化和梳理，从而提高政务工作效率。

3. 支持"三个应用"

第一个是信息集成整合的应用。依照国家级的、统一的、唯一的政务信息资源目录体系标准所建立的目录体系，可以对各地、各部门的信息资源进行横向的集成，实现信息资源的"广度"管理，从而极大地提高政府信息资源集成整合应用的力度，化解"条块分割"的管理体制与政府信息化建设中的统一性、开放性、交互性和规模经济等自然特性产生的严重冲突。

---

① 王卫文，谢先江. 电子政务信息资源目录体系构建研究 [J]. 现代情报，2006 (7).

第二个是各业务部门办公的应用。政府部门的工作流程一般都比较复杂，很多网上审批流程都可能会涉及不同系统、不同级别的多个政府部门，政府信息管理系统尤其是电子政务系统要实现"统一注册、统一认证、统一申报、统一反馈"的目标，必须实现各分立系统的审批流程能够完成无缝集成，通过统一的窗口服务，完成由"集中办公"向"联网办公"，"串联审批"向"并联审批"，"分散监管"向"系统监管"的重大转变。

第三个是面向突发事件的决策应用。各行业危机应急系统大都局限于本部门本范围专业范畴，系统功能参差不全，部门之间资源状况难以了解，没有统一的查询途径；各行业各自建设、条块分割严重，各系统之间不能实现资源共享从而互连互通互操作，系统联动困难。建立政务信息资源目录体系和交换平台，是实现政府应急信息资源管理、共享、调度的基础。

4. 面向"四个服务"

第一个是政务协作服务。整合和及时发布各级政府的政务、经济社会发展、招商引资、区域合作、旅游等各方面政策法规、办事指南和动态信息，促进各级政府之间的信息交换和共享，实现跨省、区的信息互动与合作，在此基础上逐步建立跨省区的、全方位的、统一的政务协作服务平台。

第二个是专题信息服务。政务信息资源由某个政府部门或行业产生，依附于某种载体的形式存在，这些政务信息都具有特定的含义，并且为使用者提供某种类型的服务。依据政务信息资源分类标准，建立政务信息资源目录体系，针对信息用户的特定需求，提供各种规模的专题信息服务。

第三个是定制服务。信息服务人员代替用户直接进行文献信息的收集、整理，最终以信息产品的形式提供给用户，它以满足用户的使用目的为宗旨，是一种有偿服务。

第四个是公众服务。面向社会公众提供的政务信息查询服务，社会公众可以通过服务体系获得与日常工作、生活、学习相关的第一手政务信息资源。社会公众可以登录任何一个目录服务节点，提交查询请求，根据系统内部提供的信息互访机制，找到想要获得的信息资源的定位信息，有关的具体信息可以到相应的系统中去查询。

4.2.3　政务信息资源目录体系建设标准

2007 年我国正式出台的国家标准《政务信息资源目录体系》，分为总体框架、技术要求、核心元数据、政务信息资源分类、政务信息资源标识符编码规则、技术管理要求等六个部分。其中"第 1 部分：总体框架"规定了政务信息资源目录体系的总体结构、基本功能等内容；"第 2 部分：技术要求"规定了政务信息资源目录体系建设的基本技术要求；"第 3 部分：核心元数据"规定了公共资源核心元数据和交换服务资源核心元数据应当遵循的内容标准；"第 4 部分：政务信息资源分类"规定了政务信息资源的分类与编码；"第 5 部分：政务信息资源标识符编码规则"规定了政务信息资源的唯一标识符编码方案；"第 6 部分：技术管理要求"规定了政务信息资源目录体系的基本管理要求。可见，《政务信息资源目录体系》在总体上描述了目录体系的组成部分和内容，其概念模型由信息资源、元数据、政务信息资源目录、标准规范等要素构成，如图 4-

3所示。①

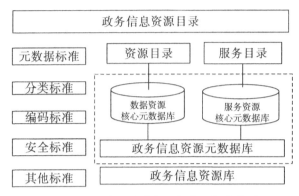

图4-3 政务信息资源目录体系概念模型

李霖等人提出政务信息资源目录体系各部分是紧密联系的整体，其中第1部分和第6部分从总体结构和管理角度对政务信息资源目录体系进行规范；第2部分对目录服务的技术接口进行规范；第3部分、第4部分和第5部分对政务信息资源目录内容进行了规范，并对每一个部分的主要内容进行了如下归纳。②

1. 总体框架

总体框架部分给出了政务信息资源目录体系所涉及的关键术语，定义了政务信息资源、公共资源、交换资源、政务信息资源目录体系等关键概念，明确了政务信息资源目录的管理者、提供者和使用者三个角色及其职责。各级政务部门工作人员和相关的技术开发人员在建设政务信息资源目录体系时，可按照"总体框架"规定的总体结构建立起符合其概念模型的政务信息资源目录系统，并实现对目录内容的编目、注册、发布、查询和维护等基本功能。

2. 技术要求

目录技术要求的核心是目录服务规范，它能够整合分布在各部门的政务信息资源，并形成完整的政务信息资源目录体系，为政务信息资源的交换建立良好的基础。目录服务规范主要定义由发现和管理两大类接口组成，并为其提供外部接口。其中，发现服务是对政务信息资源的查找、浏览、定位功能。发现服务对政务信息资源的查找、浏览及定位是通过元数据进行的，提供对政务信息资源的元数据级的访问。管理服务提供对目录本身的管理功能，如修改目录信息，增加或删除目录等。根据不同的应用需求，目录服务规范规定了针对公共资源的服务接口规范和交换服务资源的服务接口规范两部分的技术规定。

3. 元数据

从组成上来说，元数据的主要内容包括信息资源的标识、内容、分发、数据质量、

① 穆勇，彭凯. 政务信息资源目录体系建设理论与实践 [M]. 北京：北京大学出版社，2009：43.
② 李霖，郭仁忠，桂胜. 电子政务信息资源目录体系建设及案例 [M]. 北京：科学出版社，2009：41-43.

数据表现、数据模式、图示表达、限制和维护等信息。标识是信息资源的一个重要特性，包括信息资源的唯一标识符、信息资源的摘要信息、创建信息资源目的、信息资源的状态等信息。内容重点描述信息资源的基本数据组成，包括信息资源包含哪些具体的数据。分发着重说明使用者如何获得信息资源的信息，包括数据分发格式信息、分发者信息以及用户获取数据集的途径。数据质量信息包含数据志信息以及数据质量报告等内容，数据志说明的是信息资源的生产依据和过程，数据质量报告给出了按特定的数据生产标准进行评价的结果。数据表现确定了数据的展现方式，包括图形、影像、文字等方式的说明。数据模式信息包含有关数据的物理模式的信息。图示表达则进一步说明了采用图形进行数据表达的具体规则。限制和维护信息既包括信息资源本身，也包括元数据的使用以及日常维护方面的信息。一般来说，元数据的具体组成需要结合具体的领域、部门以及具体的信息资源的情况来加以确定。

4. 信息资源分类

信息资源分类是根据信息内容的属性或特征，将信息按一定的原则和方法进行区分和归类，并建立起一定的分类体系和排列顺序。信息资源分类对于信息资源共享具有重要作用。一方面它可以对政务信息资源协助实施有效管理，另一方面它可以按类别协助开发利用已有信息资源，实现信息资源共享。为了多方面刻画政务信息资源的特征，便于对政务信息资源的组织、维护和使用，政务信息资源分类确定了以主题分类为核心，以服务、行业和资源形态分类为辅助的分类方案。四种分类体现了政务信息资源的产生、加工、使用和管理维护过程中的不同视角，能够较好地满足对政务信息资源组织、管理和使用的需求，而且易于理解和接受。

5. 信息资源唯一的标识符

政务信息资源标识符是政务信息资源元数据中用来对政务信息资源进行标识的唯一一项元素。每项政务信息资源都具有一个唯一不变的标识码。一般参照国际上通行的信息资源编码方法以及国内信息资源标识的发展趋势，采用两段式方式作为编码的基本结构，前段和后段之间用"/"隔开。政务信息资源标识符的前段码由信息资源前段码管理中心（以下简称"前段码管理中心"）统一管理和分配。前段码通常分配给各级目录管理者，也可以分配给拥有政务信息资源并向目录管理者提交（或注册）这些资源或其元数据的各级政务部门。前段码管理中心负责确保前段码的唯一性，不得将一个前段码分配给多个实体。

6. 技术管理要求

技术管理要求中规定的政务信息资源目录体系管理架构包括政务信息资源目录体系使用和管理的三个角色和六项活动。三个角色是政务信息资源目录内容的提供者、管理者和使用者，六项活动包括规划、编目、注册、发布、维护、查询。在政务信息资源目录体系的建设过程中，政务信息资源的提供者、管理者和使用者应严格按照"技术管理要求"中的规定承担其职责、履行其义务；同时，按照其管理范围和职责权限梳理、规划政务信息资源公开与共享的内容和目录、交换服务的内容和目录；实现对政务信息资源的编目、注册、发布和维护，保证政务信息资源目录使用者能够查询到所需的政务信息。

4.3 政务信息资源的交换体系

4.3.1 政务信息资源交换体系概述

政务信息资源目录体系在一定程度上解决了政府信息资源的描述、组织和管理工作，但在具体实践政府部门内信息资源的纵向汇聚和传递、部门间在线实时信息的横向交换、部门间业务协同等功能时，则需要通过政务信息资源交换体系加以实现，从而为各级政务部门的业务协同、公共服务和辅助决策等提供信息交换和共享服务。如果说目录体系明确了信息资源的范围和关系，那么交换体系则主要解决的是信息资源传递的问题。没有传递就无法体现信息资源之间的关系，也无法实现共享和利用。

可见，政务信息资源目录体系与政务信息资源交换体系是实现政府信息资源整合的两大基础设施。从政务信息资源开发利用的角度上讲，政务信息资源目录体系与政务信息资源交换体系既是相对独立的、可以独自工作的平台，也是政务信息资源开发和利用领域中不可分割的两个重要组成部分。通过政务信息资源目录体系准确定位资源和服务的位置，并准确了解信息资源的概况后，可在授权范围内通过交换体系得到信息资源，通过工作流引擎的驱动，实现部门间信息的共享并支持相应的业务系统。从另一方面讲，政务信息资源目录体系的形成要通过交换体系交换资源描述信息。[1]

2007 年发布的国家标准《政务信息资源交换体系》指出，政务信息资源交换体系以国家统一的电子政务网络为基础，通过构建覆盖中央、省、市、县的多级政务信息资源交换体系技术总体架构，围绕跨部门的业务协同，以部门业务信息为基础，确定部门间交换信息指标及信息交换流程，实现不同部门间异构应用系统间松耦合的信息交换，形成部门间政务信息资源物理分散、逻辑集中的信息交换模式，提供部门间横向按需信息交换服务，提高各级政府行政管理效率和公共服务水平，满足各级政府履行职能的需要。同样需要说明的是，本节为了与国家标准《政务信息资源交换体系》的表达相一致，没有采用"政府信息资源交换体系"的说法，而是统一使用"政务信息资源交换体系"一词。

《政务信息资源交换体系》分为总体框架、技术要求、数据接口规范、技术管理要求等四个部分。其中"第 1 部分：总体框架"提出了政务信息资源交换体系的总体技术架构，规定了政务信息资源交换体系技术支撑环境的组成；"第 2 部分：技术要求"规范了政务信息资源交换体系技术支撑环境的功能组成及要求，规定了信息交换系统间互联互通的技术要求；"第 3 部分：数据接口规范"规定了在信息交换时封装业务数据采用的数据接口规范，提出了交换指标项；"第 4 部分：技术管理要求"规定了政务信息资源交换体系的技术管理总体架构、管理角色的职责、交换体系各环节的技术管理要求。

---

① 吴焱，高栋，吴志刚. 政务信息资源目录体系与交换体系标准研究 [J]. 信息技术与标准化，2005 (11).

4.3.2　政务信息资源交换体系内容

政务信息资源交换体系由服务模式、交换平台、信息资源、技术标准与管理机制五个方面组成，如图 4-4 所示。在政务信息资源交换体系总体框架中，服务模式是目标，交换平台是关键，信息资源是核心，技术标准和运行机制是保障，它们构成了交换体系的有机整体，具体内容如下：[①]

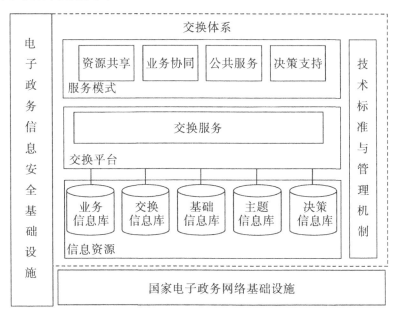

图 4-4　政务信息资源交换体系结构

信息资源是交换体系的核心，包括参与跨部门交换和共享的各类信息库，主要有如下几类信息：①业务信息库，其他各类共享信息库的数据来源；②交换信息库，与业务信息库隔离的、参与部门间信息交换的临时信息库；③基础信息库，包括人口基础信息库、法人单位基础信息库、自然资源和空间地理基础信息库、宏观经济数据库 4 个类别的基础信息；④共享主题库，是基于各类业务应用主题而设计的共享信息库，例如：企业信用共享库、药品监管共享库等，将随着应用系统的建设不断增加和完善；⑤决策支持库，用于提供辅助决策和分析信息的共享信息库。

交换平台提供信息交换与共享的服务工具，交换平台提供的基本信息服务包括：数据传输、数据适配、身份认证、访问控制、流程管理、数据存取等服务，为上层各类跨部门应用提供公共的系统间信息传输和共享信息存取服务。

服务模式是信息资源和交换平台为跨部门业务提供的主要服务方式，包括资源共享、政务协同、公共服务和辅助决策。

技术标准主要包括两类：一是与信息资源相关的共享指标、信息编码、信息分类等标准，另一类是与技术平台互连互通互操作有关的技术标准，与应用接入平台有关的技

---

① 邓洁霖. 政务信息资源交换体系技术概述 [J]. 信息技术与标准化，2005 (11).

术标准。与信息资源相关的标准包括各种信息的编码标准、数据标准等国家标准。与技术平台相关的标准包括各种通信协议、业务格式标准、业务表示方法等国家标准。

管理机制是保证目录体系与交换体系能够持续、有效运行的一系列管理要求、操作规范和评估机制。管理机制主要包括4方面的内容：①对信息资源的维护管理机制，主要包括保证信息采集的持续性、正确性、一致性等的管理规范；对信息传输、信息存贮、信息备份、信息使用等方面的管理规范；对信息指标登记、信息指标变更方面的管理规范。②对技术平台的运行维护机制，主要包括对平台运行状况的监测、系统维护、设备维修、系统改造等活动的管理规范。③对业务服务的管理规范，主要包括信息服务申请、服务提供、服务配置、服务注销等活动的管理规程。④对岗位职责的管理规范，主要包括岗位的设置、职责、考核等管理规范。

4.3.3 政务信息资源交换体系技术架构

《政务信息资源交换体系》提出政务信息资源交换体系技术支撑环境由信息库系统和信息交换系统组成。组成信息库系统的交换信息库是政务部门为实现信息交换而建立的中间存储信息库，交换信息库中包括提供和接收的交换信息。信息交换系统由前置交换子系统、交换桥接子系统、交换传输子系统、交换管理子系统组成。在信息交换系统中，前置交换子系统与部门业务应用之间隔离，保证部门业务信息库和业务应用系统的独立性；交换桥接子系统是部门业务信息库与前置交换信息库之间的信息交换接口，以实现两个信息库之间的信息交换；交换传输子系统是为了实现部门前置交换信息库之间的信息处理和稳定可靠、不间断的信息传递；交换管理子系统是为了实现对整个信息交换过程的流程配置、部署、执行和整个信息交换系统运行进行监控管理。将政务信息交换过程中信息从源点到目的点经过的所有信息处理单元抽象为交换结点，其中信息的源点和目的点为端交换结点，信息经过的中间点为中心结点，构成了政务信息资源交换体系中的交换概念模型，如图4-5所示。

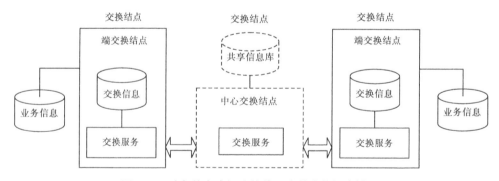

图4-5 政务信息资源交换体系中的交换概念模型

根据政务部门的前置交换环境的物理分布和政务信息资源的存储方式，政务信息资源的交换模式主要有三种：分布交换模式、集中交换模式和混合交换模式。①分布交换模式：政务部门的前置交换环境在物理上分布，交换的信息资源一般存储在交换信息库或业务信息库里。信息资源提供者和使用者通过交换平台提供的交换服务实现两者之间信息资源定向传送的信息交换。②集中交换模式：政务部门的前置交换环境在物理上集中，或者政务部门信息资源集中存储管理。信息资源提供者或使用者通过交换平台提供的访问服务实现信息资源的交换与共享。③混合交换模式：政务部门的前置交换环境在物理上部分分布、部分集中，基础的、共享范围广的信息集中存储，部门专用信息或仅在有限部门的协同应用中使用的信息分布存储。无论何种政务信息资源交换模式，都有赖于通过由系统基础平台、中间件运行平台和基础服务平台组成的统一交换平台加以实现交换服务和公开服务的功能，最终为各级政务部门的业务协同、公共服务和辅助决策等提供信息交换和共享服务。[①]

4.4　案例分享

北京市信息资源管理中心 2016 年政务信息资源共享交换体系运维——政务信息资源共享交换平台政府采购项目（摘选）

一、北京市政务信息资源共享交换平台介绍

为了解决政务信息资源共享中存在的协调难度大、重复协调、重复建设等问题，在市委、市政府和各级领导的大力支持下，北京市经济和信息化委员会以北京市政务信息资源共享交换平台（以下简称市共享交换平台）建设为基础，形成市区两级的政务信息资源共享交换体系，逐渐打破部门和行业界限，实现了政务信息资源的跨部门、跨层级共享。

（一）北京市共享交换平台整体情况介绍

市共享交换平台于 2006 年 4 月 28 日上线运行，目前共接入 89 个市级政务部门（包括 16 个区县）；支撑了 1000 余项跨部门、跨层级信息的共享交换工作，数据量累计超过 80 亿条，日均交换量 360 万条左右，为各部门 100 多项业务工作提供了支持；支撑了人口、法人等基础信息资源目录，应急指挥、领导决策、执法信息共享、个人信用共享等主题目录以及 27 个委办局部门目录的注册工作；支撑了领导决策、应急指挥（2008 年奥运会、新中国成立 60 周年大庆）、房地产监管、小客车调控、限购房调控、低保信息审核、高法案件执行、出入境证件办理、城市运行监测、执法信息共享、人口数据核实、基层数据共享、法人数据共享、信用信息共享、工程建设领域诚信体系建设、行政监察现代化工程、经济运行监测等重大应用。

市共享交换平台共接入 89 个市级政务部门（包括 16 个区县），共计 122 个交换节点；接入 1076 类交换资源，1922 个数据交换流程。

市共享交换平台由一个目录中心、一个交换中心、多个目录节点、多个交换节点构成。体系架构如图 4-6 所示。

---

① 马殿富，章晓杭. 政务信息资源目录体系和交换体系总体框架探讨［J］. 信息技术与标准化，2005（11）.

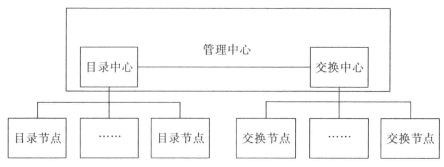

图 4-6 北京市共享交换平台体系架构

北京市共享交换平台运行系统主要由政务信息资源目录管理系统、政务信息资源交换管理系统、共享交换平台管理系统等组成。

政务信息资源目录管理系统具体实现政务信息资源目录的管理，提供政务信息资源目录的查询、导航和定位等服务，包括元数据管理、目录管理、目录查询、目录节点管理、系统管理等子系统。

政务信息资源交换管理系统具体实现政务信息资源共享交换，提供交换过程的配置、执行、监控和管理等服务，包括数据交换、交换节点管理、交换流程管理和系统管理等子系统。

共享交换平台管理系统具体实现共享交换运行情况及政务信息资源的跨部门、跨层级共享交换情况的监管，包括运行管理、用户管理、资源管理、审计管理和统计分析等子系统。

共享交换平台门户及监控系统负责监控共享平台系统主要指标，并通过图表形式展示。

（二）北京市共享交换平台升级情况介绍

随着市共享交换平台对委办局的业务支撑不断扩展和深入，委办局对市共享交换平台的认识和理解也逐渐加深，并结合自身应用提出了市共享交换平台的一些问题，主要包括：

（1）市共享交换平台采用单一中心集中管理模式，委办局无法直接使用市共享交换平台资源，无法支撑多种应用模式需求；

（2）市共享交换平台已解决委办局前置机之间数据交换，但缺乏对委办局前置机与业务系统之间数据交换的有效支撑；

（3）委办局无法对前置机承载的交换业务进行管理与监控；

（4）市共享交换平台无法实现"应用到应用、端到端"数据交换全流程的可视化监控和管理。

为了解决委办局提出的问题，市共享交换平台于 2013 年开始进行升级工作，主要包括交换中心升级和交换节点升级。其中交换中心升级是将交换中心主从管理交换软件升级至最新版（Fiorano9），并部署交换中心管理服务系统，开放相关服务端口；交换节点升级是将委办局前置交换节点软件升级至最新版（Fiorano9），部署数据应用集成器升级至前置服务子系统。

升级后，前置机端服务子系统在交换中心授权下，可以使用市共享交换平台交换中心资源，具有双向桥接交换、数据转换与处理、交换业务管理与监控等功能，委办局人员使用前置机服务子系统，可以开展以下工作：

（1）配置业务系统与前置机之间的数据抽取、加载、双向交换流程、数据转换与处理，使平台数据接入延伸至委办局内业务系统，有效解决"最后一公里"难题；

（2）委办局对前置机承载交换业务进行管理与监控；

（3）委办局可以参与配置、管理数据交换业务接入，同时可以了解相关其他委办局交换接入情况；

（4）实现业务领域分级管理交换模式。

目前，交换中心端的升级工作已全部完成，122 个交换节点中尚有 40 个未完成升级。

（三）北京市共享交换平台双节点建设情况介绍

为提升市共享交换平台的可靠性，北京市信息资源管理中心于 2011 年起开展了市共享交换平台双节点建设。在原有交换管理中心之外部署一套异地管理中心，使两套管理中心互为热备，实现一套管理中心服务出现异常时，另一套管理中心能够自动接替各项管理与监控功能，消除市共享交换平台管理中心单点故障对交换工作造成的影响。

根据交换软件的版本不同，目前部署有基于 Fiorano7 的交换管理中心两套（互为双节点），基于 Fiorano9 的交换管理中心两套（互为双节点），每套交换管理中心至少配备一台交换中心节点。

二、北京市政务信息资源共享交换平台运维项目目标

项目目标是保证市共享交换平台全年稳定运行，具体包括：

（1）政务信息资源目录管理系统、政务信息资源交换管理系统、共享交换平台管理系统、共享交换平台门户及监控系统全年运行无故障时间超过 99％，出现故障 24 小时内恢复。

（2）完成对共享交换节点的管理，做好对委办局、区县共享交换工作的服务支撑。

（3）支撑北京市电子政务重大应用中的数据共享交换工作。

（4）配合采购人完成市共享交换平台部分功能向云环境的迁移，并完成迁移后在云环境下和现有环境下设备和功能的运维；提出云环境下的数据交换方案，有针对性地开展测试和验证工作，并给出云环境下开展数据交换的方案建议。

（5）选取至少两个成熟的数据交换产品（不包括 Fiorano），开展与市共享交换平台的对接和数据交换测试，形成测试报告。

案例来源：北京市信息资源管理中心"2016 年政务信息资源共享交换体系运维——政务信息资源共享交换平台及法人信息服务"政府采购项目中标公告，http://www.ccgp.gov.cn/cggg/dfgg/zbgg/201608/t20160801_7124071.htm

主要参考文献

[1] 陈永生. 政府信息资源整合共享研究——从国家档案馆的角度 [J]. 档案学研究，

2010（1）.

［2］程万高. 政府信息资源开发与利用［M］. 北京：科学出版社，2009.

［3］邓洁霖. 政务信息资源交换体系技术概述［J］. 信息技术与标准化，2005（11）.

［4］郭家义. 政务信息资源目录体系的相关问题初探［J］. 电子政务，2005（21）.

［5］侯艳筠. 电子政务信息资源整合的概念与内容［J］. 湖北档案，2006（6）.

［6］李霖，郭仁忠，桂胜. 电子政务信息资源目录体系建设及案例［M］. 北京：科学出版社，2009.

［7］马殿富，章晓杭. 政务信息资源目录体系和交换体系总体框架探讨［J］. 信息技术与标准化，2005（11）.

［8］穆勇，彭凯. 政务信息资源目录体系建设理论与实践［M］. 北京：北京大学出版社，2009.

［9］苏新宁，章成志，卫平. 论信息资源整合［J］. 现代图书情报技术，2005（9）.

［10］王卫文，谢先江. 电子政务信息资源目录体系构建研究［J］. 现代情报，2006（7）.

［11］王知津，谢丽娜，李赞梅. 基于知识管理的政府数字信息资源整合模式构建［J］. 图书馆，2011（7）.

［12］吴晓敏. 政府信息资源目录体系与交换体系建设再探［J］. 信息化建设，2005（Z1）.

［13］吴焱，高栋，吴志刚. 政务信息资源目录体系与交换体系标准研究［J］. 信息技术与标准化，2005（11）.

［14］肖荣莲. 基于门户网站的电子政务信息资源整合研究［D］. 哈尔滨：黑龙江大学，2008.

［15］赵英，姚乐野. 跨部门政府信息资源整合与共享路径研究——基于知识管理视角［J］. 情报资料工作，2015（5）.

第5章 政府信息资源管理绩效评估

信息资源日益成为重要的生产要素和社会财富，信息资源的多寡、信息掌握能力的强弱成为衡量国家竞争力的重要标志。政府拥有大量的信息资源，科学管理、综合开发和有效利用这些信息资源是政府工作的一项重要内容，当前我国政府信息资源的无序分布和开发利用不足的现象对政府信息资源管理工作提出了更高的要求，因此，将绩效评估引入政府信息资源管理，对其进行衡量评价，有利于加强政府信息资源顶层设计和系统规划，完善政府信息资源制度体系，全面提升政府信息资源采集、处理、传递和利用能力，构筑政府信息资源优势，充分发挥政府信息资源对生产、生活和社会活动的服务作用。

5.1 政府信息资源管理绩效评估概述

5.1.1 政府信息资源管理绩效评估的基本概念

在由商务印书馆出版的《现代汉语词典》（第6版）中，"绩效"一词的释义为"成绩，成就"，"评估"一词的释义为"评议、评估、评价"。因此，绩效评估是指系统客观地评价一个正在实施或已完成的项目、计划或政策，包括其设计、实施和结果，其目的是确定目标的完成情况、效率、效果、影响以及可持续性。绩效评估是绩效管理的重要环节，有关绩效评估的研究成果分布在人力资源、组织行为等学科领域。

政府信息资源管理绩效评估，是指绩效评估主体（公众、专家、评估机构等）根据国家相关法规与国际惯例，按照授权和规定的程序，结合政府信息资源管理职能与目标，通过收集、分析、评价政府信息资源管理部门在政府信息资源管理活动中形成的相关证据，对政府信息资源管理活动的经济性、效率性和效果性等进行评估，并发现政府信息资源管理中存在的问题，分析问题产生的根源，提出相应改进建议的专门性检查、监督和评价活动。[①]

政府信息资源管理绩效评估既要符合公共管理绩效评估的要求，也要符合政府信息资源管理工作的实际情况。首先，要明确政府信息资源管理部门的职能，以其职责和管理目标为依据来检验政府信息资源管理的履行情况；其次，政府信息资源管理对社会公众和国民经济的贡献难以量化，同时存在滞后性、模糊性特点，因此要善于通过比较、

---

① 王新才. 政府信息资源管理 [M]. 北京：科学出版社，2011：185.

判断的方式将其表示出来。

5.1.2　政府信息资源管理绩效评估的必要性①

1. 促进政府信息资源管理领域研究的深化

政府信息资源管理绩效评估工作既有助于检验和完善信息管理学科及其他相关领域的研究成果，也有助于开拓信息管理学和审计学等新的研究领域，丰富其研究内涵。信息资源管理绩效问题一直是信息管理学理论界和实际工作部门的一个重要论题。关于政府信息资源管理的研究一直在进行，但是尚缺乏一套较为完整的评估体系以引导研究的开展，导致该领域的研究成果分散，整体质量难以提高，因此建立政府信息资源管理绩效评估体系，有助于在宏观上引导相关研究的开展。另外，通过政府信息资源管理绩效评估，可以把信息管理学领域的研究成果，如信息计量学、用户需求等一系列知识理论用于绩效评估实践当中对其进行检验并完善。

2. 提高政府信息资源管理工作的效率

首先，政府信息资源管理绩效评估可以检验政府信息资源管理工作的经济性、效率性和效果性等，监督政府信息资源管理部门的不作为和不当行为，有助于政府信息资源管理部门尽职尽责地履行"受托经济责任"，促进政府信息资源的有效利用。

其次，政府信息资源管理绩效评估结果公开，有助于改善政府信息资源管理部门同公众之间的关系，提高政府信息管理部门的信誉度。一般来说，政府与公众之间由于信息不对称，公众处于信息的劣势端，在这样的情况下，公众无法对政府信息资源管理工作形成恰当判断，难免会出现公众低估政府信息资源管理绩效的情况。绩效评估结果的公开，为社会公众提供渠道了解政府信息资源管理部门的工作绩效，有助于消除误会，树立政府信息在社会中的权威地位。

最后，政府信息资源管理绩效评估对政府信息资源管理部门进行监督和评价，有助于政府信息资源管理部门发现工作中存在的问题，进一步改进工作，对提高政府信息资源管理的质量有着重大的意义。

3. 推动政府信息化建设的进程

我国为适应和引领经济发展新常态、增强发展新动力，一直将信息化贯穿于现代化进程的始终，以加快释放信息化发展的巨大潜能。2016年中共中央办公厅、国务院办公厅印发《国家信息化发展战略纲要》，强调了信息资源管理对信息化发展的重要意义，并对信息资源管理提出了发展要求："要求加强信息资源规划、建设和管理；提高信息资源利用水平；建立信息资产权益保护制度，实施分级分类管理，形成重点信息资源全过程管理体系。"

《国家信息化发展战略纲要》为政府信息化建设指明了方向，而政府信息化建设的发展则要求更加高效、合理的政府信息资源管理。政府信息资源管理绩效评估的主要内容包含政府信息资源开发利用，政府信息资源公开获取以及政府信息资源协同共享等，

---

① 张晓娟，杨文绮. 试论我国政府信息资源管理绩效评估体系的构建 [J]. 情报理论与实践，2014 (8).

其中基于政府信息资源开发利用的绩效评估有利于政府建设重点业务系统，从而推动政府信息资源国家统筹规划和分类管理，增强政府对关键信息资源的掌控能力，基于政府信息资源公开获取的绩效评估有利于建设统一的政府网络平台，从而促进政府数据开放体系的建立与完善，引导和规范政府信息资源增值开发利用，基于政府信息资源协同共享的绩效评估有利于建设统一的政府数据环境，实现政府信息资源动态更新及跨部门信息资源共享。政府信息资源管理绩效评估对利用现代信息通信技术集成政府信息资源管理及服务能起到积极的作用，从而有力地推动了政府信息化建设的进程。

5.2　政府信息资源管理绩效评估的主要内容

5.2.1　基于政府信息资源开发利用的绩效评估

加强对政府信息资源的开发利用，首先应对政府信息资源开发利用的水平进行科学的评估。政府信息资源开发利用的绩效包括开发和利用两个方面，其中，政府信息资源的开发是前提，政府信息资源的利用是目的，二者之间相互依存，相互促进。

基于政府信息资源开发利用的绩效评估，其评估角度可以参考国务院信息化工作办公室《信息资源开发利用基本理论研究报告》，其中建议以收全率（IRC）、有序化率（IRO）、数字化率（IRD）、网络化率（IRN）、可获取率（IRA）、利用率（IRS）和用户使用率（IRU）7项指标评估政府信息资源开发利用情况；[1] 在赖茂生等人的研究成果中也将信息资源开发利用的主要表现形式归纳为数字化、网络化、有序化、产业化这几个方面。[2] 开展绩效评估工作时，有个别指标的计算因为涉及有价值的信息资源总量或应利用信息资源的用户总数，可能存在可度量性较差的问题。一般而言，可以将政府信息资源开发利用的绩效评估分为政府信息资源容量、政府信息资源开发质量和政府信息资源利用效果三个方面。

政府信息资源容量反映政府信息资源的收全情况和人均拥有情况，尤其适用于拥有大量传统信息资源的部门，并结合信息资源的数字化水平进行信息资源开发的绩效评估。政府信息资源的容量评估一般选取人均输出量，例如，可通过每千人拥有的政府网站页面数，每千人订阅的政府报刊、期刊及书籍数，每千人拥有的政府信息资源数据库记录条数等指标来评估政府信息资源的容量。

政府信息资源的开发是以一定的目标和期望值来进行的，因此需对政府信息资源开发的质量进行评估，同时可以反映政府信息资源的有序化、数字化和网络化。政府信息资源开发的成果具有多样性，可分为文献资源、电子资源、声音资源、影像资源、实物资源等几种类型，典型的有政府管理信息系统、政府数据传输网络、政府门户网站、政府数据库、政府业务数据库、智能决策系统、多媒体检索系统、搜索引擎、数字图书

① 刘强，甘仞初. 政府信息资源开发利用的综合评价模型与实证 [J]. 北京理工大学学报，2005（11）.
② 赖茂生，杨秀丹，胡晓峰，等. 信息资源开发利用基本理论研究 [J]. 情报理论与实践，2004（3）.

馆、调查报告、期刊报纸文章、信息服务组织等。① 考虑到这些成果的质量很难找到统一的标准来进行评估，因此，可以从开发范围、表现形式、用户数量、使用满意度、用户反馈等角度来体现政府信息资源开发的质量。

政府信息资源的利用将会带来社会效益和经济效益，反映政府信息资源的可获取率、利用率、用户使用率。政府信息资源利用带来的社会效益，表现为政府决策和管理水平的提高、公众工作效率的提高、政府信息资源获取环境的改善等。政府信息资源利用带来的经济效益主要为间接的经济效益，如公众获取政府信息资源的成本降低，政府信息资源开发相关投资的节约，政府信息资源开发成果质量的提升等。

5.2.2 基于政府信息资源公开获取的绩效评估

政府信息资源公开获取的问题一直是社会各界广泛关注的焦点。根据《中华人民共和国政府信息公开条例》和各地政府信息公开的相关规定，当前我国政府信息公开渠道主要有政府公报、政府网站、政府新闻发布会、公共广播电台、电视、报刊、国家档案馆、公共图书馆、行政服务中心、行政机关办公场所、基层群众组织活动场所、书报亭等公共场所、政府信息公开服务热线等十几种渠道。随着信息网络化的不断发展以及政府信息化建设的深入展开，政府门户网站成为目前最普遍也是最有效的政府信息资源公开途径。在开展基于政府信息资源公开获取的绩效评估工作时，要注意以下两点：

一是要注重公共服务。以政府门户网站绩效评估为例，首先应分析政府门户网站的效能所在。政务公开是现阶段我国政府门户网站内容的基本组成部分，公共服务是我国政府门户网站的核心功能，政务公开和公共服务状况构成我国政府门户网站的核心绩效。因此，政府门户网站绩效的评估以完善公共服务为指导思想，关注政府门户网站"以用户为中心"的意识水平，在反映政府信息资源管理的总体目标和基本要求的同时，还应反映政府以人为本、建设和谐社会的特征，强调政府的服务功能。在相关的政府门户网站绩效评估研究中，有人在"以用户为中心"的基础上，从应用服务、人性化服务和服务反馈三个角度来开展我国政府门户网站的绩效评估研究；有人以公共服务、政务公开、客户意识为一级指标构建政府门户网站的绩效评估指标研究；有人以服务成熟度、信息透明度、公众参与度、使用友好度、环境支撑度、持续改善度为框架进行政府门户网站绩效评估"六度"指标设定研究等。

二是要以问题为导向。以问题为导向的绩效评估模式适用于政府信息资源公开获取的绩效评估，能够有效针对问题，找到提高政府信息资源公开获取绩效的方法。同样以政府门户网站绩效评估为例，目前政府信息网站公开存在以下几个方面的突出问题：② 政务公开与信息公开混淆，政府信息资源被闲置；政府信息资源公开目录体系不够完善，政府信息资源分类不利于信息浏览检索，目录导航功能不足，类目和信息名称不规范等；政府信息资源公开制度建设有待完善；政府信息资源公开工作报告不够规范和完整；政府门户网站整体检索功能较差等。因此，上述问题便构成了对政府门户网站绩效

---

① 李绪蓉，徐焕良. 政府信息资源开发与管理［M］. 北京：北京大学出版社，2011：162.
② 白清礼. 政府网站信息公开评估［J］. 图书馆理论与实践，2013（8）.

的具体评估，例如，有研究从组织体系、制度建设、政务公开与政府信息公开、信息公开导航、信息公开主动性、政府年度报告、网站信息检索、用户反馈等方面来对政府门户网站绩效进行评估。

5.2.3　基于政府信息资源协同共享的绩效评估[①]

政府信息资源的协同共享有助于减少信息资源建设的重复和遗漏，形成具有特色的政府信息资源管理体系，提高政府信息资源系统的整体保障能力，满足用户的需求，提高政府信息资源的利用率。为进一步扩大资源协同共享的范围、深度以及效度，需要对政府信息资源协同共享绩效做出评估，以便总结工作、发现问题，指导未来政府信息资源协同共享的完善与发展。

政府信息资源协同共享绩效评估将绩效管理贯穿于政府业务协同工程的整个生命周期中，包括定期绩效评估和实时绩效监控两个层面。

（1）定期绩效评估用于形成长效的绩效驱动机制，主要使用资源共享指标、标准协同指标、运行成本指标和人员素质等指标，定期评估跨部门政府信息资源协作共享系统的建设绩效。在现阶段应针对信息孤岛、重复建设和社会服务等方面进行重点评估，加大资源共享指标、标准协同指标的评分权重。其中资源共享指标应从部门内系统平台共享、部门内信息资源共享、部门间系统平台共享、部门间信息资源共享四个方面来度量；标准协同指标要从信息资源目录体系、信息资源交换体系、公文流转标准、安全技术标准等方面来度量。

（2）实时绩效监控用于对流程日常运行的监控，主要包括客户满意度指标、工作协同指标和流程质量指标，每一指标的细化主要通过定量指标以数值来表示，用于实时发现流程运行过程中的不和谐因素，例如工作节点的服务超时等，评估跨部门政府信息资源协作共享系统的应用绩效。其中，客户满意度指标体系的设计方法可借鉴和吸收服务业中的消费者满意指数（CS），流程质量指标和工作协同指标的设计可以依据政府门户网站中的服务成熟度指数，也可借鉴国外企业业务流程再造的 TQCS（Time、Quality、Cost、Service）法，即度量和评估政府信息资源协同共享流程的时间、质量、成本和服务等四方面的改进程度。

5.3　政府信息资源管理绩效评估的实现路径

5.3.1　政府信息资源管理绩效评估的指导原则

1. 科学性原则

科学性原则是政府信息资源管理绩效评估的基本原则。首先，要保证绩效评估方法的科学性，选择政府信息资源管理绩效评估模式、构建指标体系、确定指标权重和综合

---

① 樊博. 绩效驱动的电子政务信息共享及协同应用 [J]. 图书与情报，2008（4）.

绩效分析等流程要符合科学性要求。其次，要保证数据收集与分析的科学性，政府信息资源管理绩效存在隐蔽性，其发挥的作用和带来的影响也有滞后性，因此在评估绩效时注意将定性分析与定量分析相结合，使得绩效评估的结果更为准确和全面。再次，要保证评估结果的科学性，绩效评估结果在不同政府信息资源管理部门之间具有可比较性，在一定程度上促成了竞争机制的形成，这样有利于通过比较发现问题、促进发展，因此政府信息资源绩效评估结果要客观公正。[①]

2. 系统性原则

政府信息资源管理是一个综合、复杂的绩效评估对象，应将政府信息资源管理及其影响视作一个系统。政府信息资源管理绩效评估要符合系统性原则，这要求在绩效评估指标体系中各指标之间相互联系、相互制约。具体来说，评估指标体系要统筹兼顾各方面的关系，包括政府信息资源管理社会绩效与经济绩效相统一，政府信息资源管理的内部绩效与外部绩效相统一，政府信息资源管理的整体绩效与局部绩效相统一等。[②]

3. 可行性原则

政府信息资源管理绩效评估要落实到实际工作当中，需要有一定可行性，才能使数据的收集、处理与分析工作顺利进行，从而保证绩效评估工作达到预期效果。首先，保证评估指标体系层次关系的可控性，绩效评估标准和方法能对政府信息资源管理绩效进行科学合理的分解，指标的层级数量以二至四级为宜，各级指标的数量不宜过多。其次，保证各评估指标的实用性，一方面，评估指标的概念要清晰，表达方式要准确易懂，指标数据要易于采集；另一方面，可参考现有的评估指标进行设置，使其具有可比性，横向可与同类机构或项目绩效评估结论进行对比，纵向可在同等条件下，与被评估对象过去的评估结论进行对比。

4. 动态性原则

首先，随着政府信息资源管理技术和水平的不断发展，反映政府信息资源绩效的统计数据和评估指标会不断变化，要以发展的眼光来考察各种影响因素，制定出有一定动态适应性的指标体系。其次，政府信息资源管理所产生的影响和结构是多层面的，在开展绩效评估工作时要考虑近期的结果，同时也要考虑在一段较长时间内可能带来的深远影响，对政府信息资源管理的绩效实施动态管理。最后，政府信息资源管理越来越多地运用信息技术和方法，随着信息技术不断进步，绩效评估工具也要不断更新，绩效评估中相关的评估方法和技术也要保持高度动态性。[③]

---

① 刘东红. 信息资源评估指标的体系结构 [J]. 图书与情报，2003 (6).

② 邓崧. 电子政务价值评估——基于政务流程和信息整合的研究视角 [M]. 北京：人民出版社，2008：3—5.

③ 肖希明，文甜. 信息资源共享系统绩效评估的理论意义与实践原则 [J]. 图书情报工作，2009 (19).

5.3.2　政府信息资源管理绩效评估的指标体系

1. 服务导向型指标体系

政府信息资源管理的一个重要目的是公众服务，因此目前许多政府信息资源管理绩效评估指标体系以服务为导向来构建。在宏观上，有研究以政府信息资源服务成本、政府信息资源服务业绩、政府信息服务内部流程和政府信息服务学习与成长为一级指标构建政府信息资源服务质量绩效评估指标体系的；也有研究在坚持目标一致性、可比性和整体性的原则上，从用户满意、投入产出、内在优化、持续发展四个方面设计政府信息资源服务绩效评估指标体系的。在微观上，政府门户网站是向公众提供信息资源服务的一个最直接、最有效的渠道，因此，对政府门户网站的绩效评估能在较大程度上反映出政府信息资源管理的绩效，同时促使政府信息资源管理绩效评估反馈社会公众的感受与想法，敦促政府信息资源管理部门从社会公众的角度设计与提供服务。下面以政府门户网站为例，对服务导向的政府信息资源管理绩效评估指标体系进行说明。

中国软件评测中心依据党的十八届四中全会和 2015 年"两会"精神，以及《国务院办公厅关于开展第一次全国政府网站普查的通知》（国办发〔2015〕15 号）、《国务院办公厅关于开展第一次全国政府网站普查的通知》（国办发〔2015〕15 号）、《国务院办公厅关于加强政府网站信息内容建设的意见》（国办发〔2014〕57 号）等文件要求，结合互联网发展趋势和用户需求，研究提出《2015 年中国政府网站绩效评估指标体系（征求意见稿）》，广泛征集意见后最终形成了《2015 年中国政府网站绩效评估指标体系》。

该指标体系由三部分组成，分别适用于部委网站、省级政府网站和地市区县级政府网站，网站评估指标包括健康情况、信息公开、办事服务、互动交流、回应关切、网站功能、优秀创新案例 7 个一级指标。其中，优秀创新案例指标为附加指标，结果纳入网站最终绩效得分；一级指标下设的二级指标结合各级政府网站的特点对指标及其权重做出了调整。表 5—1 列出省级政府网站的绩效评估指标体系。

表 5—1　政府门户网站绩效评估指标体系

一级指标	二级指标	评估说明
健康情况	站点可用性	门户网站的站点可用性情况
	首页更新	门户网站的首页更新情况
	链接可用性	门户网站的链接可用性情况
	栏目维护情况	门户网站的栏目维护情况
	单项否决情况	门户网站被单项否决的情况

续表5-1

一级指标	二级指标	评估说明
信息公开	基础信息公开	网站对机构职能、领导信息、政府文件、人事信息、统计信息、规章文件、规划设计、财政预算决算和"三公"经费，是否实现了全面、及时的公开
	政务专题	网站结合国务院办公厅要求重点公开信息，以及结合部门业务职能建设公开专题和维护的情况
	信息公开保障	网站是否及时公开了信息公开年报，是否编制了信息公开目录，以及更新维护情况
办事服务	公共服务	网站基于本部门业务职能提供和整合便民服务、推行数据开放的情况
	行政办事	网站通过办事大厅、服务专题等多种形式，整合、提供本部门和各直属单位行政办事服务的情况
互动交流	政务咨询	网站是否建设了政务咨询类栏目，为公众提供了办事咨询、留言建议等渠道，以及渠道是否存在无有效信件、长期不回应、答复推诿等现象
	调查征集	网站是否建设了调查征集类栏目，为公众参与决策制定、发表意见提供了渠道，以及2015年征集开展的情况
回应关切	决策解读	网站是否通过了互动访谈、热点专题、视频直（录）播等方式对重要政策、重大决策进行解读，以及2015年开展决策解读的次数和效果
	新闻发布会	网站是否开通新闻发布会专栏，及时对重大政策、热点事件等进行互联网上的面对面信息发布和公开，以及2015年开展新闻发布会的次数和效果
网站功能	微博微信	网站是否提供了政务微博、政务微信的入口，以及信息内容丰富度和更新及时性情况
	站内搜索	网站是否提供了站内搜索功能，以及站内搜索结果的准确性和易用性
	公共搜索	通过百度等主流公共搜索引擎搜索网站站点、重点信息和服务的情况
	安全防范	网站是否存在安全漏洞，以及漏洞的数量、等级和严重情况
	移动版本	网站是否建立了适合移动终端访问的移动版本（移动客户端、终端适配版、HTML5站点），以及移动版本内容和功能的建设情况
优秀创新案例	——	网站在信息公开、办事服务、互动交流、政策引导、管理机制、新技术应用等方面的优秀创新做法，通过专家评审、组织单位投票和网民投票的方式选出

2. 技术导向型指标体系

现代社会是一个信息化的社会，信息技术在政府信息资源管理中有着非常重要的地位，政府信息资源管理技术与能力的评估对于提升政府信息资源管理整体绩效具有极其重要的意义。当然，信息技术在政府信息资源管理绩效的评估要素中是最具有流动性和变化性的，信息技术进步具有快速和不可预测性的特点，因此，科学的政府信息资源管理技术系统评估指标体系要符合动态性原则。

技术导向型的政府信息资源管理绩效评估体系最初来源于希拉丘兹大学马克斯韦尔学院所提交的一份有关美国地方政府绩效评估的报告，其中专门对政府信息技术管理的绩效评估问题进行了研究。相关指标体系包含市民参与、信息技术规划、成本－效益分析、系统结构、管理支持、培训及采购 7 个一级指标，33 个二级指标。有相关研究以上述政府信息技术管理绩效评估指标体系为基础，结合政府信息资源管理工作特点对其进行重构，形成了以信息技术系统安置的恰当性、信息技术系统结构的恰当性和信息技术系统运行的有效性为一级指标的信息技术系统绩效评估指标体系，并应用于政府信息资源管理绩效评估当中，具体情况见表 5－2。[①]

表 5－2　信息技术系统评估指标体系

一级指标	二级指标	说明
信息技术系统安置的恰当性	信息技术规划	信息技术规划与政府信息资源管理战略规划的切合度，信息技术规划的适时性与调整
	系统设置评估	采购前政府信息资源管理部门能否进行成本－效益评估，所采用的成本－效益评估方法的合理性
	系统的采购	信息技术系统是否能及时采购，所采购的信息技术系统程序的合理性
信息技术系统结构的恰当性	结构集成与整合	内部各自信息技术系统是否整合及其整合程度，内部系统与外部其他信息技术系统的集成程度
	人员培训与支持	专业人员是否接受培训、是否可以运行及维护该系统，终端用户是否接受培训、是否可以使用该系统
信息技术系统运行的有效性	内部管理	是否为上层管理者政策制定提供有效信息，是否有利于系统内部的信息沟通
	外部沟通	政府信息资源公开及政府信息资源的公共获取情况

3. 项目导向型指标体系

政府信息资源管理由政府信息资源建设、政府信息资源组织、政府信息资源公开等各个环节组成，政府信息资源管理工作中各环节的落实以及各项目的实施对政府信息资源管理绩效产生重要影响。以政府信息资源建设项目为例，研究从政府信息资源建设的数量、质量、利用、发展潜力等四个方面来考虑建立评估的指标体系，形成政府信息资源数量指数、政府信息资源质量指数、政府信息资源利用指数、政府信息资源建设发展潜力指数，构成政府政务信息资源管理评估综合指数，如表 5－3 所示。

数量指数反映已有的政府信息资源数量情况；质量指数主要体现政府信息资源的优

---

① 宋航，曾军平. 重构政府信息技术管理绩效评估指标体系的思考 [J]. 财政研究，2013 (8).

劣程度；利用指数主要用来衡量政府信息资源的利用情况；发展潜力指数反映政府信息资源建设的发展能力与发展趋势，主要从法律、政策、人口、经济、科技等方面来评价。该综合指数体现了绩效评估的重点不仅是针对政府信息资源管理本身，更要注重政府信息资源建设的社会经济文化基础，即国家或地区信息化环境系统状况，因为政府信息资源建设发展水平必须依赖于信息化环境提供的各种有效支持。①

表5-3 政府信息资源建设绩效评估指标体系

一级指标	二级指标	说明
数据指数	政府信息数据库总容量	
	每百人政府网站数	
	每百人政府信息网页数量	
质量指数	正确性	指政府信息资源的内容符合被认为正确的道理和标准
	权威性	指政府信息资源的影响程度
	时效性	指政府信息资源的更新速度及新颖程度
	稳定性	政府信息资源的某些性能和指标保持不变的特性，即信息资源的运行质量
	交互性	指政府信息资源的创建者与信息资源用户的联系方式
	安全性	政府信息资源的使用权限，承受黑客攻击的能力等
	多媒体设计	政府信息资源媒体多样化的设计
利用指数	成本技术支持成本	政府网站投入和维护成本和政府数据库投入和维护成本，如硬件、软件及网络条件等要求
	用户登录及检索成本	通讯费、信息流量费等
	经济效益	
	社会效益	
发展潜力指数	科研经费占国民生产总值比重	
	信息产业增加值占GDP比重	
	教育经费占GDP比重	
	信息产业研究与开发经费支出占全国研究与开发经费支出总额的比重	
	每千人中大学毕业生比重	

① 王协舟，陈艳红. 电子政务信息资源建设绩效评估研究——体系构想与保障机制维度 [J]. 档案学研究，2004（6）.

4. 战略导向的绩效评估指标体系

政府信息资源管理绩效评估以政府信息资源管理部门乃至整个政府组织的发展为战略目标。同企业相似，政府信息资源管理部门也需要系统、有效地评估组织战略实施的三个基本方面：组织架构、业务流程、人力资源。[①] 吕元智借鉴平衡记分卡的框架，将政府信息资源管理工作的业绩分为了四个角度：财务、客户、内部管理过程、学习与成长，通过这四个指标之间相互驱动的因果关系来展现政府信息资源管理部门的战略轨迹，从而实现政府信息资源管理短期利益和长期利益、局部利益和整体利益的均衡，并根据政府信息资源管理工作的特点，对评估指标及其权重进行调整，设计出以财务成本、员工学习与成长、内部业务流程、服务效果为一级指标的评估指标体系，具体的评估指标体系如表 5-4 所示。[②]

表 5-4　战略导向的政府信息资源管理绩效评估指标体系

一级指标	二级指标	说明
财务成本	资金投入总量	资金投入量是否合理
	资金利用分布	内部管理费用比例，如员工工资、福利、日常办公费用等；业务管理费用比例；专项费用比例等
员工学习与成长	员工满意度	员工对工作、报酬、环境、社会地位等的自我综合认定
	员工培训与再教育	员工学习情况，工作发展潜力
	员工流动性	员工稳定性与忠诚度
内部业务流程	内部管理有效性	组织机构设置、组织管理制度、员工的年龄及性别等机构是否合理
	业务流程效率	业务分工与合作、服务的响应速度、业务数字化程度等
	创新能力	新增服务项目的数量及比例
服务效果	用户满意度	从用户角度考察服务效果，服务投诉次数、服务有用性与可得性、再次利用意愿等
	服务的影响力	信息资源服务对社会的影响程度，用户人数比例、主管单位及平行单位的评价等

5.3.3　政府信息资源管理绩效评估的方法

政府信息资源管理以追求社会效益为主，相较于营利性机构其绩效评估更为复杂。运用科学的方法获取指标数据是政府信息资源管理绩效评估工作最基本的内容，可以综合运用访谈法、观察法、审阅法、调查法等方法。获取定量数据要考虑数据的可信度和可操作性，可以从权威渠道发布的资料和政府信息资源管理部门统计的资料上直接获取。获取定性数据的方法主要有前后对比法、成本效益分析法、目标群体评估法、专家

---

① 马国贤. 政府绩效管理 [M]. 上海：复旦大学出版社，2005：369.

② 吕元智. 政府信息资源管理绩效评估研究 [M]. 北京：世界图书出版公司，2012：89-90.

评估法等。

选择有效的绩效评估方法是政府信息资源管理绩效评估工作的关键。首先，政府信息资源管理产出的非市场性，对政府信息资源管理的产出进行确定及度量都具有较大难度。其次，政府信息资源管理绩效结构复杂，无法统一标准进行度量。再次，政府信息资源管理绩效相互交织，难以进行分类度量。最后，政府信息资源管理绩效的边界模糊，可能是由多种因素综合作用的结果，不易精确地进行界定和判断。目前，用于政府信息资源管理绩效评估的方法主要有"3E"评价法、平衡计分卡、标杆管理法和逻辑分析法。

1. "3E"评价法

20世纪60年代，美国会计总署为更好地控制政府财政支出、节约成本，将政府工作评估的重心从单一的经济性扩展到经济性（Economy）、效率性（Efficiency）、效果性（Effectiveness）多重指标，形成政府绩效评估的"3E"评价法。近年来，"3E"评价法被运用到政府信息资源管理绩效评估当中：经济性指标是指政府信息资源管理投入成本的降低程度；效率性指标反映政府信息资源管理工作所获得的成果与工作过程中的资源消耗之间的对比关系；效益性指标用于描述政府信息资源管理部门所进行的工作或提供的服务达到政府信息资源管理目标的情况，以及满足公众对政府信息资源需求的程度。

王新才等人的研究采用了"3E"评价法对政府信息资源管理绩效进行评估，根据政府信息资源管理绩效评估标准的含义、构成和选择要求，结合政府信息资源管理绩效评估经济性、效率性、效果性三大业绩标准，设计出一个包含3个一级指标、9个二级指标和23个三级指标的政府信息资源管理绩效评估指标体系，并采用层次分析法，通过逐层计算来确定各指标的权重。[①]

2. 平衡计分卡

平衡计分卡是由美国哈佛商学院罗伯特·卡普兰教授和复兴方案公司总裁戴维·诺顿在1992年研发的一个绩效测评工具。平衡计分卡将需要评估的所有目标按一定的规则指标化，根据重要性原则赋予其不同权值，将复杂的目标管理简化为操作性较强的评价指标体系，最后进入绩效评估流程。评估指标体系中的每一项指标都占一定的分值，同时又通过多项指标来对其平衡。

平衡记分卡中的"平衡"，指对政府信息资源管理绩效的全方位考察，而不是集中在单一或个别的项目或流程上。由于平衡记分卡将多种管理目标整合起来再对其赋予分值，因此，这一分值中既有当前的目标，也有长远发展的目标；既有反映组织内部管理效果的指标，也有反映外部评价的效果。通过平衡计分卡所得到的分值体现了政府信息资源管理短期利益与长期利益的平衡，以及内部利益与外部利益的平衡。

平衡记分法中的"记分"，指根据每项指标的重要性设定其权值，并根据目标的实现情况来逐项记分，最终统计出评估指标的全部分值，通过预先设定的分值标准来对绩

---

① 王新才. 政府信息资源管理 [M]. 北京：科学出版社，2011：196—199.

效水平进行评估，如合格为 80 分，基本合格为 60~80 分，不合格为 60 分以下。

使用平衡计分卡开展政府信息资源管理绩效评估工作时，要以政府信息资源管理的战略目标为起点，根据战略目标来确定评估内容。吕元智在其研究中对政府信息资源管理绩效评估的理论基础、方法体系和制度保障进行深入分析，并选取平衡记分卡，从顾客维度、财务维度、内部业务流程维度以及员工学习与成长四个维度构建了政府信息资源管理绩效评估综合指标体系，利用模糊综合评价法来确定各指标的权重。[①]

3. 标杆管理法

20 世纪 80 年代，标杆管理法作为一种新型经营管理理念和方法开始发展起来，西方管理学界将标杆管理与企业再造、战略联盟一起并称为 20 世纪 90 年代三大管理方法，也是国内外开展竞争研究常用的方法和工具之一。利用标杆管理法，将政府信息资源管理部门自身指标与所对应的最佳指标进行比较，发现两者之间的差距，从而引导政府信息资源管理部门进行工作创新及绩效改进，最终帮助政府信息资源管理部门获得卓越绩效。

使用标杆管理法开展政府信息资源管理绩效评估工作主要有以下几个步骤：第一步，确定绩效管理内容；第二步，确定标杆对象，以其绩效标准作为对比的"标杆"；第三步，收集内部数据，在确定管理范围、绩效评估对象及标杆对象后，即开始收集内部数据，对目前的绩效水平进行预测；第四步，收集外部数据，分析外部数据，找出绩效差距，这里要注意调整数据分析的口径，鼓励绩效评估的参与者进行数据公开和数据共享；第五步，绩效差距分析，分析本部门和对比部门之间的差距，也可以根据设定的目标，找出本部门绩效与目标绩效之间的差距；第六步，制订行动计划，通过绩效测量，找到绩效差距，分析差距存在的原因，最后形成相关行动计划来缩小差距；第七步，执行计划及监控结果，时刻关注计划实施情况，观察绩效是否得到了提高；第八步，调整标杆对象，标杆管理法作为不断进步的工具，和其他机制是联系在一起的，因此，对标杆要进行周期性的检查及调整。

4. 逻辑分析法

逻辑分析法是一种结果导向的绩效评估方法，通过对政府信息资源管理某一项目或活动的投入产出进行分析得出绩效评估的结果。利用逻辑分析法开展政府信息资源管理绩效评估工作时，要详细说明期望达到的结果，为相关数据的收集指明方向，便于对政府信息资源管理的开展进行周期性绩效评估。逻辑分析法一般由投入、活动、产出、结果等部分组成。

投入是指运作政府信息资源管理部门需要而且可以获得的资源，包括人力、资金、组织以及社会资源。项目活动是指政府信息资源管理的相关工作，包括内部执行中的过程、工具、事件、技术和行动等。产出是指某项政府信息资源管理工作即时得到的结果，包括其带来的各种服务的类型、水平及目标等。结果是对政府信息资源管理工作产生的结果按照时间长短做出进一步划分，通常短期结果在 1~3 年内可以看到，中期结

① 吕元智. 政府信息资源管理绩效评估研究［M］. 北京：世界图书出版公司，2012：67-104.

果在 4~6 年内可以看到，长期结果在 7~10 年内可以看到。

在从产出到结果的过程中，应考虑时间和利益相关者这两个要素。政府信息资源管理工作的产出与结果之间存在相关性，但需要经过一定的时间才能达到预期的结果。时间越长，结果可能越明显，在对其绩效进行评估时，可以通过实际效果与预想效果之间的差异，来评价政府信息资源管理的绩效。另外，利益相关者介于产出与结果之间，例如部门领导、平行单位、社会公众等，政府信息资源管理工作的进行需要各方利益相关者的配合，他们的态度及活动将会对政府信息资源管理工作的效果产生影响。

5.4　案例分享

国务院办公厅开展第一次全国政府网站普查

2015 年 3 月 24 日，国务院办公厅发布《国务院办公厅关于开展第一次全国政府网站普查的通知》（国办发〔2015〕15 号），以推进全国政府网站信息内容建设有关工作，提高政府网站信息发布、互动交流、便民服务水平，全面提升各级政府网站的权威性和影响力，维护政府公信力。

此次普查的目的是了解全国政府网站基本情况，有效解决政府网站可能存在的问题，并督促存在问题的网站进行整改，关停其中问题严重的网站。普查范围包括地方各级人民政府网站、县级以上（含县级）地方人民政府各部门及下属参照公务员法管理的事业单位网站、国务院各部门（含国务院部委管理的国家局）及其内设机构网站、国务院各部门下属参照公务员法管理的事业单位网站。

普查从 2015 年 3 月开始，到 2015 年 12 月结束，分统计摸底、检查整改、抽查核查、通报总结四个阶段实施。以全国政府网站信息报送系统为依托，开展网站基本信息及检查整改情况的填报工作。

普查内容按照《全国政府网站普查评分表》（见表 5-5）相关评分指标，首先由各地区、各部门办公厅（室）组织自查，然后由国务院办公厅通过系统扫描和人工复核等方式抽查、核查。《全国政府网站普查评分表》是一个包含两级指标的评估指标体系。首先，对网站进行"单项否决"，包含站点无法访问、网站不更新、栏目不更新、严重错误、互动回应差等 5 个二级指标，如网站出现其中任何一种情况，则将该网站评为不合格；另外，普查评分表包含网站可用、信息更新情况、互动回应情况、服务使用情况等 4 个一级指标以及 10 个二级指标。

表5-5 全国政府网站普查评分表

一级指标	二级指标	说 明
单项否决	站点无法访问	首页打不开的次数占全部监测次数的比例
	网站不更新	首页栏目信息更新情况。如首页仅为网站栏目导航入口，则检查所有二级页面栏目信息的更新情况
	栏目不更新	1. 动态、要闻、通知公告、政策文件等信息长期未更新的栏目数量； 2. 网站中应更新但长期未更新的栏目数量； 3. 网站中的空白栏目（有栏目无内容）数量
	严重错误	1. 网站存在严重错别字； 2. 网站存在虚假或伪造内容； 3. 网站存在反动、暴力、色情等内容
	互动回应差	互动回应类栏目长期未回应的情况
注：如果网站出现"单项否决"指标中的任意一种情形，则判定为不合格网站，不再对以下指标进行评分。如果网站未存在"单项否决"指标所描述的问题，则对以下指标进行评分，各指标累计扣分超过40分的，则同样判定为不合格网站。不合格网站应立即关停整改。		
网站可用性	首页可用性	首页打不开的次数占全部监测次数的比例
	链接可用性	首页及其他页面不能正常访问的链接数量
信息更新情况	首页栏目	首页栏目信息更新数量 如首页仅为网站栏目导航入口，则检查所有二级页面栏目信息更新情况
	基本信息	1. 基本信息更新是否及时； 2. 基本信息内容是否准确
互动回应情况	政务咨询类栏目	1. 渠道建设情况； 2. 栏目使用情况
	调查征集类栏目	1. 渠道建设情况； 2. 调查征集活动开展情况
	互动访谈类栏目	互动访谈开展情况
服务实用情况	办事指南	办事指南要素的完整性、准确性
	附件下载	所需的办事表格、文件附件等资料能否正常下载
	在线系统	在线申报和查询系统能否正常访问

注：监测时间点前××（时间）内，是指自监测日期前倒退××（时间）至监测时间点的时期。例如，监测时间点为3月1日，"监测时间点前2个月内"是指1月1日至3月1日。

2015年12月15日，国务院办公厅发布《国务院办公厅关于第一次全国政府网站普查情况的通报》（国办函〔2015〕144号），对此次全国政府网站普查结果进行了通报。截至2015年11月，各地区、各部门共开设政府网站84094个。其中，普查发现存在严重问题并关停上移的16049个，正在整改的1592个。正常运行的66453个政府网站中，地方网站64158个，国务院部门及其内设、垂直管理机构网站2295个。

总体情况方面。第一，全国政府网站实现整体达标合格，全国政府网站总体合格率为90.8%。其中，省部级政府门户网站合格率为100%，市、县级政府门户网站合格率超过95%，其他政府网站合格率达到80%以上。从地域上看，北京、上海、浙江、湖南等地政府网站合格率超过95%，山西、辽宁、黑龙江、云南、西藏、青海、宁夏、新疆等地和新疆生产建设兵团政府网站合格率低于85%。第二，政府网站管理服务水平不断提高，集约化建设正有序推进。各地区、各部门强化政府网站主管职责，普遍建立了责任到人、层层督办的推进保障机制。第三，建立了政府网站基本信息数据库，社会公信力稳步提升。政府网站基本信息数据库记录了全国84094个政府网站的名称、地址、主管单位、运行状态等基本信息，形成了准确、完整的政府网站动态档案库。该数据库在中央政府门户网站开放后，两个月时间搜索量达8万余次，下载1.3万余次。据统计，国务院各部门政府网站有关内容媒体转载量较2014年上升15%，省级政府门户网站上升13%，计划单列市和省会城市政府门户网站上升17.5%，各级政府网站社会公信力稳步提升。

第一，通过检查整改，政府网站信息更新更加及时，政府网站空白栏目数由普查前的平均每网站20个降至2.3个，降低88.5%；更新不及时栏目数由平均每网站15个降至5.5个，减少63.3%。第二，政府网站内容准确性普遍提高。政府网站首页不可用率由普查前的12.8%降至3.6%，降低71.9%，链接不可用数量由平均每网站196个降至23.4个，降低88.1%。普查前被频频曝光的严重错别字问题大幅减少，办事表格、材料清单、联系电话、收费标准等内容不准确问题由平均每网站17个降至2.3个，减少86.5%。第三，互动回应情况明显改善。网上信箱等咨询渠道开通率由普查前的57%上升至85.3%，公开的回复信件数由平均每网站27件增加到110件，咨询类留言长期不回复的比例降至0.7%，1年内开展调查征集活动的次数由平均每网站不足1次增加到4次。第四，办事功能不断完善。各地区、各部门积极开展网上办事事项梳理，着力提高服务信息的实用性。95%以上的政府门户网站规范了办事指南的基本要素，一些地方和部门还依托政府网站探索推进"互联网+政务服务"，以"数据多跑路，群众少跑腿"为目标，优化服务流程，推动线上线下资源衔接，不断提高群众满意度。

同时，通报中指出了我国政府网站需要进一步解决的以下问题：部分基层网站仍不合格，少数网站问题严重。抽查发现421个不合格网站，少数基层网站问题严重；个别地方检查走过场、整改不彻底；一些网站便捷性、实用性亟待提升。

案例来源：《国务院办公厅关于开展第一次全国政府网站普查的通知》，http://www.gov.cn/zhengce/content/2015-03/24/content_9552.htm

《国务院办公厅关于第一次全国政府网站普查情况的通报》，http://www.gov.cn/zhengce/content/2015-12/15/content_10421.htm

主要参考文献

[1] 白清礼. 政府网站信息公开评估 [J]. 图书馆理论与实践，2013 (8).

［2］蔡立辉. 电子政务［M］. 北京：清华大学出版社，2009.

［3］陈艳，吕红霞. 我国信息资源共享系统绩效评估研究述评［J］. 情报科学，2009
（11）.

［4］邓崧. 电子政务价值评估——基于政务流程和信息整合的研究视角［M］. 北京：
人民出版社，2008.

［5］樊博. 绩效驱动的电子政务信息共享及协同应用［J］. 图书与情报，2008（4）.

［6］胡税根. 公共部门绩效管理［M］. 杭州：浙江大学出版社，2006.

［7］赖茂生，杨秀丹，胡晓峰，等. 信息资源开发利用基本理论研究［J］. 情报理论与
实践，2004（3）.

［8］李绪蓉，徐焕良. 政府信息资源开发与管理［M］. 北京：北京大学出版社，2011.

［9］刘东红. 信息资源评估指标的体系结构［J］. 图书与情报，2003（6）.

［10］刘强，甘仞初. 政府信息资源开发利用的综合评价模型与实证［J］. 北京理工大
学学报，2005（11）.

［11］刘旭涛. 政府绩效管理——制度、战略与方法［M］. 北京：机械工业出版
社，2003.

［12］吕元智. 政府信息资源管理绩效评估研究［M］. 北京：世界图书出版公
司，2012.

［13］马国贤. 政府绩效管理［M］. 上海：复旦大学出版社，2005.

［14］施青军. 政府绩效评价与绩效审计差异比较［J］. 中国行政管理，2012（4）.

［15］宋航，曾军平. 重构政府信息技术管理绩效评估指标体系的思考［J］. 财政研究，
2013（8）.

［16］孙国锋. 我国政府网站绩效评估的理论基础、指标体系与初步结果［J］. 信息化
建设，2005（3）.

［17］孙松涛. "六度"评估政府网站绩效［J］. 信息化建设，2007（6）.

［18］王靓靓，石磊，张望. "以用户为中心"政府网站绩效评估指标体系研究——以郑
州市政府网站为例［J］. 中国管理信息化，2013（11）.

［19］王小黎，陈领弟. 构建档案信息资源开发评价指标体系研究［J］. 经济论坛，
2010（5）.

［20］王协舟，陈艳红. 电子政务信息资源建设绩效评估研究——体系构想与保障机制
维度［J］. 档案学研究，2004（6）.

［21］王新才. 政府信息资源管理［M］. 北京：科学出版社，2011.

［22］肖希明，文甜. 信息资源共享系统绩效评估的理论意义与实践原则［J］. 图书情
报工作，2009（19）.

［23］张庆龙. 政府审计［M］. 上海：上海人民出版社，2010.

［24］张晓娟，杨文绮. 试论我国政府信息资源管理绩效评估体系的构建［J］. 情报理
论与实践，2014（8）.

［25］周伟，叶常林，韩家勤. 政府信息服务绩效评估指标体系的科学构建［J］. 图书
情报工作，2009（7）.

第6章　政府信息公开

在经济全球化和信息化的时代，大容量、广覆盖、多变化的政府信息，与社会生产和公众生活的方方面面有着密切的联系，是公众了解当今社会、推动一切活动有序进行的基础。信息透明廉洁、诚信负责的政府，必须是一个开放的政府，是一个"阳光"的政府。政府信息必须以公开为原则，使一切权力在"阳光"下运行，杜绝暗箱操作，抑制腐败，以确保透明廉洁与诚信负责政府的实现。如何将政府信息公开化，使之成为全社会共享的资源和民主建设的助推器，既是对人民政府的考量，又是民主化进程中的必然选择。及时、全面、准确公开政府信息，是法治型政府建设的应有之义，也是巩固政府公信力、取信于民的重要举措。

6.1　政府信息公开概述

6.1.1　政府信息公开的含义和范围

1. 政府信息公开的含义

关于政府信息公开的含义，学术界从不同的角度对其作出了解释，有人认为，政府信息公开是国家机构中的行政机关通过公众便于接受的方式和途径，将其掌握的公共资源，尤其是在其行使公共权力的过程中所获得的信息和情报（法律明令应予以保密的除外）公之于众，允许公民、法人及其他组织通过各种形式了解这些信息。[①] 有人认为政府信息公开就是"行政资讯公开"，可以从微观和宏观两个层面来理解其含义。微观意义上的政府信息公开是行政机关依照法定程序向公众或者特定的公民提供有关信息的法律行为；宏观意义上的政府信息公开是行政机关在行政管理中的一项法律制度，其中包含了行政机关向公众或特定的公民提供信息的范围、程序和法律后果等要素。还有人认为政府信息公开是国家行政机关和法律法规以及规章授权和委托的组织，在行使国家行政管理职权的过程中，通过法定形式和程序，主动将政府信息向公众或依申请而向特定的个人或组织公开的制度。[②] 我们认为，政府信息公开是行政机关为了保障公众的知情权以及合理合法获取信息的权利，利用适当的方式，将政务活动的相关信息公布于众的制度。

---

① 颜海. 政府信息公开理论与实践 [M]. 武汉：武汉大学出版社，2008：4—5.
② 段尧清. 政府信息公开：价值、公平与满意度 [M]. 北京：中国社会科学出版社，2013：3—4.

2. 政府信息公开的范围

2007 年 1 月 17 日国务院第 165 次常务会议通过了《政府信息公开条例》，其中规定了政府信息公开内容的范围有几种情形。

第一，行政机关应当主动公开的四种情形：涉及公民、法人或者其他组织切身利益的，需要社会公众广泛知晓或者参与的，反映本行政机关机构设置、职能、办事程序等情况的，其他依照法律法规和国家有关规定应当主动公开的。

第二，县级以上各级人民政府及其部门应当依照本条例第九条的规定，在各自职责范围内确定主动公开的政府信息的具体内容，并重点公开下列政府信息：行政法规、规章和规范性文件，国民经济和社会发展规划、专项规划、区域规划及相关政策，国民经济和社会发展统计信息，财政预算、决算报告，行政事业性收费的项目、依据、标准，政府集中采购项目的目录、标准及实施情况，行政许可的事项、依据、条件、数量、程序、期限以及申请行政许可需要提交的全部材料目录及办理情况，重大建设项目的批准和实施情况，扶贫、教育、医疗、社会保障、促进就业等方面的政策、措施及其实施情况，突发公共事件的应急预案、预警信息及应对情况，环境保护、公共卫生、安全生产、食品药品、产品质量的监督检查情况。

第三，设区的市级人民政府、县级人民政府及其部门重点公开的政府信息还应当包括下列内容：城乡建设和管理的重大事项，社会公益事业建设情况，征收或者征用土地、房屋拆迁及其补偿、补助费用的发放、使用情况，抢险救灾、优抚、救济、社会捐助等款物的管理、使用和分配情况。

第四，乡（镇）人民政府应当重点公开下列政府信息：贯彻落实国家关于农村工作政策的情况，财政收支、各类专项资金的管理和使用情况，乡（镇）土地利用总体规划、宅基地使用的审核情况，征收或者征用土地、房屋拆迁及其补偿、补助费用的发放、使用情况，乡（镇）的债权债务、筹资筹劳情况，抢险救灾、优抚、救济、社会捐助等款物的发放情况，乡镇集体企业及其他乡镇经济实体承包、租赁、拍卖等情况，执行计划生育政策的情况。

第五，公民、法人或者其他组织还可以根据自身生产、生活、科研等特殊需要，向国务院部门、地方各级人民政府及县级以上地方人民政府部门申请获取相关政府信息。

第六，行政机关对政府信息不能确定是否可以公开时，应当依照法律法规和国家有关规定报有关主管部门或者同级保密工作部门确定。行政机关不得公开涉及国家秘密、商业秘密、个人隐私的政府信息。

6.1.2　政府信息公开的理论基础

政府信息公开制度是现代民主国家的重要制度，是是否尊重人权的重要判断标准。政府信息恰当公开，是事关社会的和谐发展、事关民主法制建设进程的大事。政府信息公开更涉及公众的权力和利益，因此必须要有坚实的理论基础作为其向导和理论依据，这些依据包含了政治学、经济学、社会学等相关内容。

1. 人民当家做主是政府信息公开的政治依据

人民当家做主是中国特色社会主义民主的本质和核心。人民主权理论的基本含义是国家权力来源于人民、服务于人民、对人民负责。《中华人民共和国宪法》规定，中华人民共和国的一切权力属于人民，人民依照法律的规定，通过各种途径和形式，管理国家事务，管理经济和文化事业，管理社会事务。但是人民无法作为一个整体具体管理国家事务，于是推选出一些人组成政府。政府的权力是人民授予的，人民授权让政府机关对国家进行管理，政府机关及其公职人员的权力来源于人民、归属于人民、受人民支配。因此，政府信息应公之于众，让公众随时可以了解，而不应该被政府机关遮掩起来。只有做到政府信息公开，人民才可以真正地当家做主。

行政权力是政治权力的一种，它是国家行政机关依靠特定的强制手段，为有效执行国家意志而依据宪法原则对全社会进行管理的一种能力，它会影响国家的经济发展、文化水平、社会秩序、人民生活等各个方面，因此政府信息公开极为必要。政府信息公开是人民参政议政的基本条件，只有政府信息公开，公众才能知晓政府的各项行为，才能判断政府的行为是否正确，是否值得信赖。这样不但可以提高决策的透明度，还可以提升公众的信任度，真正实现人民当家做主。

另外，政府信息公开可以有效预防和防止政府权力腐败和不正当行使权力。现代社会，公共权力的行使容易导致腐败，仅靠权力者个人的自律是远远不够的，政府信息公开可以起到监督权力的作用，有效地防止和预防腐败等不良现象的发生，从而真正实现人民当家做主。

2. 政府服务人民群众是政府信息公开的社会依据

政府，即国家权力机关的执行机关，是国家行政机关。政府必须扮演好自己的社会角色，才能有效维护国家安全、消除社会隐患、促进科学技术进步、提高国民生产能力。政府的社会角色即服务于群众，为群众谋福祉。政府必须将人民的利益和社会的福利作为行政活动的出发点和归宿，必须保障人民的自由和权利，不断地提高人民精神、文化和物质生活水平。随着社会经济的发展，信息已经成为影响人们生产生活的重要因素。当今社会掌握信息最多的无疑是政府，政府掌握着政治信息、经济信息、文化信息、社会生活信息等，这些信息对于企业和个人的发展都具有重要的参考价值。政府信息公开，有利于促进政府信息流动，使经济资源合理流动，规范市场秩序，推动经济社会的发展。

同时也要推行公共企事业单位办事公开，进一步优化服务环境。公共企事业单位与人民群众利益密切相关，是政府信息公开工作的重要内容。这要求我们进一步拓展办事公开领域，把教育、医疗、住房、供电、交通、食品、药品等领域办事公开作为重点，完善公开流程，畅通沟通渠道，全面提高服务质量；创新办事公开载体，在抓好服务窗口、公开栏等的基础上，借助电子化、信息化手段，建设好网络信息服务平台、热线沟通交流平台、行政服务中心公开办事平台和便民服务网络平台，方便群众办事和监督。[①]

3. 公民拥有知情权是政府信息公开的法律依据

知情权是指公民对于国家的重要决策、政府的重要事务以及社会上发生的与普通公

---

① 杨晓军. 政府信息公开实证问题研究［M］. 北京：国家行政学院出版社，2014：17.

民密切相关的重大事件有了解和熟悉的权利。公民对政府信息的知情权，在宪法层面上也是一种权利，属于宪法规定的人权范畴。随着社会经济的不断发展，人们生活水平的不断提高，人的权利也会不断丰富和增加，知情权被纳入了人权范畴。1948 年联合国大会通过的《世界人权宣言》首次承认人拥有知情权，1966 年通过的《公民权利和政治权利国际公约》也肯定了知情权的法律地位。由此看来，公民对政府信息的知情权，不仅是政治权利，也是法律权利。如果政府不承认公民的知情权，不承担信息公开的义务，普通公民就无法真正获取和利用政府信息。因此，保障公民的知情权是政府信息公开的重要法律依据。

6.1.3　政府信息公开的原则

1. 民本原则

在这里，民本主义指人民在社会阶层或结构中起着中心的地位，并且在社会发展中起着决定作用，它的核心是把人民群众的利益放在至高无上的地位，即把人民群众视为国家的唯一主体，并在最大限度上实现并保障人民的利益。政府信息公开就是基于这样一个以民为本的原则，向公民公开由全体公民共同创造且属于他们的信息。通过政府信息公开制度，切实满足人民需求，确保人民的利益得到保障而不受到侵害，并且保证国家的行政人员积极地为人民利益服务。

2. 平等原则

平等问题早已成为人类最关注的基本问题之一，平等的实质即追求权利的平等，法国《人权宣言》中就明确指出："平等就是人人能够有相同的权利。"平等原则在政府信息公开法律制度中的体现就是指人人具有平等获取政府信息的权利，即人人都可以要求政府提供自己所需政府信息的内容，不应因申请人的身份、年龄、地位等的差异而有所不同。

3. 免费使用原则

政府信息的免费使用原则是指政府不能因申请人要求获取政府信息而从中谋取利益，只能收取成本费用。这是因为，公民是国家的纳税人，纳税人上缴的税收是政府存在和发展的基础，各级政府都不可能脱离纳税人而单独存在，因此纳税人有权利免费获取和使用政府信息。

4. 告知原则①

在政府信息公开工作中，除了依法应当保密的外，政府信息公开主体应当把相对人或社会大众依法享有的知情权的内容明确告诉他们，并且告诉的效果要达到足以使权利人知晓的程度，这即为政府信息公开的告知原则。政府信息公开的告知原则可以有效地推动政府工作民主化的进程。

---

① 颜海. 政府信息公开理论与实践［M］. 武汉：武汉大学出版社，2008：15.

6.1.4 政府信息公开的方式

1. 传统方式

《政府信息公开条例》规定，行政机关可以通过政府公报、政府网站、新闻发布会以及报刊、广播、电视等便于公众知晓的方式公开；各级人民政府应当在国家档案馆、公共图书馆设置政府信息查阅场所，并配备相应的设施、设备，为公民、法人或者其他组织获取政府信息提供便利；行政机关可根据需要设立公共查阅室、资料索取点、信息公告栏、电子信息屏等场所、设施，公开政府信息，还应当及时向国家档案馆、公共图书馆提供主动公开的政府信息。

例如 2014 年 9 月，国务院总理李克强在夏季达沃斯论坛上公开发出"大众创业、万众创新"的号召，"双创"一词由此开始走红。几个月后，"大众创业、万众创新"被写入了 2015 年政府工作报告予以推动。随即各报刊、广播、电视、政府网站都公布了有关"双创"的政策。中国政府网在其"政策"栏目，专门添加了"双创"板块，建立集中发布解读"双创"政策的平台。内容主要包括国务院部委地方文件，如《国务院办公厅关于深化高等学校创新创业教育改革的实施意见》（国办发〔2015〕36 号）、《国务院关于大力推进大众创业万众创新若干政策措施的意见》（国发〔2015〕32 号）、《国务院办公厅关于同意建立推进大众创业万众创新部际联席会议制度的函》（国办函〔2015〕90 号）、《国务院关于加快构建大众创业万众创新支撑平台的指导意见》（国发〔2015〕53 号）、《国务院办公厅关于建设大众创业万众创新示范基地的实施意见》（国办发〔2016〕35 号）。

2. 新媒体方式

2016 年 8 月 3 日，中国互联网络信息中心（CNNIC）发布了第 38 次《中国互联网络发展状况统计报告》。报告显示，截至 2016 年 6 月，我国手机网民规模达 6.56 亿，网民中使用手机上网的人群占比由 2015 年底的 90.1% 提升至 92.5%，仅通过手机上网的网民占比达到 24.5%，网民上网设备进一步向移动端集中。随着智能手机和移动网络的发展，一些新媒体营运而生，微信公众平台和微博就是比较典型的方式，它们是一个交互式的平台，政府利用微信公众平台和政务微博可以更加快捷有效地对政府信息进行公开。政务微信公众平台和政务微博还是一个公众集聚、持续互动的优良平台，根据后台的数据反馈，可以按需求、兴趣，甚至价值取向等人群特征，引导凝结成微小群体，激发群体成员的参与积极性，打造社群文化，激励群体成员对基层公共事务发声。政务微信和政务微博的运营成本较低，民众普及度却很高，最新数据统计显示已经有约6 亿~7 亿人使用微信和微博，政务微信和政务微博庞大的用户基础使其更加适合进行政府信息公开。目前已有很多政府部门建立了政务微信和政务微博，这表明政府信息公开有了更加广泛的方式，也更加便捷、透明。

6.2 我国政府信息公开的实践

6.2.1 我国政府信息公开的发展历程①

政府信息自政府产生之日起就客观存在，它是由政府主体筛选、加工或制造的信息。纵观中国几千年的发展历史，历来就有政府信息公开的传统。但以服务公众、推动社会进步、满足社会需求为目的的政府信息公开运动，确实是在近期才成为一种不可逆转的世界性潮流。从历史发展的时间序列来看，从政府信息的服务性功能作用来分析，到目前为止，我国的政府信息公开大致经历了以下几个历史时期。

1. 封闭时期（古代—1949 年）

在这一段漫长的历史时期里，当局对政府信息只重收藏，不重开放。虽然他们也有政府信息公开的实践，但所公开的信息仅限于朝廷的政令和政事信息，以官报、公告、安民告示等形式公开，其公开的范围、程度有限，手段单一，而且也没有形成统一的规章制度，更没有专门的组织机构负责政府信息公开工作。另外，政府公开信息目的非常明确，只是为了树立自己的权威性，为了更好地实行统治，并不是真正从民众的利益出发，具有很大的局限性。

2. 保密时期（1949—1978 年）

旧中国几千年来对政府之事讳莫如深，只有后人才能略知前朝"秘史"一二，人民毫无知情权可言。新中国成立以后，政府积极推行民主政治，鼓励人民参政议政，将事关国家大计的方针、政策及时传达给公众，并出台了一些法规性的文件，对于应该向人民群众公开发布的重大新闻、政务活动加以规定。1950 年，中共中央、国务院相继作出了《关于加强保守党与国家机关机密的决定》《关于各级政府工作保守国家机密的指示》等重要决定，及时将保密工作纳入党和国家的重要工作中。从 20 世纪 50 年代到党的十一届三中全会，党和政府为了巩固新生政权、维护社会稳定，制定了一系列保密和信息公开方面的法规，应该来说，这个时期政府信息还较为保密。

3. 半公开时期（1978—2003 年）

我国政府信息公开起步于 20 世纪 80 年代中后期。由于改革开放和民主法治建设步伐的加快，信息公开制度被越来越多的人所知晓和了解，并日益成为保障公民权利的工具。在党和政府对信息公开的高度重视下，我国政府信息公开呈现出发展的态势。改革开放以来，在反对腐败，推行依法治国、依法行政，加强基层民主建设，推动国民经济信息化等背景下，各地和各部门倡导行政公开原则，引入了诸如公开招标、公开招考、政务公开、厂务公开、公开办事制度与结果等信息公开制度。其中规定比较详细，改革措施比较大的有村务公开、警务公开与检务公开三大领域。但是由于科学技术、思想观念等因素的限制，政府信息还处于半公开的状态，没有实现真正的公开。

---

① 颜海. 政府信息公开理论与实践 [M]. 武汉：武汉大学出版社，2008：104—118.

4．公开时期（2003 年至今）

政府的信息公开是一场观念的革命，在经济发达、观念先进的全国各大城市，这一革命迅速蔓延。随着《政府信息公开条例》的起草和颁布，各省市地方政府都开始出台并实施一些地方管理办法或规定。2003 年"非典"时期，新闻发言人频频出现，随着政务公开、依法行政步伐的加快，新闻发言人制度也不断得到发展，这也是政府信息公开的一个层面。全球范围内的信息技术迅猛发展，特别是互联网技术的普及与应用，推进政府部门办公自动化、网络化、数字化以及全面信息共享，这些都促使了政府信息公开的发展。如今，我国政府信息公开的理论研究和实践活动取得了相当大的成效，整个政府信息公开的趋势逐步地规范化、法制化、国际化。

6.2.2　我国政府信息公开的具体实践

随着社会民主政治的发展和公民民主意识的增强，我国政府信息公开近年来取得了一定的发展。各级政府部门积极配合响应中央的号召，推进政府信息公开。2003 年 4 月，《政府信息公开条例（草案）》起草完毕，正式进入立法程序。当时以"SARS 非典"为契机，政府逐渐认识到政府信息公开的重要性和必要性，各省市也相继出台和实施相关地方政策法规的暂行办法。这些地方性的政府信息公开政策法规，体现了权利原则，指出了公民、法人和其他组织有权依法获知政府信息。2005 年 8 月，广东省公布了《广东省政务公开条例》，它是我国第一部全面、系统规范政务公开行为的省级地方性法规，标志着我国政务公开的政府规章向法制化迈出了具有深远意义的重大一步。

2006 年 1 月 1 日，备受瞩目的中华人民共和国中央人民政府门户网站（简称"中国政府网"）正式开通。中国政府网是国务院和国务院各部门以及各省、自治区、直辖市人民政府在互联网上发布政府信息和提供在线服务的综合平台。中国政府网的"网上服务"栏目提供了国务院所属部门和直属机构的相关信息，各种行政审批手续应该如何办理等事项在这里一目了然，成为我国推进政府管理方式创新、建设服务型政府的一项重大举措。中国政府网的开通，标志着我国的政府信息公开发展到了一个新的阶段，国家民主程度、政府资源国际共享又向前跨进了一大步。政府信息公开的程度大大提高，公众的信息意识不断地增强，且政府信息公开的内容也突破了政务公开的范围，公开的广度和深度都有所加强，公开的方式趋于多样化，公开的范围趋于国际化。互联网给了政府和民众更宽广的对话平台，拉近了两者之间的距离，政府可以更好地发挥"为人民服务"的职能，老百姓也可以享受更多、更便利的政府公共服务。

2008 年，国家正式出台并实施《政府信息公开条例》（以下简称《条例》），大大地提高了政府信息公开的透明度，统一规范了政府信息公开工作，强化了行政机关公开政府信息的责任，明确了政府信息的公开范围，畅通了政府信息的公开渠道，完善了政府信息公开工作的监督和保障机制，为加强落实政府信息公开起到了巨大的推动作用。为积极响应中央的号召，各地也开始颁布贯彻《条例》的实施办法，例如 2008 年 8 月 25 日，四川省人民政府颁布并实施了《四川省贯彻中华人民共和国政府信息公开条例实施办法》。

2014 年 3 月，国务院办公厅印发《2014 年政府信息公开工作要点》；2015 年 4 月，国务院办公厅印发《2015 年政府信息公开工作要点》；2016 年 4 月，国务院办公厅印发《2016 年政务公开工作要点》。这些措施的目的都是紧紧围绕党和政府中心工作以及公众关切的问题，推进重点领域信息公开，加强信息发布、解读和回应工作，强化制度机制和平台建设，不断增强政府信息公开实效，进一步提高政府公信力，使政府信息公开工作更好地服务于经济社会发展，促进法治政府、创新政府、廉洁政府和服务型政府建设，同时也大大地提高了政府信息公开的透明度，提高了政府的公信力，完善了政府信息公开制度。

6.3 政府网站的信息公开

随着信息技术的飞速发展，互联网已经和我们的生活息息相关了。政府网站已经成为信息公开的主要载体，是政府与社会大众之间沟通的桥梁，使得政府职能得到延伸，成为创新政府管理的重要手段。

中国互联网络信息中心（CNNIC）发布的第 38 次"中国互联网络发展状况统计报告"，显示中国网民规模达 7.1 亿，互联网普及率达到 51.7%，超过全球平均水平 3.1 个百分点。同时，移动互联网塑造的社会生活形态进一步加强，"互联网＋"行动计划推动政企服务多元化、移动化发展。根据《国务院办公厅关于开展第一次全国政府网站普查的通知》（国办发〔2015〕15 号）显示，截至 2015 年 11 月，各地区、各部门共开设政府网站 84094 个，正常运行的 66453 个政府网站中，地方网站 64158 个，国务院部门及其内设、垂直管理机构网站 2295 个，充分说明我国政府网站已经成为发布政府信息的主要载体之一。

6.3.1 政府网站实现政府信息公开的优势

1. 内容的丰富权威性

政府网站信息公开提供的内容包括政府动态信息、政策文件、公示公告、公共服务等信息，内容十分丰富，且网站信息都是出自政府各部门。政府在社会公共服务过程中塑造的威望和公信力也充分显示了政府网站信息公开的权威性。

2. 传播的快速广泛性

相对于传统的信息公开方式，政府网站的信息公开方式更具有即时性，可以在第一时间传播相关信息，节约了公众和政府的实践成本，让公众更加快速地接触到政府公开的信息，提高了效率，且信息辐射面积十分广泛。

3. 获取的方便灵活性

通过政府网站进行政府信息公开，拓宽了公众获得政府公开信息的途径，让公众通过互联网就能方便快捷地获取信息，摆脱了以往的手工查阅纸质信息公开目录的麻烦，节省了公众获取信息的成本。无论在何时何地，通过政府网站的检索框就能快速查询到自己所需要的政府决策信息和各类办事流程等。

6.3.2 政府网站信息公开的实践评价

近年来，很多机构对政府网站信息公开都进行了评估，例如，中国软件测评中心每年对中国政府网站进行了绩效评估，中国社会科学院法学研究所近几年受国务院办公厅政府信息与政务公开办公室委托也对政府信息公开工作开展第三方评估，等等。

在中国软件测评中心做的中国政府网站绩效评估中显示，四川省人民政府网站的信息公开指标已经连续七年获得全国第一。在 2015 年的绩效评估中，四川位列省级政府网站第三名，其中信息公开指标位列全国第一名，是网络时代依托政府网站打造政府信息公开的典范。四川省人民政府网站建设始终坚持以改革创新的精神，抓重点、补不足，在提升提高上狠下功夫，以制度化、规范化、标准化、流程化的方式，使政府网站作为政府信息公开的第一平台最大限度地发挥其作用和价值。为解决各级政府部门间信息难以互通等问题，"四川省政府信息公开目录管理平台"将全省各级政府部门政务信息集中管理和统一调配，政务信息资源的规模、精度、时效性不断增强，信息公开更完整、更规范。目前该平台已有超过 2.5 万个政府部门公开政务信息，总量逾 380 万条。

四川省人民政府网站聚焦重点，稳步推进重点领域信息公开，不断深化公开内容。一是细化行政权力公开要素，规范编制、公开行政职权目录，逐项列明权力名称、行使依据、权力运行的程序、承办岗位、职责要求、监督制约环节、相对人的权利、投诉举报途径及方式等信息，编制流程图，统一在各级政府门户网站公开。二是强化"三公"经费公开原则，首先是集中公开，严格规范公布格式、统计口径等基本要素，确保公开的时间统一、标准统一；其次是说明详尽，除公开"三公"经费预算决算数据外，重点针对"三公"经费支出结构、变化因素、使用绩效等相关内容作出详细的说明解释，客观反映支出的必要性和有效性；再次是全面公开，公开之初以省级部门和市（州）政府为重点，逐步推进县级及市级部门公开，现在要求所有财政资金安排的"三公"经费都要公开。三是硬化民生信息公开要求，将省委、省政府确定的年度"十大民生工程"及民生实事的项目名称、建设内容、建设年限、总投资及年度计划投资、项目业主单位、责任单位以及项目推进、完成情况等信息定期面向社会公开，主动接受社会监督，提高投资项目实施和资金管理使用的透明度，确保民生工程深入人心、深得民心。近年来，仅省政府网站就累计公开各类"民生工程"信息 4 万余条。①

除了前面提到的绩效评估外，中国社会科学院法学研究所近几年受国务院办公厅政府信息与政务公开办公室委托对政府信息公开工作开展第三方评估。2015 年中国社会科学院法学研究所法治指数创新工程项目组的《中国政府透明度指数报告（2015）——以政府网站信息公开为视角》从政府网站公开政府信息的情况入手，对《政府信息公开条例》的落实情况进行了调研和评估，并进行总结分析。评估对象包括 54 家国务院部

---

① 中国软件测评中心. 2015 年中国政府网站绩效评估总报告［EB/OL］. http://2015wzpg. cstc. org. cn/wzpg2015/zbg/zbglist. html.

门、31 家省级政府、49 家较大的市级政府。评估指标如表 6—1 所示：[①]

表 6—1　政府透明度指数指标体系（国务院部门）

一级指标及权重	二级指标及权重
政府信息公开专栏（15%）	政府信息公开依据（20%）
	政府信息公开目录（40%）
	政府信息公开指南（20%）
	政府信息公开年度报告（20%）
规范性文件（25%）	栏目设置（30%）
	效力标注（30%）
	草案公开（40%）
财政信息（20%）	预算信息（40%）
	决算信息（40%）
	"三公"经费决算（20%）
政府信息公开年度报告（15%）	报告可获取性（30%）
	新颖性（10%）
	报告内容（60%）
依申请公开（25%）	申请渠道畅通性（20%）
	答复时效性（30%）
	答复规范性（50%）

表 6—2　政府透明度指数指标体系（省级政府）

一级指标及权重	二级指标及权重
政府信息公开专栏（10%）	政府信息公开依据（20%）
	政府信息公开目录（40%）
	政府信息公开指南（20%）
	政府信息公开年度报告（20%）
规范性文件（15%）	栏目设置（30%）
	效力标注（30%）
	草案公开（40%）

---

① 中国社会科学院法学研究所法治指数创新工程项目组. 中国政府透明度指数报告（2015）——以政府网站信息公开为视角［G］∥中国社会科学院法学研究所. 法治蓝皮书：中国法治发展报告 No. 14（2016）. 北京：社会科学文献出版社，2016：197—222.

一级指标及权重	二级指标及权重
财政信息（15%）	预算信息（40%）
	决算信息（40%）
	"三公"经费决算（20%）
行政审批信息（15%）	行政审批目录（30%）
	行政审批服务指南（40%）
	行政审批办理结果（30%）
环境保护信息（15%）	建设项目环境影响评价信息（40%）
	核辐射安全信息（40%）
	重点污染企业信息（20%）
政府信息公开年度报告（10%）	报告可获取性（30%）
	新颖性（10%）
	报告内容（60%）
依申请公开（20%）	申请渠道畅通性（20%）
	答复时效性（30%）
	答复规范性（50%）

表6—3 政府透明度指数指标体系（较大的市）

一级指标及权重	二级指标及权重
政府信息公开专栏（10%）	政府信息公开依据（20%）
	政府信息公开目录（40%）
	政府信息公开指南（20%）
	政府信息公开年度报告（20%）
规范性文件（15%）	栏目设置（30%）
	效力标注（30%）
	草案公开（40%）
财政信息（15%）	预算信息（40%）
	决算信息（40%）
	"三公"经费决算信息（20%）
行政审批信息（15%）	行政审批目录（30%）
	行政审批服务指南（40%）
	行政审批办理结果（30%）

续表6—3

一级指标及权重	二级指标及权重
环境保护信息（15%）	建设项目环境影响评价信息（40%）
	核辐射安全信息（40%）
	重点污染企业信息（20%）
政府信息公开年度报告（10%）	报告可获取性（30%）
	报告新颖性（10%）
	报告内容（60%）
依申请公开（20%）	申请渠道畅通性（20%）
	答复时效性（30%）
	答复规范性（50%）

对于政府信息公开专栏，评估发现，评估对象门户网站普遍配置政府信息专栏，但仍有网站缺少栏目要素。在政府信息公开专栏中发布政府信息公开依据的情况普遍还不理想，一些评估对象公开的不是本部门、本级政府的政府信息公开依据，更多是《条例》或者是上一级政府机构的规定。

对于规范性文件，评估发现所有评估对象普遍设置了规范性文件栏目，集中发布规范性文件。但规范性文件的公开也存在一些问题。如栏目设置不够规范、不少评估对象没有发布规范性文件草案的意见征集及意见反馈情况、普遍未标注规范性文件的有效性等。

在财政信息方面，评估发现，国务院部门预决算信息公开相对细致。但是，也发现财政信息公开的一些问题，如预决算信息公布不规范、信息放置混乱、公布形式不统一，省级政府和较大的市的预决算说明的公开情况有待加强，部分评估对象"三公"经费的说明不详细等。

对于环境保护信息，评估发现，环境保护信息公开方面有亮点也有问题，亮点主要有省级环境保护信息公开水平整体较高，建设项目环境影响评价公开情况较好，重点污染企业信息公开较为理想，辐射安全审批及许可证发放信息公开较好等。主要问题在于一些较大的市的辐射安全信息公开整体欠佳，环境保护信息公开渠道仍需加强整合。

在行政审批信息方面，行政审批事项目录公开情况较好。部分评估对象栏目设置清晰明了，查找方便快捷，绝大多数公开了行政审批的依据、申报条件、申报材料、办事流程等。抽查的评估对象绝大多数公开了办理结果。同时，也存在一些问题，如服务指南的准确性不佳、大多数网站未设置审批办理结果的栏目等。

依申请公开方面，评估发现，各行政机关的信函申请渠道普遍畅通、大多数行政机关的答复及时、多数行政机关答复的格式规范，在省级政府的价格主管部门和较大的市的政府的民政部门的答复中，大多数行政机关公开了所申请的信息。但是个别行政机关在信函申请渠道的畅通性方面表现不佳，少数行政机关未在法定期限内答复申请，少数行政机关以电子邮件方式提供的答复格式仍不规范，部分行政机关答复内容不规范，个别行政机关对政策咨询的范围定义过于宽泛等。

政府信息公开年度报告方面，评估显示，绝大部分政府机关能在规定的时间内发布年度报告。但是也存在部分年度报告的栏目设置与发布情况不够规范，部分政府 2014 年信息公开年报的内容与往年的有较大重复以及政府信息公开年度报告相关事项的数据公开不详等问题。

通过该报告的评估可以看出，政府门户网站的信息公开在各政府部门的共同努力、积极推进下已经发展得比较成熟，但还是存在着一些问题，因此各级政府部门还应继续努力，积极探索完善政府网站信息公开的措施。

6.3.3　政府网站信息公开的推进建议

目前，我国政府网站信息公开已经获得了一些不错的成绩，但是在信息公开的内容、速度、质量方面还存在着一些问题。我国政府应继续坚持心系群众、公开透明，采取相应措施推进完善政府网站信息公开，尽力满足公民需求，促进政府从"管理"到"服务"职能的转变。

1. 转变传统观念

政府部门应当坚持"公开是原则，不公开是例外"的原则，要转变与政府网站信息公开相悖的传统观念，要主动在政府网站上进行信息公开，切不能因为害怕舆论或谣言而不敢公开。要以人民的利益作为出发点，不隐瞒、不欺骗，杜绝一切暗箱操作、躲躲藏藏的行为，要及时、准确、全面地将真相公布于阳光之下。

2. 建立系统的信息公开栏目

信息公开的目的是为了公民能够获取自己所需要的信息，如何能够让公民更加方便快速地获取信息是政府网站应该重视的问题。由于政府网站信息公开栏目包含的信息量是十分巨大的，用户在查找和利用时可能会面临一些困难，比如常常找不到自己想要的信息。因此，政府网站首先应对信息公开栏目进行系统的分类，同时在信息公开页面建立检索系统，用户通过检索界面就能快捷方便地搜索到自己想要的信息，大大提高效率，提升用户的满意度。

3. 严格把控信息的来源

政府应设立专门的部门对提供信息的单位进行严格的把关，要有专人对信息内容进行多次且严格的审核，对错误信息进行筛查过滤，并对信息的内容进行把控，以确保信息公开内容的质量。

4. 加强技术支持保障

政府要积极提高政府网站的性能，防止服务器老化、访问速度慢等问题，组织专业技术团队负责政府网站的建设和维护，提高公民的满意度。另外，网络信息安全问题是当今社会人们所面临的一个重大挑战，同时也是政府网站所面临的问题，必须要有强大的后台技术支持来保证政府信息公开过程中信息不被篡改和删除，保障申请信息公开的申请人的个人信息不被窃取，浏览痕迹不被监控。

5. 完善相关法律制度

2008 年 5 月 1 日起，我国开始实施《中华人民共和国政府信息公开条例》，并取得了一定成效。但是在实践中仍然出现了一些挑战，发现了一些《条例》中没有明确规定或者涉及的问题。因此，相关部门应该对现行的《条例》所存在的漏洞进行深入的分析，结合我国国情和政府信息公开现状，制定出更加完善的政府信息公开法律条款或制度。

6.4　案例分享

拒公开"请教育部放行学校用转基因油"公函，农业部被起诉

因为之前拒绝公开一份涉及学校食堂使用转基因食用油问题的公函，农业部被北京市民沈某和西安市民孟某联合起诉。2016 年 8 月 16 日，澎湃新闻从原告处获悉，该案将于 2016 年 8 月 17 日在北京市第三中级人民法院开庭。

原告孟某告诉澎湃新闻，此次诉讼主要是针对农业部以涉密为由拒绝公开其在 2011 年 9 月 28 发给教育部办公厅的一份公函。孟某称，这份公函中，农业部要求教育部"纠正"各地教育部门下文禁止学校食堂给孩子吃转基因食用油的"错误"。

两位原告要求法院判令依法撤销农业部 2016 年 1 月 11 日、15 日分别给两位原告提供的《农业部信息公开申请答复书》。此外，原告还要求判令农业部对上述公函进行信息公开。

孟某称，这份公函是在 2012 年 3 月 12 日被发现的，当时包括杨某在内的三名北京家长到教育部要求其支持学校"营养午餐"改用非转基因食用油，教育部给三人出示了农业部的公函。

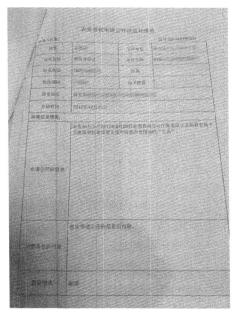

图 6-1　孟某提交的政府信息公开申请

2012年7月，杨某等三人向农业部申请公开农业部办公厅2011年9月28日发给教育部办公厅的上述"公函"。杨某对澎湃新闻称："农业部的回复是这份公函是'秘密'文件，不方便公开。"而在2015年底、2016年初，孟某、沈某又分别向农业部提交了政府信息公开申请，要求农业部公开给教育部的上述公函。澎湃新闻从孟某处获得了农业部此次的回函文件，回函中，农业部称："经审查发现其申请公开的信息确为国家秘密。"

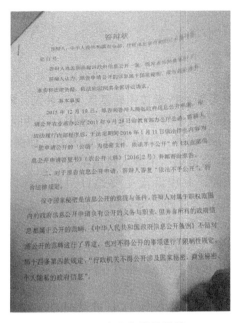

图6-2　农业部的答辩状

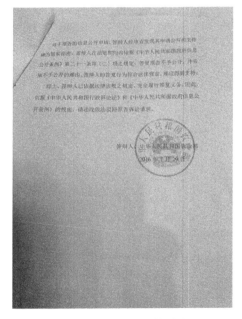

图6-3　农业部的答辩状

农业部则在提交给法庭的答辩状中指出，农业部已经根据《中华人民共和国政府信息公开条例》相关规定，在法定期限内答复原告不予公开，并告知不予公开的理由，"答复行为符合法律规定"。

根据《中华人民共和国政府信息公开条例》第二章第十四条规定：行政机关在公开政府信息前，应当依照《中华人民共和国保守国家秘密法》以及其他法律、法规和国家有关规定对拟公开的政府信息进行审查。行政机关对政府信息不能确定是否可以公开时，应当依照法律、法规和国家有关规定报有关主管部门或者同级保密工作部门确定。行政机关不得公开涉及国家秘密、商业秘密、个人隐私的政府信息。但是，经权利人同意公开或者行政机关认为不公开可能对公共利益造成重大影响的涉及商业秘密、个人隐私的政府信息，可以予以公开。

在该案例中，主要的焦点在于，原告申请公开的公函是否是机密文件，是否涉及国家机密。如果是，那么农业部的回函符合规定；若该公函非机密文件，不涉及国家机密，那么原告有权要求农业部公开该公函。但对于该公函不公开是否对公共利益造成影响，是否真的可以公开，还需要有关主管部门或者同级保密工作部门进行确定。同时，可以从案例中思考：应该如何合理地确定公开与不公开的界限或者范围呢？

案例来源：拒公开"请教育部放行学校用转基因油"公函，农业部被起诉，http：//www. the paper. cn/news Detail _ forward _ 1514857

主要参考文献

［1］段尧清. 政府信息公开：价值、公平与满意度［M］. 北京：中国社会科学出版社，2013.

［2］李步云. 信息公开制度研究［M］. 长沙：湖南大学出版社，2002.

［3］刘恒. 政府信息公开制度［M］. 北京：中国社会科学出版社，2004.

［4］马东升. 政府网站信息公开策略研究［J］. 档案学研究，2008（2）.

［5］马怀德. 法治政府特征及建设途径［J］. 国家行政学院学报，2008（2）.

［6］马良骥. 中国政府信息公开法制理论与实践问题研究［J］. 哈尔滨工业大学学报（社会科学版），2006（4）.

［7］裴婷婷. 论政府信息公开原则［J］. 行政与法，2010（5）.

［8］施文蔚，朱庆华. 信息构建在政府信息公开中的应用——以政府网站信息公开栏目建设为例［J］. 电子政务，2009（1）.

［9］王新才. 政府信息资源管理［M］. 北京：科学出版社，2011.

［10］王勇. 政府信息公开制度的基本原则［J］. 科技与法律，2007（5）.

［11］徐丽枝，任海伦. 我国政府信息公开的理论与实践［J］. 西部法学评论，2016（4）.

［12］徐幼萍. 网络时代政府网站信息公开面临的挑战与对策［J］. 学理论，2014（1）.

［13］颜海. 政府信息公开理论与实践［M］. 武汉：武汉大学出版社，2008.

［14］杨晓军. 政府信息公开实证问题研究［M］. 北京：国家行政学院出版社，2014.

［15］中国社会科学院法学研究所法治指数创新工程项目组. 中国政府透明度指数报告（2015）——以政府网站信息公开为视角［G］//中国社会科学院法学研究所. 法治蓝皮书：中国法治发展报告 No. 14（2016）. 北京：社会科学文献出版社，2016.

［16］周汉华. 外国政府信息公开制度比较［M］. 北京：中国法制出版社，2003.

第7章 政府信息资源的获取

随着政府信息化进程的加快和政府信息公开工作的推进，政府信息资源的公共获取有了更加有效的实现保障，既保证了社会公民的知情权，也促进了政府信息资源的开发和利用。但要充分解决当前由于政府信息资源获取问题而产生的信息不对称、信息资源闲置浪费、信息寻租等问题，需要通过学习一些信息检索的基本原理，了解一些政府信息资源的获取途径和使用技巧，推动社会公众更加有效地获取和利用政府信息资源，这对于实现政府信息资源的社会共享和开发利用都将有着重要的意义。

7.1 信息检索概述[①]

政府信息资源的获取是为得到所需要的政府信息资源而进行的各种活动与过程，其核心是信息检索。信息检索是指将信息按一定的方式组织起来，并根据信息用户的需要找出有关信息的过程和技术，狭义的信息检索就是信息检索过程的后半部分，即从信息集合中找出所需信息的过程，也就是我们常说的信息查寻。

7.1.1 信息检索基本原理

无论是光盘数据库检索、互联网信息检索和网络数据库检索，其检索系统都由数据库和系统软件构成，其中核心部分是可供检索的数据库，这是用户所需信息的来源，并且决定了信息资源系统的内容及特色。数据库由若干记录组成，记录中的最小单元为字段，它表述的是文献的不同特征，包括题名、文摘、关键词等。系统软件由系统维护软件和检索软件构成，它们共同实现对信息资源系统的管理，用户能否方便有效地从数据库中检索到所需要的信息主要取决于检索软件的功能是否强大。

随着现代信息技术的发展，各种类型的数据库日益丰富，用户需要面对的检索系统日渐多样化，但由于检索软件的原理及检索方法、功能有其共通性，所以掌握好检索软件的基本使用方法对于很好地利用这些资源就显得尤为重要。

检索点是检索的出发点，在数据库中每一个可检索的字段即为一个检索点，两者属于相互呼应的概念。例如已知作者的姓名，查其著作，即可选择作者字段进行检索；已知文献篇名，则可选择题名字段进行检索。

检索字段（又称为检索入口或检索项）可分为基本检索字段和辅助检索字段。基本

---

① 胡琳. 现代信息检索［M］. 北京：科学出版社，2012：11—25.

检索字段是指反映文献内容特征的字段，如题名、文摘、主题词等；辅助检索字段是指反映文献外部特征的字段，如作者机构、来源出版物、出版年等。不同的数据库还会根据自身文献信息、功用等特点添加一些特殊的检索字段。

用户对于检索字段或检索途径的选择需要根据自己的已知信息以及具体的检索目的来确定。各基本检索字段的含义和用法如下：①题名字段，泛指各种文献名称，包括论文篇名、图书题名、专利名称等。如果已知文献题名，利用题名字段进行检索最为快捷。②文摘/关键词字段，提供用户检索在文摘或关键词字段中含有符合检索式的文献。③主题词字段，提供通过对反映文献内容特征的主题词进行检索，从而将论述相同主题的文献检索出来的一种检索途径。④全部字段（全文字段），提供用户在系统所有可供检索的字段中查找与检索式相匹配的内容。

7.1.2　信息检索技术

在进行网络资源检索的时候，单独用一个检索词往往无法准确而完整地表达用户的检索意图，为此我们需要使用系统提供的一些运算方法和检索算符来编制比较复杂的检索式，以表达检索词之间的逻辑关系或位置关系，实现较为复杂的检索需求。

1. 布尔逻辑算符

利用布尔逻辑算符进行检索词的组配，是所有信息资源系统都支持的一种常用检索技术。

（1）布尔逻辑算符的形式及含义。

①逻辑与。逻辑与是一种具有概念交叉或概念限定关系的组配，用"＊"或"AND"算符表示。例如要检索"政府档案"方面的信息，它包含了"政府"和"档案"两个主要的独立概念。"政府""档案"可用逻辑与组配，即"政府 AND 档案"表示两个概念应同时包含在一条记录中。使用逻辑与组配技术，可以缩小检索范围，增强检索的专指性，提高检索信息的查准率。图7－1为逻辑与组配含义图。

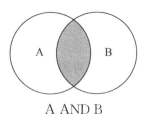

A AND B

图7－1　逻辑与组配含义图

②逻辑或。逻辑或是一种具有概念并列关系的组配，用"＋"或"OR"算符表示。例如要检索"政府信息"方面的信息，考虑到"政府信息"的概念可由"政务信息"这个同义词来表达，于是应采用"逻辑或"组配，即"政府信息 OR 政务信息"来表示这两个并列的同义概念分别在一条记录中出现或同时在一条记录中出现。使用"逻辑或"检索技术，可以扩大检索范围，提高检索信息的查全率。图7－2为逻辑或组配含义图。

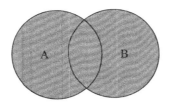

A OR B

图 7-2　逻辑或组配含义图

③逻辑非。逻辑非是一种具有概念排除关系的组配，用"-"或"NOT"算符表示。例如要检索"不包括核能的能源"方面的信息，"能源""核能"采用"逻辑非"组配，即"能源 NOT 核能"，表示从"能源"检索出的记录中排除含有"核能"的记录。使用"逻辑非"检索技术可以排除不需要的概念，能提高检索信息的查准率，但也易将相关的信息剔除，影响检索信息的查全率。因此，使用"逻辑非"检索技术时要慎重。图 7-3 为逻辑非组配含义图。

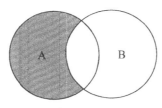

A NOT B

图 7-3　逻辑非组配含义图

（2）布尔逻辑算符的运算次序。

在大多数的检索系统中，用布尔逻辑算符组配检索词构成的检索提问式，逻辑算符 AND、OR、NOT 的运算优先次序为 NOT→AND→OR。在有括号（包括多重括号）的情况下，括号内的逻辑运算先执行。

2. 位置算符

位置检索主要用于英文电子信息资源的检索，是以数据库原始记录中检索词之间的实际物理位置关系为对象的运算，它利用位置算符来限定两个检索词之间的邻近位置关系。这种检索技术可弥补布尔检索技术只是定性规定参加运算的检索词在检索中的出现规律满足检索逻辑即为命中结果，不考虑检索词词间关系是否符合需求，而易造成误检的不足。当检索式中同时使用了逻辑算符和位置算符时，系统先执行位置算符，但可以通过使用括号来改变检索的优先顺序。需要注意的是，在不同的检索系统中，位置逻辑算符的种类和表达形式不完全相同，例如 Web of Science 数据库的位置算符是 NEAR 和 SAME；EI Compendex 数据库的位置算符是 NEAR 和 ONEAR。这里以著名的 Dialog 联机检索系统为例，其常用的位置逻辑算符有（W）与（nW）、（N）与（nN）。

（1）（W）与（nW）算符。

两词之间使用"W"，表示其相邻关系，即词与词之间不允许有其他词或字母插入，但允许有一空格或标点符号，且词序不能颠倒。即使用（W）算符连接的检索词，已构成一个固定的词组，显然（W）算符具有较强的严密性。例如，GAS（W）CHROMATOGRAPH 表示检索结果为 GAS CHROMATOGRAPH 和 GAS-CHROMATOGRAPH 形式的才为命中。(nW) 是由（W）衍生而来。如在两词之间使用"nW"，表示两词之间可插入 n（n＝1，2，3…）个词，但词序不能颠倒，它与（W）的唯一区别是，允许在两词之间插入 n 个词，因而，严密性略逊于（W）。例如，LASER（1W）PRINTER 表示检索结果中具有"LASER PRINT""LASER COLOUR PRINTER"和"LASER AND PRINT"形式的均为命中记录。

（2）（N）与（nN）算符。

两词之间使用（N）也表示其相邻关系，两词之间不能插入任何词，但两词词序可以颠倒。例如，"WASTEWATER（N）TREATMENT"表示检索结果中具有"WASTEWATER TREATMENT"和"TREATMENTWASTEWATER"形式的均为命中记录。(nN) 除具备（N）算符的功能外，不同之处是允许两词之间可插入 n 个词。

3. 截词算符

截词检索主要用于英文电子信息资源的检索，在检索词具有不同拼写方法、多种后缀或拼写不完整的情况下使用截词算符，能避免因罗列检索词的各种词形变化使得检索式过于复杂冗长，避免漏检以提高查全率。需要注意的是，不同的检索系统使用的截词符的种类和功能有所不同，使用前应注意查阅系统的使用规则。根据截词算符在检索词中的位置，可分为前截词、中截词和后截词。

（1）前截词。

截词算符在检索词的词首，如输入"＊physics"，就可以检索出包括 physics、astrophysics、biophysics、chemophysics 等所有以"physics"结尾的单词。

（2）中截词。

中截词也称屏蔽词。一般来说，中截词仅允许有限截词算符"?"，主要用于英、美拼写不同的词和单复数拼写不同的词。如"organi? ation"可检索出含有 organisation 和 organization 的记录。

（3）后截词。

有限后截词。主要用于词的单、复数，动词的词尾变化等。如 books 可用"book?"代表，其中有限截词算符"?"可以用来代替 0 个或 1 个字符，因此，"book?"可检索出包含有 book 或 books 词的记录；"acid??"可检索出含有 acid、acidic 和 acids 的记录。

无限后截词。绝大多数检索系统用"＊"表示词尾的无限截词，如输入"tan＊"，就可以检索出包括 tan、tanned、tanning、tannin、tannage 等所有以"tan"开头的单词。

7.2 政府信息资源获取途径

政府信息资源的提供和服务效果受政府信息的存在形式、组织模式、公众的获取偏好等多种因素影响，而呈现出不同的获取途径。总的来看，其获取途径主要包括政府门户网站、政府数据开放站点、公共图书馆、专业数据库和搜索引擎等。

7.2.1　政府门户网站

随着网络技术的迅猛发展和广泛应用，政府网站以其超越时间地域限制、成本低的特点越来越显示出在政府信息公开中的优越性。在政府信息公开方式多样化的同时，通过政府网站提供信息获取是大多数国家和地区的共同特点。

政府门户网站或政府信息导航，是集成一个国家或区域内所有政府网站和与政府活动相关的网站资源链接的服务系统。一般而言，中央政府网站会采用门户形式组织全国政府信息资源，用户通过访问门户网站，可以实现各种政府信息资源之间的无缝链接。政府门户网站不仅能直接提供政府信息资源，还能链接到大量经过严格筛选的网站，并按主题分列，从而有效地提高了用户检索信息的效率。表 7-1 显示了一些外国政府的门户网站的基本情况。

表 7-1　外国中央政府门户网站的基本情况举例

国家	域名	基本情况
美国	https://www.usa.gov/	美国联邦政府的门户网站，主旨是为公众提供美国政府信息和服务的导航服务。网站按主题和政府级别分列政府信息，链接条目按字母排序，可以对美国整个政府网站系统进行全文检索
英国	https://www.gov.uk/	英国政府公共服务网站，为公民获取公共服务和使用政府发布的信息提供简易入口。网站按主题分为福利、商业、司法、教育、就业、税收、环境等板块
加拿大	https://www.canada.ca/en.html	加拿大政府官方网站，为了方便公众获取政府信息和服务，网站按主题和功能设置有就业、移民、旅游、商务、福利、健康等板块
澳大利亚	http://www.australia.gov.au/	澳大利亚政府门户网站，从该网站可以直接链接到900 多个澳大利亚政府网站，以及一些州和地区资源，可以对超过 300 万个澳大利亚政府网页进行全文检索

中华人民共和国中央人民政府门户网站（简称"中国政府网"，http://www.gov.cn/）由国务院办公厅主办，于 2006 年 1 月 1 日正式开通。中国政府网作为我国政府信息化建设的重要组成部分，是政府面向社会的窗口，是公众与政府互动的渠道，对于促进政务公开、推进依法行政、接受公众监督、改进行政管理、全面履行政府职能具有重要意义。中国政府网是国务院和国务院各部门，以及各省、自治区、直辖市人民政府在国际互联网上发布政府信息和提供在线服务的综合平台。中国政府网现开通"国务院、总理、新闻、政策、互动、服务、数据、国情"等栏目，第一时间权威发布国务院重大决策部署和重要政策文件，国务院领导同志重要会议、考察、出访活动等政务信息，同时面向社会提供与政府业务相关的服务，建设基于互联网的政府与公众互动交流新渠道。

7.2.2　政府数据开放站点

目前，世界各国政府都在努力建设政府数据开放站点，将政府可以并应该公开的各类数据用标准格式进行公布，方便民众自由使用。我国政府在《促进大数据发展行动纲要》中明确指出，在2018年底前建成国家政府数据统一开放平台。政府数据开放站点中的数据主要包括农业、工业、商业、金融等商业数据，以及教育、健康、公共安全、气候、生态系统等民生数据。表7-2显示了目前政府数据开放站点已经建成的部分国家。具体关于政府数据开放站点的相关内容请见第8章的介绍。

表7-2　国家或地区的政府数据开放站点举例

国家	政府数据开放站点
美国	http://www.data.gov/
欧盟	http://www.publicdata.eu/
日本	http://www.data.go.jp/
英国	http://www.data.gov.uk/
澳大利亚	http://www.data.gov.au/

7.2.3　公共图书馆

利用公共图书馆公开政府信息资源是政府信息公开的一种法定方式。国内外很多公共图书馆都对政府信息资源进行科学组织、加工整合和深度揭示，承担起社会组织和公民获取政府信息资源的供给主体的作用，并提供了多元化的形式。

1. 中国公共图书馆

许多国家的公共图书馆一直具有收藏和向公众提供政府信息资源的功能，我国随着政府信息公开的进程，政府逐渐意识到图书馆等公共服务机构在政府信息发布和服务方面的重要作用，政府信息资源的收藏、社会公开利用及长期保存成为公共图书馆的社会责任之一。《中共中央办公厅、国务院办公厅关于加强信息资源开发利用工作的若干意见》（中办发〔2004〕34号）提出"推进政府信息公开和政务信息共享，增强公益性信息服务能力"是加强信息资源开发利用工作的总体任务之一，同时指出"充分利用政府门户网站……以及档案馆、图书馆、文化馆等场所，为公众获取政府信息提供便利"，加强信息资源的公益性开发，"积极向公益性机构提供必要的信息资源"。2008年《中华人民共和国政府信息公开条例》则以行政法规的形式为公共图书馆提供政府信息查询提供了依据，其中第十六条规定："各级人民政府应当在国家档案馆、公共图书馆设置政府信息查阅场所，并配备相应的设施、设备，为公民、法人或者其他组织获取政府信息提供便利。"这一系列政府政策法规的出台，为图书馆促进政府信息资源的平等、普遍、无偿的获取和利用，保障公民的知情权提供了依据和实现条件。①

2009 年 4 月，由国家图书馆联合公共图书馆共同建设的中国政府信息整合服务平台（http：//govinfo. nlc. gov. cn/）正式上线，作为我国政府信息公开领域的首个垂直搜索引擎，平台全面采集并整合我国各级政府公开信息，可以让用户像用 Google 一样，方便快捷地在一个检索界面、一站式地发现并获取政府公开信息资源及国家图书馆的相关服务。平台的终极目标是联合全国各省、市、区、县各级公共图书馆采用分层建设、共建共享的模式完成政府信息的整合与服务，由国家图书馆整合中央级的政府信息，省、市、区、县图书馆整合本行政区的政府信息，通过合作共建实现公共图书馆在政府公开信息整合开发方面的统筹协调发展，以实现对各级政府信息资源的收集、整理、保存、开发、利用并服务于公众。

2. 美国公共图书馆

1859 年美国国会通过法令建立了政府出版物寄存图书馆制度，规定向指定的联邦储藏图书馆免费分发联邦政府出版物，1962 年的储藏图书馆法更规定向这些图书馆提供所有的政府出版物。② 目前这类图书馆约 1400 个，有义务向所在地区的公众免费提供政府出版物借阅和咨询服务，同时通过馆际互借与其他图书馆共享。

随着数字出版物成为政府信息资源的主要载体，美国州立图书馆在线政府信息公开服务逐渐发展为美国政府信息公开的重要发布渠道。在信息类型方面，各州图书馆网页上提供的政府信息类型多样，包括调查报告、年报、半年报、机构新闻简报、杂志等，还提供表格下载，便于公民在办理事务前填写好相关表格，降低时间成本；政府信息涉及的主题包括财政预算、交通、竞选、统计数据等。在呈现形式方面，各州图书馆网站上提供的政府信息形式多样，既有全文浏览，又有文件的基本情况。在信息整合方面，各州图书馆网页上的信息以主题划分，政府信息散见于各个主题，没有一个专门的、醒目显示的政府信息服务入口，政府信息与图书、资料没有明显区分。这样对于有某类明确信息需求的用户相对便利，有利于用户以主题为指引，获取所有相关的信息，而不用去考虑这种信息究竟来源于图书、新闻还是政府文件，比较符合该类用户信息利用习惯。③

7.2.4　专业数据库

政府信息资源往往存储于很多专业数据库中，这些专业数据库作为高质量的学术、商业、政府和新闻信息的重要信息来源，以其可靠的信息质量，成为信息资源中重要的、不可替代的组成部分。下面将选择一些涉及政府信息资源的专业数据库加以介绍。

①　金雪梅. 中国公共图书馆的政府信息提供与服务［EB/OL］. www. ifla. org/past-wlic/2009/175-xuemei-zh. pdf.

②　郭斌，田建设，赵红. 公共图书馆开展政府信息公开服务的探索［C］//全国高校社科信息资料研究会. 全国高校社科信息资料研究会第 14 次理论研讨会论文集. 2012.

③　李文智，钟奕思，詹晓琳. 美国六大州立图书馆与档案馆在线政府信息公开服务比较研究［J］. 图书馆学研究，2011（19）.

1. 国研网（http://www.drcnet.com.cn/www/integrated/）

国研网以国务院发展研究中心丰富的信息资源和强大的专家阵容为依托，并与海内外众多著名的经济研究机构和经济资讯提供商紧密合作，全面整合中国宏观经济、金融研究和行业经济领域的专家学者以及研究成果。国研网全文数据库中主要有国研视点、宏观经济、金融中国、行业经济、区域经济、世纪评论、高校管理决策参考、职业教育、基础教育，国研网统计数据库中主要有宏观经济、世界经济、对外贸易、金融统计、工业统计、价格统计、重点行业、财政与税收、国有资产管理、人口与就业、居民生活数据库。

2. 中国经济与社会发展统计数据库（http://data.cnki.net/）

中国经济与社会发展统计数据库是目前国内最大的连续更新的以统计年鉴为主体的统计资料数据库，包括了国民经济核算、固定资产投资、人口与人力资源、人民生活与物价、各类企事业单位、财政金融、自然资源、能源与环境、政法与公共管理、农民农业和农村、工业、建筑房产、交通邮电信息产业、国内贸易与对外经济、旅游餐饮、教育科技、文化体育、医药卫生等各个领域和行业的各类统计资料。当前收录1233种，8141册统计年鉴（资料），共2341619个数据条目和35905827条时间序列数据。

3. 中国年鉴网络出版总库（http://acad.cnki.net/kns55/brief/result.aspx?dbPrefix=CYFD）

中国年鉴网络出版总库是目前国内最大的连续更新的动态年鉴资源全文数据库，内容覆盖基本国情、地理历史、政治军事外交、法律、经济、科学技术、教育、文化体育事业、医疗卫生、社会生活、人物、统计资料、文件标准与法律法规等领域。目前收录国内的中央、地方、行业和企业等各类年鉴的全文文献，共3430种、27892本、2800多万篇。

4. 中国资讯行——中国中央及地方政府机构库（http://www.infobank.cn/）

中国中央及地方政府机构库 Chinese Government Agency 载有中央国务院机构及地方政府各部门资料，内容包括各机构的机构职能、地址、电话等主要资料。

5. "一带一路"数据库（http://www.ydylcn.com/）

"一带一路"数据库主要提供三个层面的资料，一是基础资料库，包括国家资料库，中国省域资料库，是研究"一带一路"沿线国家、区域的基础性资料。二是学术理论库，包括众多学者专家从各层面各领域各行业对"一带一路"的研究成果。三是投资指南库，包括投资领域分析、投资风险评估等。从现在数据库的架构看，"一带一路"数据库已将基建投资方面的智库功能放到了重要位置。

6. 美国政府出版物书目数据库（U.S. Government Printing Office，GPO）（https://www.gpo.gov/）

美国政府出版物书目数据库（U.S. Government Printing Office）由美国政府出版署创建，覆盖自1976年以来各种各样的美国政府文件，包括美国国会的报告、听证会、辩论、记录、司法资料以及由行政部门（国防部、国务院、总统办公室等）颁布的文件，每条记录包含有一个书目引文，共有 60 多万条记录。

7. 美国国会文献集（US Congressional Serial Set，USCSS）（https：//memory. loc. gov/ammem/amlaw/lwsslink. html）

美国国会文献集（USCSS）按照编号顺序装订，汇集了众多美国参、众两院代表的报告、文件、期刊，行政部门的年度报告和文件等，以及美国国务文书（American State Papers），其中包括有许多地图和彩色插图，构成了第一手丰富的资料集。在 19 世纪大部分时间中，特别是在内战前，国会文献不仅来源于美国国会，而且还包括出自重要的政府职能部门的出版物，这些出版物一般仅发表或首先发表在美国国会文献中。USCSS 包括约 14000 卷，来自 35 万种出版物的 1200 万页的内容，还有 52000 张地图，以及许多插图和统计图表，其中包括 13000 张彩色地图，范围涵盖了 1789—1994 年间的美国国会文献的全部内容。

8. 解密后的数字化美国国家档案（Digital National Security Archive，DNSA）（http：//search. proquest. com/dnsa/）

解密后的数字化美国国家档案（DNSA）提供来源于美国国家保密档案馆（National Security Archive）的原始文件的访问，收录了从 1945 年开始的美国对其他国家外交、军事政策等大量珍贵的第一手资料，它是目前该领域内收录信息最全面的数据库。DNSA 涵盖了 10 万多份、70 多万页最重要的解密文件，许多都是第一次出版，内容包含多种政府文件，是研究第二次世界大战后美国政治与历史的不可或缺的重要资源。

9. 美国解密档案在线（U. S. Declassified Documents Online）（http：//www. gale. com/us-declassified-documents-online/）

Gale 公司出版的美国解密档案在线（原名 Declassified Documents Reference System，DDRS），在线提供 78000 份、60 多万页美国政府的解密档案，内容包括从"冷战"到越南战争以及更早时期的国际事件，涉及军事、政治、历史、外交、新闻业、美国对外和本土政策等。通过该数据库可以了解美国政府对第二次世界大战后发生在全球各个角落的政治、军事事件的观点、行动及决定，还可深入了解美国国内事务的内部处理机制。档案来自于以下机构："Cental Intelligence Agency（CIA）""Federal Bureau of Investigation（FBI）" "Justice Department，National Security Agency" "North Atlantic Treaty Organization（NATO）""State Department""White House"。

10. 全球统计数据/分析平台（Economy Prediction System，EPS）（http：//www. epsnet. com. cn/）

全球统计数据/分析平台（EPS）是集数值型数据资源和分析预测系统为一体的覆盖多学科、面向多领域的综合性信息服务平台与数据分析平台。EPS 数据平台目前有 26 个数据库，涉及经济、贸易、教育、卫生、能源、工业、农业、第三产业、金融、科技、房地产、区域经济、财政、税收等众多领域，数据量超过 45 亿条，形成了一系列以国际类、区域类、财经类及行业类数据为主的专业数据库集群。

11. Lexis. com 法律数据库 (https：//www. lexisnexis. com/)

美国 LEXIS-NEXIS 公司创始于 1973 年，其数据库内容涉及新闻、法律、政府出版物、商业信息及社会信息等，其中法规、法律方面的数据库是 LEXIS-NEXIS 的特色信息源，具有非常大的影响力，尤其在法律业界具有很高知名度。Lexis. com 是面向大学法学院、律师、法律专业人员设计的数据库产品，它包含了 Lexis-Nexis 产品中的全部出版物。

12. OECD 在线图书馆 (http：//www. oecd-ilibrary. org/)

OECD 即经济合作发展组织，是由 30 个市场经济国家组成的政府间国际经济组织，旨在共同应对全球化带来的经济、社会和政府治理等方面的挑战，并把握全球化带来的机遇。OECD 在线图书馆包括：①OECD 从 1998 年至今出版的 14 种期刊，涵盖经济、金融、教育、能源、法律、科技等领域；②OECD 的 22 个在线统计数据库，数据不仅来自 OECD 的 30 个成员国，而且也有来自其他非成员国家的数据资料；③OECD 已出版书籍、报告 3200 余种，网站提供了从 1998 年以来出版的近 4000 种图书、报告的 PDF 格式在线阅览，而且每年还会增加 200 多种，涵盖农业和食品、发展学、教育和技术类、新兴经济形态、就业、能源、环境和可持续发展、财政和投资/保险和社会保障、宏观经济和未来学研究、政府管理、工业，服务业和贸易、OECD 成员国数据统计、核能源、科学和信息技术、转型经济、统计资源和方法、社会问题/移民/卫生健康、税收、交通、城市、乡村及地区发展等类别。

7.2.5 搜索引擎[①]

搜索引擎是指自动从互联网搜集信息，经过一定整理以后，提供给用户进行查询的系统。搜索引擎使用自动索引软件来发现、收集并标引网页，建立索引数据库，以 Web 形式提供检索界面。当用户输入某个关键词的时候，所有在页面内容中包含了该关键词的网页都将作为搜索结果被搜出来。搜索引擎强调的是检索功能，而非主题指南那样的导引、浏览。搜索引擎不能真正理解网页上的内容，它只能机械匹配网页上的文字。搜索引擎适合于检索特定的信息及较为专深、具体或类属不明确的课题，信息量大且新，速度快，但检索结果准确性相对较差。当前我国政府信息检索服务的平台或专业搜索引擎还比较少，一般都是利用一些综合性搜索引擎来获取有关政府的各种新闻动态、政策法规、业务流程等各种信息。

1. 搜索引擎的基本检索功能

搜索引擎的基本检索功能包括逻辑与功能、逻辑或功能、逻辑非功能、词组搜索和禁用词搜索。

（1）逻辑与功能。多个搜索字词之间用一个空格隔开（系统默认逻辑与的关系，无须添加"and"）进行搜索，搜索引擎会返回包含所有搜索字词的网页。要进一步限制搜索，只需加入更多字词。

---

① 胡琳. 现代信息检索 [M]. 北京：科学出版社，2012：30—37.

（2）逻辑或功能。如果几个搜索字词中任意一个出现在结果中就满足搜索条件时，可在搜索字词之间使用大写的 OR 连接符（百度用"｜"连接符）。注意，连接符与搜索字词之间必须有空格。

（3）逻辑非功能。在某搜索字词前紧靠该字词加一个减号，表示不希望搜索结果中出现包含该字词的网页。前一个字词和减号之间必须有空格；否则，减号会被当成连字符处理，而失去减号逻辑非功能。

（4）词组搜索。如果输入的搜索字词很长，搜索引擎在经过分析后，可能会拆分搜索字词。若需要得到精确、不拆字的搜索结果，可在搜索字词前后加上双引号。

（5）禁用词。为提高查准率，搜索引擎将常用的一些介词、冠词、数字和单个字母等高频词作为禁用词，在检索时自动忽略，如果必须使用禁用词时可用+或""。

2. 搜索引擎的高级检索功能

搜索引擎的高级检索功能包括：限定搜索的文件类型，将搜索范围限定在特定站点中，将搜索范围限定在 URL 链接中，将搜索范围限定在网页标题中和将搜索范围限定在网页正文中。

（1）限定搜索的文件类型——filetype。很多专业文档在互联网上存在的方式往往不是普通的网页格式，而是 Office 文档或者 PDF 文档等。搜索引擎支持对 Office 文档（包括 Word、Excel、Powerpoint）、Adobe PDF 文档、RTF 文档进行全文搜索。要搜索这类文档，只需要在普通的搜索字词后面加一个"filetype:"来对文档类型进行限定。"filetype:"后可以跟 DOC、XLS、PPT、PDF、RTF 等文件格式。

（2）将搜索范围限定在特定站点中——site。如果要指定搜索结果必须来自特定政府网站，可以在搜索字词的后面，加上"site：站点域名"。注意，"site:"后面的站点域名不要带"http://"。

（3）将搜索范围限定在 URL 链接中——inurl。网页 URL 中的某些信息，常常有某种有价值的含义，如果对搜索结果的 URL 做某种限定，可获得良好的效果。其方法是用"inurl:"，后跟需要在 URL 中出现的关键词。

（4）将搜索范围限定在网页标题中——intitle。网页标题通常是对网页内容提纲挈领式的归纳，将搜索内容限定在网页标题中，有时能获得良好的效果。其方法是用"intitle:"，后跟需要在网页标题中出现的关键词。

（5）将搜索范围限定在网页正文中——intext。即只搜索网页正文部分中包含的文字，而忽略标题、URL 等的文字。其方法是用"intext:"，后跟需要在网页正文中出现的关键词。

3. 搜索引擎的搜索技巧

使用搜索引擎查找不到结果，一般有两种原因：一是该搜索引擎的网页索引数据库里恰好没有储存相关的网页文字信息，这种情况发生的概率较低；更大的可能是搜索引擎的网页索引数据库里包含相关信息，只是因为搜索方法的问题没有找到。所以，学习并掌握一定的搜索技巧以提高搜索能力是很有必要的。

（1）分析搜索的主题。在开始搜索之前，要确切了解所要查询的目的和要求，包括确定需要的信息类型（文本、图片、音频、视频等）、查询方式（分类检索、关键词检索等）、查询范围（所有网页、新闻等）、查询语言（中文、外文）等。

（2）选择合适的搜索引擎。各搜索引擎由于其偏好，所抓取的网页数据会有不同，但更重要的是排序算法的差别，它直接影响到搜索引擎的搜索准确性及用户体验。需要注意的是，不同搜索引擎之间的网页数据重叠率一般在70%以下，当使用某搜索引擎搜索结果不佳时有必要尝试更换搜索引擎。

（3）提取恰当的搜索字词。搜索字词代表着要搜索主题的特征，选择一个恰当的搜索字词是搜索成功的关键。应该避免概念宽泛的词，尽量选用规范的专指词、特定概念或专业术语等具体的搜索字词，还要注意同义词、近义词、相关词或同一术语的不同表达方式；可以通过使用多个关键词来提高检准率，但要注意他们之间的逻辑关系是否合理。

（4）根据搜索结果及时调整搜索策略。如果在前几页都没有满意的结果，就应该考虑调整搜索策略重新搜索，而不是无谓地继续往下翻页。要善于从返回的结果当中发现与目标信息密切相关的、有价值的线索，然后调整组成新的提问继续搜索。当搜索结果数量太多且准确性不高时，可以通过增加密切相关的搜索词来对结果进行进一步的提炼；当所得搜索结果数量太少时，可以通过使用同义词、近义词来扩大搜索范围。

（5）相关搜索。搜索结果不理想，可能是因为搜索词选择不恰当，这时可以借鉴搜索引擎提供的"相关搜索"。"相关搜索"提供了与搜索主题很相似的一系列查询词，按搜索热度排序。

（6）使用高级搜索或高级搜索语法，提高搜索效率。大多数搜索引擎都提供高级检索功能，它在默认值、灵活性、定位精确性、条件限定以及检索词间的逻辑组配等方面都优于普通搜索功能，特别适合不熟悉信息检索技术的新手或者遇到限定条件繁多的复杂主题时使用。高级搜索语法则可以对搜索范围站点、文件类型、主题信息范围进行精确控制。

（7）直接到信息源查找。在搜索特别是诸如政府工作报告、政策白皮书等信息时，如用搜索引擎搜索无法得到满意结果，可尝试直接到信息源网站去查找。可先查发布相关信息的机构名称，再检索得到该机构的官方网站地址，然后利用"site：站点域名"高级搜索语法或用该机构网站提供的站内搜索、主题分类等途径查找相关信息。

（8）网页快照。每个被收录的网页，搜索引擎都会自动生成临时缓存页面，称为网页快照。因为临时缓存页面保存在搜索引擎自己的数据库里，所以当遇到网站服务器暂时故障或网络传输堵塞时，访问网页快照要比常规链接的速度快很多。而在搜到访问不了的"死链网页"或过期文件时，往往通过网页快照也还能查阅到其文本内容。另外，符合搜索条件的词语会在网页快照上以加亮的形式突出显示（百度的网页快照还提供关键字精确定位功能），以便于快速查找到相关资料。

（9）对搜索结果进行适当的筛选、鉴别。检索只是手段，最终目的是要找到真正有价值的信息。在检索结束之后，应对检索结果进行筛选、鉴别。因为即使是与目标密切相关的结果仍然有优劣之分，所以适当的筛选必不可少。一般来说可以通过综合比较排序、网址链接、文字说明等来作分析判断。

7.3　案例分享

一家政府网站的实践："北京购房指南"如何成最受欢迎栏目

在北京购房需要什么资格，提供哪些材料，保障性住房政策多、信息量大、流程复杂，怎样快速评估自身条件是否能买保障性住房，这些与公众生活密切相关的住房问题都能轻松地在北京市住建委网站上找到答案。

2016 年，北京市住建委网站推出了《北京购房指南》专题，按照购房资格申请、购房资格核验、核验结果查询、异议复核的购房流程策划专题，公开涉及在京购房的五个相关文件，并针对四类家庭分别介绍购房条件、所需材料、购房资格核验流程、核验结果查询等信息，以图文结合的方式解读北京购房政策、明确购房流程，使整个房屋购买过程更加高效顺畅；针对市民反映的保障房申请政策太多，要捋清楚、搞明白有困难的情况，网站还特别制作了保障性住房申请在线评估服务，公众可根据自身条件在线选择相关信息，通过系统判定，评测出申请人具有申请哪种保障性住房的资格。

信息公开是政府网站的重要职责之一，北京市住房和建设信息中心网站运行管理室主任赫新纳在接受第一财经记者采访时表示，住建委网站主要通过特色的专题服务、强大的智能搜索和深度的政策解读这三大方面来推进信息公开。

北京住建委门户网站自 2001 年创建以来，《购房指南》《自住型商品住房》《建筑市场信息公开专栏》《存量房交易服务平台》《住房保障》等栏目一直是最受公众欢迎的服务项目。2010 年，结合国务院针对工程建设领域突出问题专项治理的契机，北京市住建委在网站上建立了统一的《建筑市场公开信息平台》栏目，向社会提供北京市建筑市场企业、人员、招标投标、施工许可、合同备案、合同履约、业绩、获奖、违法违规，以及其他社会信息 10 类信息。在全国率先将合同备案、合同履约信息向社会公布，实现了工程项目信息和企业、人员信用信息的"双公开"，有效地促进了工程建设全过程的阳光透明。

在智能搜索方面，住建委网站为方便公众利用信息资源，利用"百姓体""知识图谱""框计算"技术强化网站搜索功能，公众直接在对话框输入关键字就可实现模糊、关联、分类查找，如输入"保障房"会自动出现"自住型商品住房、经济适用房"等粘合度较高的相关政策文件，解决了官方和民间词语不对称的问题。据网站数据统计显示，公众检索量月均达 500 万余次。

政策解读的权威性和时效性是提升政府网站生命力的关键。凡涉及政策出台，住建委网站都会及时发布新闻通稿，根据公众需要与首都之窗开展在线访谈解读。

如针对北京市住房保障、房屋限购等政策出台前后，网站先后开展了意见征集、政策文件解读、在线访谈等活动，公众参与量达 50 万余人次。赫新纳表示，政府信息公开的高质量离不开健全的机制，"我委重点明确各处室、各单位在内容保障上的职责分工、信息公开发布审核流程和监督考核制度，将责任落到实处，确立完善的考核机制，并按季度对信息公开情况进行考核通报，有效地保障了信息公开的时效性。"

来源：一家政府网站的实践："北京购房指南"如何成最受欢迎栏目，http://news.cnfol.com/

guoneicaijing/20160826/23361200. shtml

主要参考文献

［1］陈英. 科技信息检索（第四版）［M］. 北京：科学出版社，2009.

［2］关志英，郭依群. 网络学术资源应用导览（科技篇）［M］. 北京：中国水利水电出版社，2007.

［3］郭斌，田建设，赵红. 公共图书馆开展政府信息公开服务的探索［C］//全国高校社科信息资料研究会. 全国高校社科信息资料研究会第 14 次理论研讨会论文集. 2012.

［4］胡琳. 现代信息检索［M］. 北京：科学出版社，2012.

［5］黄如花. 信息检索［M］. 武汉：武汉大学出版社，2010.

［6］金雪梅. 中国公共图书馆的政府信息提供与服务［EB/OL］. www. ifla. org/past-wlic/2009/175-xuemei-zh. pdf.

［7］李文智，钟奕思，詹晓琳. 美国六大州立图书馆与档案馆在线政府信息公开服务比较研究［J］. 图书馆学研究，2011（19）.

［8］彭国莉. 中国政府信息资源公开与利用［M］. 成都：电子科技大学出版社，2007.

［9］徐天秀. 信息检索［M］. 北京：科学出版社，2006.

［10］邹广严，王红兵. 信息检索与利用［M］. 北京：科学出版社，2011.

第8章 政府数据开放运动

2015 年，国务院发布了《促进大数据发展行动纲要》，明确指出 2018 年底前建成国家政府数据统一开放平台，率先在信用、交通、医疗等重要领域实现公共数据资源合理适度地向社会开放。其实早在 2009 年的时候，美国总统奥巴马就签署了《开放透明政府备忘录》，要求美国建立更加开放透明、参与、合作的政府，掀起了政府数据开放运动。政府数据开放运动的兴起，打开了政府内各部门、政府与民众之间的数据边界，更好地为经济活动和社会生活服务，政府信息资源开发利用的效率势必得到大大提高。政府数据开放已经成为全球共识，也是大数据时代政府面临的新挑战和新机遇，其未来必将迎来更大发展。

8.1 政府数据开放运动的兴起

8.1.1 软件开源运动的启迪

自 1946 年人类发明了第一台计算机之后，伴随着个人计算机逐步进入千千万万个普通家庭，计算机软件开始具备成为大众化商品的可能性。作为世界上最伟大的计算机软件公司，微软公司将计算机软件产业推进了商业帝国。但随着很多用户没有付费就使用微软公司的软件产品，比尔盖茨在 1976 年发表了《致爱好者的公开信》，质问"有谁会愿意免费、义务地从事如此专业的工作？哪个业余爱好者能投入 3 年的人力去开发、调试、编写文档，然后免费发布一个软件产品呢？"此后，几乎所有的软件公司都不愿意公布软件源代码，导致了当时"专有软件"的盛行。

"专有软件"的思想迎来了一群反对专有、反对封闭、反对商业的挑战者，他们认为封闭性的软件是一种自私、狭隘的做法，束缚了人类的创造性，阻碍了软件技术的传播和交流。他们强调自由、强调开放、强调创新，要求软件开发人员公开原始代码，认为这种公开不仅能提高软件行业的效率和效能，还有利于学习、交流和创造，为人类社会贡献最大的价值。

1983 年，麻省理工学院人工智能研究所的一名资深程序员理查德·斯托曼（Richard Stallman）发起了 GNU "GNU is Not Unix" 计划，提倡"重现当年软件界合作互助的团结精神"，创建一套完全自由的操作系统，保证 GNU 软件可以自由地"使用、复制、修改和发布"，与定价销售的专有操作系统抗衡。最终，在 GNU 计划的推动下，诞生了现在的免费操作系统 Linux。随着越来越多的公司和个人采纳了开放源代码的做法，这种主张开放代码和软件自由的做法并称为"开源（Open Source）"，这不仅仅意味着以开放的姿态进行知识共享，还代表着自由、平等、协作、责任和乐趣等等理念。开源软件被定义为其源码可以被公众使用的软件，并且此软件的使用、修改和分发也不受许可证的限制。进入 21 世纪以后，开源软件的观念已经深入人心，成为面向未来以开放创新、共同创新、以人为本为特点的创新 2.0 模式在软件行业的典型体现和生动注解。

软件是由代码和数据共同组成的，而软件的开源指的只是开放代码，并不包括数据，当开放代码已经成为共识和现实的时候，新一代的创新者又将眼光投向了数据。开放数据（Open Data）和开放代码大不相同，超越了技术层面的代码开放，不仅与技术人员相关，还与数据的来源、性质以及过去和未来的使用人员都息息相关。开放数据也不仅仅意味着公开数据，还要让数据可以重复使用、自由加工，同时必须思考什么样的数据可以开放、应该开放，以什么形式开放，谁来开放等诸多更加现实的问题。所以，数据开放没有像代码开放一样在商业领域兴起，数据开放的诉求，首先直指公共领域的公共数据，也就是政府收集、拥有的数据。①

8.1.2 全球政府数据开放运动

根据维基百科的定义，开放数据指的是某些数据应该可以由每个人自由地按照他们的期望使用和重新发布，没有版权、专利和其他的控制模式的限制。2013 年发布的《开放数据宪章》将开放数据定义为具备必要的技术和法律特性，从而能被任何人、在任何时间和任何地点进行自由利用、再利用和分发的电子数据。由开放数据所掀起的政府数据开放运动则要求在确保国家安全的条件下，政府向公众免费开放财政、资源、人口等公共数据信息，以增强公众参与社会管理的意愿和能力，进而提升政府治理水平。② 政府数据开放运动的标志性事件是 2009 年美国政府数据开放网站 data. gov 的上线，随后英国、加拿大、新西兰等发达国家相继开始实施政府数据开放计划，全球政府数据开放运动的热情随之高涨，政府数据开放成为各国开发数据、推进政府治理变革的重要举措。

2011 年 9 月 20 日，巴西、印度尼西亚、墨西哥、挪威、菲律宾、南非、英国、美国等 8 个国家联合签署《开放数据声明》，成立开放政府联盟（Open Government Partnership，OGP）。截至 2016 年 5 月，全球已有 80 个国家和地区加入开放政府联盟。2013 年 6 月，八国集团首脑在北爱尔兰峰会上签署《开放数据宪章》，法国、美国、英国、德国、日本、意大利、加拿大和俄罗斯承诺，在 2013 年底前，制定开放数据行动方案，成为政府数据开放运动的标志性事件。虽然各个国家和地区开放数据特点不太一样，但从政府信息资源开发利用到开放数据总体上可以分为三个阶段：被动开放数据阶

---

① 涂子沛. 大数据：正在到来的数据革命，以及它如何改变政府、商业与我们的生活 [M]. 桂林：广西师范大学出版社，2012：186－191.

② 张明. 当前国际政府数据开放进程 [J]. 国际研究参考，2014（9）.

段（1960—2009）、主动开放数据阶段（2009—2011）和挖掘数据价值阶段（2012 年至今）。①

从全球范围来看，建立统一的政府数据开放门户，集中开放可加工的数据集是各国政府数据开放运动的一个普遍做法。各国政府数据开放门户网站域名中都普遍带有"数据"和"政府"字样，如 data. gov（英语），datos. gob（西班牙语）等。在门户网站上，重点开放可机读的数据集（datasets）、应用程序（Apps）等资源，有些数据门户网站上还设置了供开发人员参与和公众反馈的专栏，其中，各国开放的数据集多以CSV、HTML、XLS、NII、PDF 等一种或多种格式出现。各国政府除了国家政府统一数据开放门户之外，很多地方政府、部门也有自己的数据门户，例如，美国有 40 多个州、44 个县市建立了单独的数据门户，英国除了全国统一的数据门户网站外，伦敦、曼彻斯特等地以及索尔福德市议会等 16 个地方和部门还建立了独立的数据开放门户。②《开放数据宪章》总结了政府应优先开放的 14 类高价值数据，详情如表 1—1 所示。

表 1—1 《开放数据宪章》中优先开放的 14 类高价值数据

数据类别 （按英文字母顺序）	数据举例
企业类	企业/公司注册信息
司法类	犯罪统计、安全
地球观测类	气象/天气、农业、林业、渔业、畜牧业
教育类	学校列表、学校绩效、学校数字化能力
能源环境类	污染水平、能源消费
金融和合约	合约预算、承包合约、招标信息、未来的招投标、地方预算、国家预算（计划和开支）
地理空间	地形、邮政编码、国家地图、地方地图
全球发展	援助、食品安全、土地
政府责任和民主	政府合约、选举结果、立法和法令、工资（支付比例）、招待/礼品
医疗卫生	处方数据、绩效数据
科研	基因组数据、研究和教育活动、实验结果
统计	全国性统计数据、人口普查数据、基础设施、资源、技能
社会流动性和福利	住房、医疗保险及失业救济金
交通和基础设施	公共交通时间表、宽带接入点

---

① 张雯鑫. 开放政府数据已经成为全球共识，未来必将迎来更大发展 [EB/OL]. http://www. pishu. cn/psgd/233942. shtml.

② 李苑. 全球政府开放数据的四大特点 [EB/OL]. http://intl. ce. cn/specials/zxgjzh/201402/20/t20140220_2343380. shtml.

8.1.3 政府数据开放的原则和评价

政府数据开放必须遵循一定的原则，值得一提的是美国民间首个公共数据的开放网站 govtrack. us 的创立者普林斯顿大学的学生陶伯拉和其他 29 名开放公共数据的推动者，2007 年 12 月共聚奥莱理出版社的加州总部，制定发布了开放公共数据的 8 条基本原则：数据必须是完整的，数据必须是原始的，数据必须是及时的，数据必须是可读取的，数据必须是机器可处理的，数据的获取必须是无歧视的，数据格式必须是通用而非专有的，数据必须是不需要许可证的。2013 年 6 月，八国集团首脑签署了《开放数据宪章》，设定了政府数据开放的 5 大原则：使开放数据成为规则，发布数据是常态，不发布数据是特例；注重数据质量和数量，要求及时、全面、准确地发布数据，简单、清晰地描述，充分地说明，并根据用户反馈对数据和数据的发布进行修订；让所有人都可以使用，以开放的格式、尽可能多地发布数据，并且应该尽量免费；为了改善治理发布数据，通过开放数据加强民主制度建设和更好的政策制定；为激励创新发布数据，努力营造开放数据的文化，壮大未来数据创新者的队伍。[①]

目前关于政府数据开放的国家和地区评价，主要有以下几个：

（1）2013 年开放政府联盟在伦敦召开会议，会上发布了《开放数据晴雨表：2013 年开放数据全球报告》，分析了全球开放数据发展趋势，并从准备度、执行力和影响力三个维度评估了各国所处开放数据的阶段及其给经济、政治和社会所带来的影响，就全球范围来看，美洲地区和欧洲地区处于数据开放第一梯队，亚太地区处于第二梯队，中东、中亚和非洲地区处于第三梯队。

（2）英国开放知识基金会的开放数据指数（index. okfn. org）。对于每个国家和地区，开放数据指数考察其是否将 10 个关键数据集（比如国家 1∶25 万地图数据、国家公共交通时刻表数据、国家项目级支出数据等）在电子化、免费、机器可读、开放授权的条件下进行发布。开放数据指数的目的在于为每一个关键数据集设立数据的采集和发布标准，推动各个国家和地区能够采用此标准开放数据，从而使得社会组织、企业等能够真正挖掘出这些数据的潜能。

（3）独立学术组织世界正义项目（World Justice Project，WJP）在 2015 年也发布过一个"全球开放政府指数"，针对超过 10 万个家庭进行的调查和"世界正义项目法制指数"在各国做的专家问卷，围绕政府资料公开程度、知情权、公民参与、投诉机制，对 102 个国家和地区的政府开放状况做出评估。

8.2 国外政府数据开放实践

8.2.1 美国政府的数据开放

从世界范围来看，美国在政府数据开放领域一直充当着倡导者和先行实践者的角

---

① 洪京一. 从 G8 开放数据宪章看国外开放政府数据的新进展 [J]. 世界电信，2014 (Z1).

色，并将信息技术、数字战略、信息管理与开放政府治理有机结合，以数据开放作为新时期政府治理改革的突破口。美国数据开放制度的基石是独立战争前后的理论家和乔治·华盛顿有关公民知情权的论述，随后美国通过了 1966 年的《信息自由法》、1974 年的《隐私权法》和 1977 年的《阳光下的政府法》，构成了美国联邦政府数据开放制度的重要依据和保障。①

奥巴马入主白宫之后，将美国政府的数据开放推到一个新的高潮。2009 年 1 月，奥巴马上任伊始即颁布了《透明与开放政府备忘录》（Memorandum on Transparency and Open Government），号召政府致力于建立一个透明的、公众参与的、协作的制度体系，随后签署的《信息自由法案备忘录》 （Memorandum on the Freedom of Information），强调了"一个民主政府需要问责制，问责制度需要透明度，通过透明度来鼓励问责制度的《信息自由法》是确保政府开放性这一庄严承诺的最杰出的表达方式"。2009 年 5 月，作为政府数据开放计划的一部分，由联邦首席信息官委员会（Chief Information Officer Council）主导的 Data. gov 网站正式上线，作为联邦政府数据的贮存库，公民可以自由检索并获取联邦政府数据，各联邦政府机构有义务向 data. gov 提供信息。其基本原则包括：关注获取、开放平台、解构数据、通过用户反馈发展与改善、划分责任、快速整合以及采纳、评价并推动最佳实践。② data. gov 具有四大特点：数据量大、主题丰富；提供了统一集中的数据来源；提供了针对不同用户的数据格式与工具；建立了大量数据群。2009 年 12 月，美国颁布《开放政府指令》（Open Government Directive）规定了开放政府的三原则：透明（Transparency）、参与（Participation）和协同（Collaboration），并提出要在政府网站上发布更多数据，通过网站数据开放使公众了解政府信息，促进公共对话。愈来愈多的政府数据发布在 Data. gov 上，截至 2016 年 8 月，Data. gov 已经涵盖了农业、商业、气候、消费、生态、教育、能源、金融、健康、地方政府、制造、海洋、公共安全、科学研究等行业领域的186019 个数据集。

2012 年 5 月，美国出台了《数字政府战略》（Digital Government：Building a 21st Century Platform to Better Serve the American People），将政府开放数据作为电子政府发展的支撑，确保数据的默认状态处于"开放和机器可读（open and machine-readable）"，让民众可随时随地利用相关设备获取高质量的数字政府信息和服务。2013 年 5 月，奥巴马签署《政府信息公开和机器可读行政命令》（Executive Order-Making Open and Machine Readable the New Default for Government Information），再次强调"政府信息以开放化和机器可读化为基本形态；将政府数据作为关键资产管理；社会公众能随时、随地，通过任何终端设备检索和获取数据"。

---

① 陆健英，郑磊，Sharon S. Dawes. 美国的政府数据开放：历史、进展与启示 [J]. 电子政务，2013（6）.
② 罗博. 国外开放政府数据计划：进展与启示 [J]. 情报理论与实践，2014（12）.

图 8—1　美国政府数据开放站点（www. data. gov）

8.2.2　英国政府的数据开放

号称"数据最为开放"的英国，承诺将数据开放推广到公共服务、经济增长、反对腐败、加强民主等诸多方面，通过"彻底开放政府数据"提升政府治理水平。英国国家档案馆在世界政府数据开放运动发展元年 2009 年，首先公布了《信息权利小组报告》，提倡政府、行业和第三方平台使用信息通信技术，创造更好的公共服务。随后，英国财政部发布《放在前线第一位：聪明政府》的报告，要求完全开放数据和公共信息，为政府开放数据的发展提供技术与政策支持。2010 年，英国首相卡梅伦给所有政府部门发了一封开放数据的公开信，提议为减少财政赤字和创造更好的公共支出效益，政府部门必须对透明度提出新的标准。[①]

继美国政府数据网站 data. gov 上线后，2010 年 1 月 21 日，由万维网之父蒂姆伯纳斯-李（Tim Berners-Lee）和南安普顿大学教授奈杰尔·夏伯特（Nigel Shad bolt）负责创立的英国政府开放数据门户网站 data. gov. uk 正式投入使用。该网站建立后，英国政府曾专门下拨了 2 万英镑的奖金，以鼓励人们使用政府公共数据信息。[②] 截至 2016 年 8 月，Data. gov. uk 已经涵盖了健康、交通、环保、社区、商务、教育等 12 个领域。

---

① 朱贝，盛小平. 英国政府开放数据政策研究 [J]. 图书馆论坛，2016 (3).
② 张明. 当前国际政府数据开放进程 [J]. 国际研究参考，2014 (9).

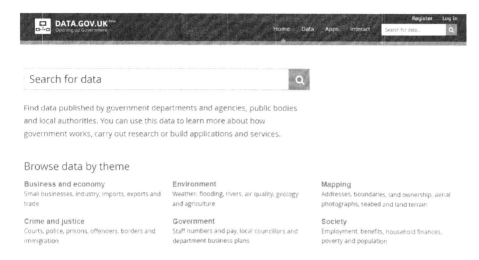

图 8-2　英国政府数据开放站点（www.data.gov.uk）

英国从 2011 年始逐渐加大政府开放数据的发展力度，当年英国信息政策与服务部门颁布了《简化英国公共部门信息的再利用：英国政务许可框架与政务公开许可条例》，明确了政府"透明议程"和公共数据的原则。2012 年，由英国内阁办公室部长与财政部主计长共同提交了《开放数据白皮书：释放潜能》，要求政府部门必须以机器可读的形式来发布数据，同时对开放数据的版权许可、收费等进行了规定。随后，英国首相宣布了《公共部门透明委员会：公共数据原则》，确定了公共数据开放的形式、格式、许可使用范围等 14 项原则。

英国政府要求每个部门制定本部门详细的数据应用行动计划，并定期对战略进展情况以书面报告的形式上报，以确保各政府部门对 Data.gov.uk 网站数据的及时更新和维护。2013 年初，英国商业创新和技能部宣布成立开放数据协会，以推动数据开放进程。① 在英国内阁办公室 2013 年发布的《2013—2015 年英国开放政府联盟行动计划》中，英国政府对数据开放、诚信缺失、财政透明度、公民赋权、自然资源的透明度等五个方面做了详细的行动计划。

8.2.3　澳大利亚政府的数据开放

2009 年开始，澳大利亚政府积极利用开放数据理念和行动践行"开放政府"的目标，当年 6 月，澳大利亚政府成立了 Gov 2.0 工作组，旨在通过广泛获取公共部门信息，促进政府资源透明、创新与增值，扩大政府开放程度，提出公共部门信息应能在国际范围内机读，标准化许可下开放获取，并自由重用、转换和传播。2010 年 5 月，澳大利亚联邦议会通过《信息自由改革法修正案 2010》［Freedom of Information Amendment（Reform）Act 2010］与《信息专员法案 2010》（The Australian Information Commissioner Act 2010），奠定了促进开放政府和透明政策的法律基础。②

① 李燕，张淑林，陈伟. 英国政府数据开放的实践、经验与启示［J］. 情报科学，2016（8）.
② 罗博. 国外开放政府数据计划：进展与启示［J］. 情报理论与实践，2014（12）.

尤其值得一提的是，2010 年 7 月，澳大利亚政府制定了《开放政府宣言》，陆续颁布了政府数据开放原则，要求各政府部门评估开放所持有数据与信息的可能性，并建立了澳大利亚政府数据开放站点 data. gov. au。截至 2016 年 8 月，data. gov. au 已经涵盖了商业、社区、科学、环境、金融、健康、文化、教育等诸多领域的 9612 个公开数据集，5000 多个 API 可用资源，8000 多个授权开放数据集。

图 8-3　澳大利亚政府数据开放站点（www. data. gov. au）

2013 年 8 月，澳大利亚政府信息管理办公室（AGIMO）发布了《公共服务大数据战略》。该战略将以"数据属于国有资产，从设计着手保护隐私，数据完整性与程序透明度，技巧、资源共享，与业界和学界合作，强化开放数据"等六条大数据原则为支撑，旨在推动公共行业利用大数据分析进行服务改革，制定更好的公共政策，保护公民隐私，使澳大利亚在该领域跻身全球领先水平。[1] 为此，《公共服务大数据战略》还制定了一个具体的行动安排：2014 年 3 月推出大数据实践指南，2014 年 7 月前出台一份关于大数据分析中所遇难题的报告；然后推动 ICT 行业和教育行业提供大数据分析中的必要技巧，制定一份数据分析指南和两份在建项目指南；开发一个信息资产登记系统；记录大数据分析中的技术演进。

8.2.4　欧盟的数据开放

欧盟对于开放政府数据十分重视，欧盟执行委员会承认政府部门资料开放使用的重要性，积极鼓励各成员国展开政府开放数据的行动。2003 年欧盟颁布的《公共部门信息再利用指令》（Directive 2003/98/EC on the Reuse of Public Sector Information）是欧盟各国政府数据开放运动的重要驱动力。2005 年出台的《欧洲透明度倡议（ETI）》是欧盟推行开放数据战略的基础，也是欧盟开放、透明、治理改革理念的继续与发展，目的在于建立信

---

① 李永春，谢安. 澳大利亚政府开放数据的演变及启示 [J]. 中国统计，2015 (8).

息再利用，包括监管公共部门的共同法律框架，消除公共信息垄断和不透明障碍。[①]

2010 年 11 月，欧盟通信委员会向欧洲议会提交了《开放数据：创新、增长和透明治理的引擎》（Open Data：An Engine for Innovation Growth and Transparent Government）的报告，该报告以开放数据为核心，制定了应对大数据挑战的战略。2011 年 12 月 12 日，欧盟正式提出了"开放数据战略"（Open Data Strategy for Europe），旨在将公共部门搜集和产生的原始数据，通过再利用成为 ICT 用户依赖的数据材料。随着这一战略的推进，多项关于开放数据的提案随之出台。作为欧盟第 5 框架计划中 LOD2 项目的一部分，开放知识基金（Open Knowledge Foundation）建立了泛欧洲的数据平台 publicdata.eu，向欧洲范围内的公共机构提供开放、免费、可重复利用的数据集。平台上的数据均由欧盟收集、购买并免费提供给用户，用户也可以直接在平台上下载数据用于分析、开发创新服务或应用等。[②] 截至 2016 年 8 月，publicdata.eu 已经涵盖了财政与预算、交通运输、农林渔业、教育与通信、人口、经济与产业、健康、就业、政治与透明、政府服务、地理、文化艺术等 14 个领域的 47863 个数据集。

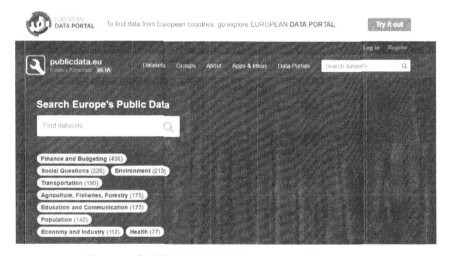

图 8-4 欧盟政府数据开放站点（www.public data.eu）

8.3 国内政府数据开放实践

2014 年我国两会期间，就有代表提交了《建议加快实施大数据国家战略》提案，建议拥有大量数据的政府部门、事业单位加强数据开放，鼓励社会机构研究和使用。2015 年 4 月 21 日国务院办公厅发布的《2015 年政府信息公开工作要点》中明确提出："积极稳妥推进政府数据公开，鼓励和推动企业、第三方机构、个人等对公共数据进行深入分析和应用。" 2015 年 8 月国务院通过《促进大数据发展行动纲要》，将大数据上升为国家战略，其中一个重要任务就是实现政府数据的开放共享。《促进大数据发展行

---

① 张明. 当前国际政府数据开放进程 [J]. 国际研究参考，2014（9）.
② 罗博. 国外开放政府数据计划：进展与启示 [J]. 情报理论与实践，2014（12）.

动纲要》中明确提出："形成公共数据资源合理适度开放共享的法规制度和政策体系，2018 年底前建成国家政府数据统一开放平台，率先在信用、交通、医疗、卫生、就业、社保、地理、文化、教育、科技、资源、农业、环境、安监、金融、质量、统计、气象、海洋、企业登记监管等重要领域实现公共数据资源合理适度向社会开放，带动社会公众开展大数据增值性、公益性开发和创新应用，充分释放数据红利，激发大众创业、万众创新活力。"

政府数据开放频频出现在国家层面的政策文件中，强烈表明政府部门已经深刻意识到政府数据开放共享的重要性。政府数据开放一方面可实现公共数据资源的共享，提高政府部门的行政管理水平和透明度，另一方面将促进公共服务领域的变革，通过政府数据的免费使用来带动创新。目前我国国家层面的政府数据开放平台尚未建设完成，但是部分信息化建设和政务公开走得较快的地区已尝试开展政府数据开放的工作，已建设了10 多个地方性政府数据开放平台，包括北京市政务数据资源网、上海市政府数据服务网、浙江政务服务网、武汉市政府公开数据服务网、青岛市政府数据开放网、无锡市政府数据服务网、湛江市政府数据服务网、佛山市南海区——数说南海、宁波市海曙区数据开放平台、深圳市罗湖数据开放平台、深圳市坪山新区数据开放平台、深圳市福田数据开放平台、厦门市海沧区数据资源开放平台等。本部分内容分别选择了上海市政府数据服务网、北京市政务数据资源网、武汉市政府公开数据服务网进行介绍。

8.3.1 上海市政府数据服务网

在全球政府信息化建设浪潮推动下，上海在 2004 年通过了全国第一个省级政府信息公开规章《上海市政府信息公开规定》，逐步确定了其在地方政府信息公开工作的排头兵地位。2014 年 5 月，上海市政府召开关于推进上海政府数据资源向社会开放工作会议，明确自 2014 年起上海市各政府部门将按照《关于推进政府信息资源向社会开放利用工作的实施意见》和《2014 年度上海市政府数据资源向社会开放利用工作计划》要求，全面有序地推进市级部门向社会开放政府数据资源，全力支撑上海政府职能转变和产业转型发展。上海市政府已经确定了总计 190 项数据内容作为重点开放领域，涉及28 个市级政府部门，涵盖公共服务、教育科技、金融服务等 11 个领域。[①]

上海市政府数据服务网（www.datashanghai.gov.cn）是全国首先推出的数据开放平台，于 2012 年投入使用。上海市政府数据服务网是上海市人民政府办公厅、上海市经济和信息化委员会牵头，相关政府部门共同参与建设的政府数据服务门户。其目标是促进政府数据资源的开发利用，发挥政府数据资源在本市加快建设"四个中心"和具有全球影响力科技创新中心、产业结构调整和经济结构转型中的重要作用，满足公众和企业对政府数据的"知情权"和"使用权"，向社会提供政府数据资源的浏览、查询、下载等基本服务，同时汇聚发布基于政府数据资源开发的应用程序等增值服务。截至2016 年 8 月，上海市政府数据服务网的政府开放数据主要包括经济建设、资源环境、

---

① 顾铁军，夏媛，徐柯伟. 上海市政府从信息公开走向数据开放的可持续发展探究——基于 49 家政府部门网站和上海政府数据服务网的实践调研 [J]. 电子政务，2015（9）.

教育科技、道路交通、社会发展、公共安全、文化休闲、卫生健康、民生服务、机构团体、城市建设、信用服务等 12 大类别的 765 个数据集，链接了上海各政府部门的 63 个应用系统，提供了 53 个开发接口，开发了 24 个移动应用 APP。

图 8—5　上海市政府数据服务网（www.datashanghai.gov.cn）

上海政府数据服务网于网站首页显著位置设立"最新更新"栏目及相关应用分类链接，数据更新较为及时；数据提供形式主要以 Excel 文件格式为主，有少量其他常见的共享机器可解析格式如 CSV、XML 等。搜索功能方面，能够准确定位为具体的数据或其他应用资源。数据产品类型中的"应用"仅提供对相关市政府部门的网页应用链接，作为统一的入口规划，具体功能需到相应政府门户网站进一步获取。移动应用是上海政府数据服务网的一大特色，目前已经有较多的 APP 在手机客户端上应用。上海市的数据开放重点放在经济建设方面，其次是城市建设和民生服务，与其实现国际经济、金融、贸易、航运四个中心和社会主义现代化国际大都市的总体目标相适应。①

8.3.2　北京市政务数据资源网

北京市政务数据资源网（www.bjdata.gov.cn）是由北京市经济和信息化委员会牵头、北京市各政务部门共同参与的政府数据开放平台，于 2012 年 10 月开始试运行。北京市政务数据资源网致力于提供北京市政府部门可开放的各类数据的下载与服务，为企业和个人开展政府信息资源的社会化开发利用提供数据支撑，推动信息增值服务业的发展以及相关数据分析与研究工作的开展。北京市政务数据资源网汇集了表格、文本、图片、地图、多媒体等各类实时与非实时的政府可公开数据，并通过多种方式向社会提供数据开放服务。北京市政务资源网提供信息资源展示、信息资源查询、信息资源获取、

---

①　顾铁军，夏媛，徐柯伟. 上海市政府从信息公开走向数据开放的可持续发展探究——基于 49 家政府部门网站和上海政府数据服务网的实践调研 [J]. 电子政务，2015（9）.

再利用成果提交等多种信息资源开放服务。北京市政务资源网提供开放机构（各委办局、各区县）与社会公众的交流互动功能，主要包括应用创意大赛、问卷调查、咨询建议、常见问题以及建议增加的数据类型等多元化互动手段。截至 2016 年 8 月，北京市政务数据资源网汇集了 40 个政府部门的 325 个数据集，主题涵盖了旅游住宿、交通服务、餐饮美食、医疗健康、文体娱乐、消费购物、生活安全、宗教信仰、教育科研、社会保障、劳动就业、生活服务、房屋住宅、政府机构与社会团体、环境与资源保护、企业服务、农业农村等 17 个类别。

图 8-6　北京市政务数据资源网（www.bjdata.gov.cn）

北京市政务数据资源网上的数据文件下载格式有 CSV、DBF、SHP、SHX、TXT等，该数据平台目前提供 APP 下载，但数量较少。企业、科研机构和个人只要在该网注册，同意网站免责声明的用户都可以在数据资源网下载和上传内容。北京市政务数据资源网较为突出的亮点是免费提供大量的地图 API、搜索 API 及其开发样例，用户可根据自己的需求创建自己的地图应用程序，可在自己的网站中构建操作简单、功能丰富的地图应用。①

8.3.3　武汉市政府公开数据服务网

武汉是继上海、北京之后，全国第三个运行政府数据开放网站的城市，于 2014 年启动武汉市政府公开数据服务网（www.wuhandata.gov.cn）平台建设。武汉市政府公开数据服务网网站分为资源目录、信息地图、开发中心、APP 应用等模块，提供涵盖

---

① 黄思棉，张燕华. 当前中国政府数据开放平台建设存在的问题与对策研究——以北京、上海政府数据开放网站为例 [J]. 中国管理信息化，2015（7）.

环境保护、交通旅游、教育医疗、文化娱乐等在内的地理空间信息、属性信息以及与信息服务业相关的政策法规信息；以国家测绘地理信息局建设的地理信息综合服务网站"天地图"为基础，提供了地图空间浏览与专题查询服务；开发中心为开发人员提供了各类 API 的入门辅导及示例材料，为开发人员快速调用基础地图与相关专题服务提供了便利；同时网站集成了各类政务 APP，方便了百姓日常生活相关业务的办理与信息查询。截至 2016 年 8 月，武汉市政府公开数据服务网的政府开放数据主要包括政府机构、经济发展、公共服务、教育科技、能源环境、交通服务、文化娱乐、金融服务、医疗卫生、法律服务、公共安全、农业农村 12 大类别的 1860 个数据集。

图 8-7　武汉市政府公开数据服务网（www. wuhandata. gov. cn）

武汉市政府公开数据服务网利用云计算、大数据等技术，初步建设功能完善、资源丰富、架构合理、理念先进的政府开放数据服务平台。具体内容包括：搭建武汉市政务外网数据云平台，成为武汉市政务外网云平台的核心组成部分；建设政府数据公开网，提供一站式的数据访问和下载服务；创建基于政务外网的政务电子地图，提供基础地理信息服务；建立政府公开数据服务的标准化体系，包括数据标准和运营维护标准；创新政府公开数据开发利用的模式，将数据和地图结合，开放 API 接口，提供数据集下载，为第三方应用推广牵线搭桥等。①

8.4　案例分享

上海数据开放激活创新："极客"治堵带来惊喜

交通卡刷卡情况、出租车位置信息、气象资料……这些海量而枯燥的历史数据原本似乎难有大作为，但大数据"极客"们却以其为"药引"，为上海治堵的老大难问题开出良方。2015 年 11 月 14 日，国内 15 个优秀大数据团队齐聚上海，报告他们的创意思

---

①　陈涛，李明阳. 数据开放平台建设策略研究——以武汉市政府数据开放平台建设为例 [J]. 电子政务，2015 (7).

路和技术方案，上海市交通委相关领导说自己"大开眼界，深受启发"。上海市交通委同时承诺："未来，上海交通数据的开放将进入常态化。"政府部门这一带有强烈"互联网＋"色彩的表述，应该会让许多创新者感到振奋。

这是一个"众创"与"大数据"交叉跨界形成的完美案例。事实上，这 15 个团队是来上海参加由上海市经信委和交通委联合主办的国内第一个大规模的政府数据开放创新大赛的。这场名为 SODA（"上海开放数据 APP"英文缩略语）的比赛启动于 3 个月前，上海市多个政府部门和公共机构联手拿出超过 1000G 的交通信息数据，绝大部分属于首次对社会开放。借助这些数据，主办方希望通过吸引社会参与，从而为化解上海的"交通难"提供思路。原本封闭的数据一旦开放，它所能激发的创新活力和价值超乎想象。承办 SODA 比赛的中国工业设计研究院副总裁张柏军表示，短短几周内，就有来自全国乃至海外的近 3000 人报名参赛，最终提交的有效方案超过 500 个，经过反复筛选，其中最优秀的 15 个方案昨天现场比武。

虽然拿到大奖的只有一个团队，但上海市交通委秘书长高奕奕却对所有参赛者给予了高度评价。他说，这次比赛证明，上海交通问题再靠传统管理模式很难找到出路；通过政府和公共数据开放，靠民间智慧、科技创新或许是更有效的方式。近期，市交通委将逐一邀请这 15 个团队对自己的思路作更详细的介绍，并将努力帮助这些大数据技术团队将各自的方案落地。

创业最需要的资源是什么？有人说是资金，有人说是用户，还有人用免费的场地来支持创客，但此次的上海 SODA 大赛表明，公共数据是目前格外重要的创新资源。SODA 大赛的热度和结果表明，作为目前社会上最主要的数据资源拥有者，政府部门及其下属机构一旦将掌握的数据开放给公众，将激发出巨大的创新热情，并带来显著的社会价值。

大赛团队的数据妙用：

1. 用谷歌算法优化新能源车布点

来自上海交大的"CNC 团队"希望能为本市即将大规模推广的新能源车分时租赁提供方案。他们利用交通卡刷卡频数、停车场布点、道路拥堵指数等，分析出本市各区域的人流动态、设立租赁服务点的可能性，随后借鉴谷歌为搜索结果排序而采用的 PageRank 算法，为各个潜在的地点排序，最终得出了上海新能源车分时租赁推广的一整套选址方案。

2. 聪明闹钟可精确提醒出行时间

早上该几点起床才能不迟到？下午几点出发才能赶得上火车？针对上述问题，一般的闹钟很难精确地给出解答。但杭州的一个团队提出，可以开发一个手机闹钟 APP，它可以自动根据当天的交通状况（基于出租车实时车速、天气、路况，甚至微博上人们发布的与交通有关的文字），判断出行时间，在最好的时段自动发出"该出发了"的提醒。互联网时代，交通领域数据的挖掘与分析，已经在上海催生出类似"上海公交""智行者"等热门手机 APP。前者借助公交车辆的 GPS 定位数据，为原本只能在车站望眼欲穿的乘客发送车辆即时位置、预计到站时间等信息；后者则利用地下线圈、监控视频、车载传感器等搜集的交通流数据，实时播报全市交通拥堵情况。

3. 开辟高峰通勤巴士为地铁减压

针对地铁早晚高峰进出站压力太大的状况，同济大学城市规划设计院和另外几个大数据团队，根据上海轨交各站点的客流情况、客流方向（基于交通卡进出站数据等），各自提出了不同的公交优化方案。针对上海最拥挤的几条地铁，比如 16 号线和 6 号线，他们提出，可以在早高峰时段从经常限流的车站开出高峰巴士，选择最畅通的道路，直接将大量乘客"点对点"送到市中心区域或是客流较低的临近轨交站点。

资料来源：上海数据开放激活创新："极客"治堵带来惊喜，http://news. online. sh. cn/news/gb/content/2015-11/15/content_7617149. htm

主要参考文献

[1] 陈涛，李明阳. 数据开放平台建设策略研究——以武汉市政府数据开放平台建设为例 [J]. 电子政务，2015 (7).

[2] 迪莉娅. 国外政府数据开放研究 [J]. 图书馆论坛，2014 (9).

[3] 顾铁军，夏媛，徐柯伟. 上海市政府从信息公开走向数据开放的可持续发展探究——基于 49 家政府部门网站和上海政府数据服务网的实践调研 [J]. 电子政务，2015 (9).

[4] 洪京一. 从 G8 开放数据宪章看国外开放政府数据的新进展 [J]. 世界电信，2014 (Z1).

[5] 黄思棉，张燕华. 当前中国政府数据开放平台建设存在的问题与对策研究——以北京、上海政府数据开放网站为例 [J]. 中国管理信息化，2015 (7).

[6] 李燕，张淑林，陈伟. 英国政府数据开放的实践、经验与启示 [J]. 情报科学，2016 (8).

[7] 李永春，谢安. 澳大利亚政府开放数据的演变及启示 [J]. 中国统计，2015 (8).

[8] 刘增明，贾一苇. 美国政府 Data. gov 和 Apps. gov 的经验与启示 [J]. 国际研究参考，2014 (9).

[9] 陆健英，郑磊，Sharon S. Dawes. 美国的政府数据开放：历史、进展与启示 [J]. 电子政务，2013 (6).

[10] 罗博. 国外开放政府数据计划：进展与启示 [J]. 情报理论与实践，2014 (12).

[11] 冉从敬，刘洁，陈一. Web 2.0 环境下美国开放政府计划实践进展评述 [J]. 情报资料工作，2013 (6).

[12] 申灿，闫利平，张宝来. 大数据时代地方政府信息公开的现状 [J]. 法制博览，2015 (2).

[13] 涂子沛. 大数据：正在到来的数据革命，以及它如何改变政府、商业与我们的生活 [M]. 桂林：广西师范大学出版社，2012.

[14] 杨东谋，罗晋，王慧茹，等. 国际政府数据开放实施现况初探 [J]. 电子政务，

2013（6）.

［15］张涵，王忠. 国外政府开放数据的比较研究［J］. 情报杂志，2015（8）.

［16］张明. 当前国际政府数据开放进程［J］. 国际研究参考，2014（9）.

［17］张晓娟，王文强，唐长乐. 中美政府数据开放和个人隐私保护的政策法规研究
［J］. 情报理论与实践，2016（1）.

［18］周大铭. 我国政府数据开放现状和保障机制［J］. 大数据，2015（2）.

［19］朱贝，盛小平. 英国政府开放数据政策研究［J］. 图书馆论坛，2016（3）.

第9章　政府社交媒体应用

　　面对日益增长和成熟的数字政府和数字公民，全球政治性社交媒体应用总量持续扩张，社交媒体的发展和应用已经成为当代公共管理的一个热点议题。随着移动互联网和智能移动终端的发展和普及，社交媒体在互联网用户贡献信息过程中爆发出强大的力量，其裂变式发展引发信息传播格局的变革，也带来了政府公共管理和公共服务的变革。在 Twitter、Youtube、Facebook、微博、微信等包含文本、图片、视频多种形式信息的社交媒体深刻吸引大量网络用户参与，并强烈影响着政府行为的社会交往网格形成与发展中，政府积极应用社交媒体已成为一个不争的事实。

9.1　政府社交媒体应用概述

　　社交媒体，也称社会化媒体、社会性媒体或社会媒体，中外学界对社交媒体的概念尚未形成统一定论。国外较早给出相关定义的是戴恩·欣奇克利夫（Hinchcliffe），他认为社交媒体是以对话而非独白的形式沟通，参与者是个人而非组织，核心价值是诚实与透明，引导人们主动获取而非推给他们，分布式而非集中式结构。① 而目前学界使用最为广泛的概念是卡普兰（Kaplan）、亨莱茵（Haenlein）于 2010 年提出的，他们认为社交媒体是建构于 web 2.0 的理念与技术之上、给予用户极大参与空间的多种新兴在线媒体，它赋予用户创造并传播内容的能力。② 此外，基茨曼·简（kietzmann Jan）强调，社会化媒体是帮助个人与社区分享、共同创造、讨论与修改用户生成内容的交互平台。③ 国内对于社交媒体概念的表述也多种多样。从起源来看，社交媒体是以网络社会化为基础、在互联网传播过程中携带和传递信息的一切形式的社会性网络工具，也就是技术与社会共同进化的产物；从性质来看，社交媒体是吸纳了网络媒体中符合"用户创造内容"和"消费者生产的媒体"这两大特性的全部媒体形式；从功能来看，能让网民互动、合作和分享内容。④ 虽然表述上各有不同，但国内外学者对社交媒体的定义并无

---

① Hinchcliffe D，Kim P. Social business by design：Transformative social media strategies for the connected company [M]. Wiley，2012：15.

② Kaplan A M，Haenlein M. Users of the world，unite! The challenges and opportunities of Social Media [J]. Business Horizons，2010，53（1）.

③ Kietzmann J H，Hermkens K，Mccarthy I P，et al. Social media? Get serious! Understanding the functional building blocks of social media [J]. Business Horizons，2011，54（3）.

④ 刘婵君，李明德. 社会化媒体与政治生态研究谱系：内涵诠释、现实表征与关系构想 [J]. 西安交通大学学报（社会科学版），2015（1）.

实质上的差别，都认为社交媒体具有社交、自主、互动、分享与合作的基本特征。现阶段的社交媒体主要包括社交网站、微博、微信、博客、论坛、播客等形式，具体来说，国内外比较知名的社交媒体有 Facebook、Twitter、YouTube、新浪微博、腾讯微博、微信等。

9.1.1　政府社交媒体应用的发展

1．社交媒体的前世今生①

（1）史前时代：社交媒体初现端倪。

1971 年，人类第一封电子邮件诞生，其缘起就是为了方便阿帕网（ARPANET）项目的科学家们互相分享研究成果；1980 年，新闻组诞生，他们阅读并传播电子公告板上的内容，并组成数千个"群"在公告板上讨论科学、音乐、文学和体育；1994 年斯沃斯莫尔学院贾斯汀·霍尔（Justin Hall）推出了他的个人网站"Justin's Links from underground"，这便是早期的博客，因此霍尔也被称为"个人博客的开山鼻祖"；1995 年，一个叫 Classmates 的网站让用户重新找回了长久以来失去联系的同学朋友，这便是校友录模式社交网站的鼻祖；1996 年，早期搜索引擎 Ask.com 上线，它允许人们用自然语言提问；1997 年，美国在线实时交流工具 AIM 上线，同年，一位名为乔恩·巴格尔（Jorn Barger）的先锋博客作者创造了"weblog"一词；1998 年，在线日记社区 Open Diary 上线，它允许人们即使不懂 HTML 知识也可以发布公开或私密日记，更重要的是，它首次实现人们可以在别人的日志里进行评论、回复；1999 年，博客工具 Blogger 和 Live Journal 出现。

（2）发展时代：社交媒体逐渐成形

2000 年，吉米·威尔士（Jimmy Wales）和拉里·桑格（Larry Sanger）共同成立 Wikipedia，这是全球首个开源、在线、协作而成的百科全书；2001 年，Meetup.com 网站成立，该网站是 Scott Heiferman 在"9·11"事件以后成立的，旨在帮助人们互相联系，而且这种交友从线上延伸到了线下；2002 年，Friendster 上线，开创了通过个人主页进行交友的先河，是首家用户规模达到 100 万的社交网络；2003 年，面向青少年和青年群体的 MySpace 上线，它再一次刷新了社交网络的成长速度：首月注册量突破 100 万。

（3）鼎盛时代：社交媒体深入人心。

2004 年，Facebook 成立，人们通过设立自己的个人主页，在网站上分享自己的心情和生活经验，评论好友的照片文章等，同年创立的还有图片社区 Flickr；2005 年，YouTube 成立并发展成为世界上最大的视频网站，让用户下载、观看及分享影片或短片；2006 年，Twitter 成立，它可以让用户更新不超过 140 个字符的消息，自此微博客开始活跃于社交媒体的历史舞台；2009 年，新浪微博上线并发展成为中国最有影响力、

---

① Beth Hayden，Rafal Tomal. A History of Social Media ［EB/OL］. http://www.copyblogger.com/history-of-social-media/.

最受瞩目的微博运营商；2011 年，腾讯公司推出了微信，让用户可以通过手机、平板等设备快速发送语音、视频、图片和文字……

2. 政府社交媒体应用的驱动力

在社交媒体已成为主流的今天，不断有新的社交媒体应用平台问世，已经拥有大量用户群体的旧平台也不断更新版本，推出新的功能。随着信息技术的发展和网络技术的革新，社交媒体的应用想必也会出现一些令人惊喜的变革，其功能和价值还在不断提升，正因如此，社交媒体也受到了政府的重视，其在用户交流互动和信息传播上的独特优势给政府提供了与民互动、信息公开等的新途径。

社交媒体在个人和企业中的流行，无形中也敦促着政府机构通过社交媒体来公开政府信息、与公民互动并提供公共服务。2010 年以来，在中央政府的倡导下，我国大部分地方政府部门都已经拥有了自己的政务微博。纵向来看，政府信息化与社交媒体的结合是发展的必然，网络技术、移动技术能促进开放、透明政府的实现，实施透明的政策措施是新时期公民的诉求，也是政府管理的必然，可以说社交媒体给了政府走下神坛融入民众的机会。但具体来说，政府使用社交媒体并非一时兴起，外部驱动力和政府自身发展需求共同推动着政府部门应用社交媒体。

首先，信息通信技术和移动互联网的普及是政府使用社交媒体的技术驱动力。在过去 20 年中，信息通信技术飞速发展，从传呼机到智能手机、从台式电脑到平板电脑，信息设备在不断更新换代，并且获取这些信息设备的成本在不断降低，随着人民生活水平的提高，如今的智能手机和电脑等信息设备已经十分普及，已成为工作和生活中的必需品。移动互联网的发展更是让各类信息设备如虎添翼，信息的传递不再受到空间和距离的限制，社交媒体在这样的环境下得到了很好的发展。时至今日，社交媒体在技术和网络的护航下已经逐渐成熟，各类功能的开发和利用程度也已经很高，对政府而言，社交媒体在技术层面上已具有较高的可用性。

其次，人民群众对社交媒体的熟悉和依赖程度不断提高，社交媒体作为信息时代的配套产物也在不断适应着各种设备的发展，通过降低准入门槛，简化操作流程，设计合理的功能，让用户感到使用社交媒体是轻松的、无障碍的。如今利用手机和电脑可以很方便地使用社交媒体，并且其功能和内容让用户愿意使用，用户乐于选择社交媒体作为与人沟通、获取信息及日常消遣的工具。社交媒体庞大的用户基础也成为政府使用社交媒体的主要驱动力之一，秉持群众在哪里政府就去哪里的思想，群众对社交媒体的普遍应用促使政府将社交媒体应用到政务工作中。

此外，公民对政务的关心度及参与度的不断提高，要求政府提供一个相应的平台或渠道来让公民了解政务和表达自己的想法。作为一个信息传播、沟通和互动的平台，社交媒体成功地提高了用户对各类新闻的关注度，也提高了用户参与话题讨论、表达自身看法的意愿。对于公共事务也是如此，公民通过社交媒体平台获得一定话语权，对公共事务的兴趣和参与度不断提高，公民迫切地希望政府能开通这样的交流渠道，让公民在与自身利益切实相关的公共事务讨论中发出自己的声音。同时社交媒体也给政府带来了机会，即决策层可以利用社交媒体平台公开讨论政策问题，如社会保障体制、企业社会责任等大众关心的议题。政府可以利用社交媒体传递决策思路，与公民互动，同时获得利益攸关者的反馈，这也是政府使用社交媒体的重要驱动力之一。

最后，由社交媒体带来的国际影响力变化也是政府采纳的动机之一。在很多国家，政府机构和政府官员已经将社交媒体应用到外交、选举、政治沟通等政府事务中，例如美国大选之时，总统候选人们就利用 Facebook、Twitter 等社交媒体募集选举经费、获得选民支持；以色列驻法领事馆媒体顾问和新闻发言人 Yaron Gamburg 更是提出了"微博外交"的概念，目前已有大量外国政府机构、使领馆、旅游局在新浪微博注册认证。政府社交媒体的应用也是一种国家"软实力"的体现，故而政府需要重视这种"软实力"的提升，通过社交媒体平台展示本国自身的意识形态、文化及政治价值观，以及参与国际事务的能力。

3. 政府社交媒体应用面临的挑战

（1）政府信任度与影响力问题。政府使用社交媒体来发布信息要考虑公民对政府的关注度、好感度和信任度的问题，也就是说对政府信任度低的公民会对政府社交媒体上发布的信息持怀疑态度，甚至政府机构在应用社交媒体过程中出现的一些失误都会被公民发现并放大，从而影响政府声誉和权威性。另外，社交媒体是一个体现平等话语权的渠道，在倡导人人言论自由的同时，也在一定程度上限制了政府影响力的覆盖面。公民根据自己的意愿和喜好选择要关注的账号，若该公民没有关注政府社交媒体，那么政府机构在社交媒体上发布的信息就无法传递给该公民。此外由于社交媒体信息量巨大，信息更新速度极快，政府部门发布的信息很可能会被其他信息掩埋。

（2）数字鸿沟问题。社交媒体数字鸿沟的产生主要是两方面的：一方面是基础设施建设不完善和贫富差距导致一部分人还不能使用网络，不能使用社交媒体；另一方面经常使用社交媒体的大多是年轻人，老年群体使用率较低。也就是说社交媒体只传达了一部分群体的声音，这样的数字鸿沟会导致信息接受者之间产生马太效应，致使那些无法使用网络的群体逐渐被边缘化，小众意见成为主流，从而使政府决策产生偏差。

（3）来自商业平台和不良营销账号的威胁。目前绝大多数的政府社交媒体账号都依赖于商业应用平台，政府部门难以在短时间内自己成立一个让公民都愿意使用的社交媒体应用系统，对政府而言，这样的境况会使账号安全管理和信息的归档变得相对困难。政府在使用社交媒体时，和一般的互联网用户一样，还面临着计算机病毒和黑客攻击的威胁。此外，微博等社交媒体中充斥着大量营销账号、僵尸账号和所谓的"水军"，这个群体受利益驱使，数量庞大，导致有些言论被有意操纵和误导。如何处理这些不良账号带来的影响是政府机构在使用社交媒体时需要重视的问题。

（4）社交媒体可能不再流行？政府若要全面使用社交媒体必然要投入一定的资源，例如成立相应的管理部门、投入资金和人员、出台相应的政策等，但这些都是建立在社交媒体广泛使用的基础上的，若是社交媒体不再流行，人们不再使用 Facebook、微博，那这些投入就会变成损失。例如政府部门在使用微博时还要考虑其可持续性问题，随着信息技术的快速发展，微博是否会在不久后被其他事物取代，就如同不久前微博取代博客那样。也许对政府而言，在对现阶段的技术发展趋势和微博实际情况进行分析后再制定相应的投入方案，要比盲目推进政务微博应用更明智。

9.1.2 政府社交媒体的应用价值

随着移动互联网和信息设备的普及，今天的社交媒体正以不可逆转之势在全球范围普及和壮大，成为社会舆论集散、新闻信息传播、企业品牌推广以及商业营销的重要平台。据第 38 次《中国互联网络发展状况统计报告》显示，截至 2016 年 6 月，我国网民规模达 7.1 亿，手机网民规模达 6.56 亿，互联网普及率增长稳健，达到 51.7%，与 2015 年底相比提高了 1.3 个百分点，超过全球平均水平 3.1 个百分点；网民中即时通信用户的规模达到 6.42 亿，微博用户规模为 2.42 亿，庞大的用户基础使得社交媒体对信息传播的影响已不容忽视。随着社交媒体向纵深处渗透和推进，其对于政治领域的价值和意义也日益凸现，各国政府也开始顺应时代趋势，将社交媒体纳入政府执政方式的行列。《2012 年联合国电子政务调查报告》中建议政府部门要利用社交媒体提高公共服务的质量，减低成本，增加政府透明度。报告明确指出：如今是社交媒体（如微博等）迅速崛起的时代，特别是亚洲地区和太平洋地区的社交媒体获得了史无前例的发展，成为这两个地区网络使用的主要方式。这就要求政府要利用社交媒体在公众中推广电子政务的使用，努力使社会各个群体都能通过这种新的方式享受到电子政务的服务。当然，社交媒体有其特点，政府在应用社交媒体时既有优势也有弱势，明确社交媒体对于政府管理的价值，采用适当的应用策略，充分发挥其作用，是政府社交媒体应用的当务之急。

政府在社交媒体的应用上有其优势。一方面，政府信息资源管理实践经过多年的发展，大部分政府机构都拥有足够的信息通信技术基础设施，配备了计算机、服务器、网络及其他必要的硬件设施和软件应用程序，也有相关人员提供技术支持，这些都为政府应用社交媒体奠定了相应基础。另一方面，政府掌握着丰富的信息资源，且大部分信息都是与民生密切相关的，这些信息资源不但是公众感兴趣的，也是能切实帮助到公众的，政府部门若能有效使用这些信息资源，不但能吸引到大量网络用户的关注，更能为民众提供多样的、有针对性的、优质的公共服务。

社交媒体应用于政府领域也有其独特的价值。简单来说，社交媒体对政府而言主要有三大功能：一是信息发布和宣传功能，以机构及其活动的信息发布和宣传为主要目的，并借此提升部门形象和影响力；二是服务功能，平时以发布常态化的服务信息为主，在紧急情况下，可进行突发状况报道和提供应急服务；三是互动功能，将社交媒体作为一个互动平台，增强与公众之间的交流。

以政府微博应用为例，许多国家的政府部门和官员很重视应用微博来发布政府信息，与公众开展互动，提升政府形象和透明度，美国、英国、日本等国的很多高层政界要员都是积极的微博用户。微博流行以来，我国各地政府部门也纷纷开设官方微博开展政民互动，创新社会管理。目前我国的政务微博功能定位大多是综合性的，但主要集中于提供服务或发布信息，互动较少，也相对较为被动，且不同政府机构对微博价值的开发程度也有所不同。据《中国政务微博研究报告》统计，使用微博较多的职能部门主要集中在公安、交通、旅游、司法、党政机关、宣传等部门，这些部门的微博，信息发布及时，服务性和实用性都比较强。

公安微博的数量最多，公安部门借助微博发布信息、提供服务，获取线索、调查取证，发布案件进展，提高办案效率等，微博已成为信息公开的便捷平台和网络协助办案的重要工具。如江苏、广东等省集体开通公安微博，"平安北京"多次通过微博获取案件线索、采取行动或实施救援。公安微博作为政府机构有效利用社交媒体的代表，其成功的原因主要有三：一是公安部门的工作跟老百姓日常生活关系紧密，其微博更容易获得高关注度；二是一些省市公安部门较早开设微博，取得了不错的效果，受到媒体和公众广泛肯定，起到了积极的示范效应；三是公安"保一方平安"的职能比较明确、清晰，可发布的信息比较丰富，"问政"压力相对不大，风险较低。

除了公安微博这类专业性较强的微博外，还有综合性较强的微博，例如上海市人民政府新闻办公室的官方微博"上海发布"①。"上海发布"是上海地区政务微博中最具权威性和影响力的政务微博，自2011年末上线以来，在政府微博影响力排行榜上一直位居前列。"上海发布"与司法、公安、旅游等系统微博相比，其内容涵盖更为全面，结论适用性更为普遍，对专业性要求较小。"上海发布"的微博内容包括发布型、互动型、参与型三种类型。发布型微博是政府发布信息和提供公共服务的新途径，其内容主要包括两部分：一部分是推送新闻，如"政策解读"；另一部分是发布服务类信息，如"交通快讯"。互动型微博内容主要表现为微博管理人员和粉丝之间的互动，以回答公众提问和在线民意征询为主，另有少量电子投票活动。网友可以通过互动型微博进行意见表达并得到政府的回应，政府也可以主动地向粉丝征询意见，但这些互动一般不会直接影响到政策议程的制定。参与型微博在"上海发布"的运营过程中有一个典型的案例：2012年某网友将一封癌症晚期患者致俞正声书记的公开信告知"上海发布"，从而引发了书记回信事件。"上海发布"贴出书记对于此事反馈的同时，上海市相关主管部门以此事件为契机，在全市17个区县设立舒缓疗护病区关怀晚期癌症患者，并将具体措施发布在微博上。这个事件中民众的声音通过社交媒体传达给政府，民意在政策的制定和实施中得到体现，充分发挥了政府社交媒体的价值，是政府有效利用社交媒体的体现。

9.1.3　政府社交媒体应用的政策支持

政府应用社交媒体面临着许多机遇与挑战，要想取得成功和可持续发展，就需要政府部门制定合理清晰的规章制度来给予保障。也就是说社交媒体想要完全融入政府信息管理，政府部门需要制定相关的使用指南、规范、法律等，来管理和支持社交媒体的使用。在这方面部分发达国家要领先于我国，美国政府就比中国更早使用社交媒体，因此也更早出台了相关政策，目前已经为社交媒体制定了一套从总体战略到具体应用指南在内的规章制度。奥巴马2009年就任总统之后，提出了开放政府指令（Open Government Directive），致力于提高政府透明度、公众参与，提升公众对政府的信任度。同时社交媒体新技术给美国政府提供了有力的工具，因此制定了政府社交媒体的应用指南，甚至对政府微博上的数据保存、备份管理、数据挖掘等方面也都提出了明确的

---

① 王思雪，郑磊. 政务微博战略定位评估——以"上海发布"为例 [J]. 电子政务，2012 (6).

要求。① 美国各政府机构以及各州政府也相继发布与社交媒体有关的政策，例如 2010 年纽约州政府发布《文档公告：社交媒体的初步指南》，美国国家档案和文件署在 2013 年发布《社交媒体白皮书》，美国联邦政府总务管理局发布了《社交媒体导航：社交媒体的官方使用指南》等。此外英国政府也早在 2009 年就发布了《政府部门 Twitter 使用指南》，提供了为何使用 Twitter、使用 Twitter 的风险及其避险方法、如何使用 Twitter 以及如何用 Twitter 推广形象四个方面的背景知识，在政府机构、议员、非营利组织中反响良好。

中国的社交媒体起步比较晚，加上社交媒体发展过快给政府带来了很大压力，导致政府还没来得及制定宏观的战略和规章制度，就已经开始通过社交媒体跟民众沟通和引导舆论。因而，中国政府社交媒体的发展和应用显得有些混乱和不规范，这也会影响政府社交媒体进一步发挥价值。目前，我国中央政府和地方政府已逐步开始通过出台规章制度来促进政府社交媒体的规范性发展。例如 2013 年 10 月国务院办公厅在《关于进一步加强政府信息公开的意见》中指出："着力建设基于新媒体的政务信息发布和与公众互动交流新渠道。各地区各部门应积极探索利用政务微博、微信等新媒体，及时发布各类权威政务信息，尤其是涉及公众重大关切的公共事件和政策法规方面的信息，并充分利用新媒体的互动功能，以及时、便捷的方式与公众进行互动交流。开通政务微博、微信要加强审核登记，制定完善管理办法，规范信息发布程序及公众提问处理答复程序，确保政务微博、微信安全可靠。"在省级层面上，例如 2013 年四川省人民政府办公厅发布了《关于加强政务微博应用的通知》，提出要从"高度重视，积极开设政务微博""加强管理，规范政务微博应用"和"整合资源，加强与网站的联动"三方面来规范政务微博应用，明确提出开设政务微博要组建专门的运维工作团队，落实分管领导，明确职责分工，确保政务微博规范、有序运行。要按照"谁开设、谁主管，谁应用、谁负责"的原则，制定政务微博管理规范，将政务微博管理纳入本单位制度化规范化管理范围。一些城市也有相关政策体现，例如 2012 年南京市出台了《关于进一步加强政务微博建设的意见》，意见中明确提出政府对于灾害性、突发性事件，要在事件发生后的 1 小时内或获得信息的第一时间，进行微博发布；政务微博要定期或适时发布重点工作与政策，适时回应社会热点问题，即时通报突发事件的动态信息与应对举措，人性化提供便民服务措施、生活类常识等。

这些规章制度的出台促进了我国政务微博的规范性建设，相信我国政府会有更多关于社交媒体的政策规范出台。总的来说，在社交媒体相关政策的制定上，我国与其他发达国家还有一定差距，主要体现在政策出台晚、出台政策略显粗糙、政策还不完善等方面。因此，中国政府社交媒体应用要规范和可持续发展，在促进政府治理方面发挥更大的作用，就必须在国家层面制定一个发展战略，制定系统性、指导性及可操作性强的规章制度和应用指南。

---

① 陈艳. 政务微博与中国政府治理的改进 [J]. 经济研究导刊，2014 (3).

9.2 政府社交媒体应用策略

现如今社交媒体在政府部门的应用已是大势所趋，各界的关注点也已经从政府是否该应用社交媒体转到了政府该如何用好社交媒体。对于政府公共管理而言，不同的职能部门有着各自不同的服务内容和办公方式，对社交媒体也有着不同的功能期许，所以就社交媒体的应用策略来说也不能千篇一律。目前大部分国家对于政府社交媒体的应用策略并没有统一的规定出台，一些学者提出了关于政府社交媒体策略的相关理论，但在具体实践操作上多数国家还处于探索阶段，即边应用边学习，一边总结教训，一边推广经验，从而寻找适合不同部门的社交媒体应用策略。

9.2.1 政府社交媒体应用策略的理论研究

美国的英纳斯·默格尔（Ines Mergel）将社交媒体战略定位视作电子政府 2.0 时代的重要部分，认为政务类社交媒体必须走向"公民所在的地方"，提升公众参与程度是公共部门社交媒体的重要战略。默格尔将社交媒体战略分为三种类型，分别为推出战略（push strategy）、拉进战略（pull strategy）和互联战略（networking strategy）。[①]

第一类推出战略，社交媒体被用作现有网络手段的延伸和沟通渠道的补充来"发布消息"。但这容易导致发布的信息被用于新闻稿发布或机构负责人的活动报道、管理不善造成信息混乱、发布的信息被其他信息淹没等问题。

第二类拉进战略，运用社交媒体把受众吸引到信息全面的机构网站来（这样可以避免失去对信息的掌控）。拉进战略通过一定程度的互动让受众积极参与进来，如微博上会出现一些评论，会有一些转发，或是对粉丝评论的回应。

第三类互联战略，即运用社交媒体与各类用户积极互动。社交媒体负责人都清楚谁在关注他们，他们不仅运用微博、微信等工具向受众传递信息，也很关注各类媒体上正在讨论什么，这些讨论与机构有何关联。社交媒体不能只是发布信息的工具，这会无谓地增加信息技术人员的负担，更应是一种战略性的信息分享和知识创造工具。

中国学者杜治洲提出了电子政务条件下政府与公众互动的三种模式，分别为管理型、协商型和参与型，以此为基础来制定社交媒体策略。[②] 在管理型互动模式中，信息通信技术主要是指一种技术上的进步，可提高公共服务的速度和效率，降低成本，使信息更好地在政府部门之间横向流动，从而打破部门边界和层层节制。在协商型中，信息被看作是一种用以形成更好的政策和提供更好的服务的资源。政府可以通过网络了解公众在想什么，可以知道公众对一些问题的看法，从而为政策制定提供依据。与管理型模式相比，协商型模式包含了更多民主参与的因素。前两种互动模式强调政府与公众的垂直交流，而参与型互动模式强调复杂的、平行的、多方位的互动。政府可加速政治讨论与互动，但同时政府也是众多互动主体中的一个成员。在参与型互动模式中，知识被认

---

① 英纳斯·默格尔，郑思斯，袁嘉祺，等. 公共部门的社交媒体策略 [J]. 中国行政管理，2012（7）.

② 杜治洲. 电子政务条件下政府与公众互动的三种模式 [J]. 中州学刊，2008（2）.

为是发散的、随机的和变化的，并且是在互动过程中出现的。

Lee、Kwak 等学者基于美国联邦医疗管理机构提出了基于社交媒体的开放政府成熟度模型，它由初始条件（initial condition）、社交透明（data transparency）、开放参与（open participant）、开放合作（open collaboration）、普遍参与（ubiquitous engagement）五个成熟度阶段构成。① 这个模型一度被视为评估政府部门开放度和实施社交媒体策略的指导工具，政府部门以此模型为基础可从四个方面考虑社交媒体的运营：一是转变政府内部对信息透明的接受态度，二是完善公共图书馆的网络建设及服务，三是根据自身需求选择合适的社交媒体工具；四是完善政务社交媒体应用的策略和规范。②

OECD（联合国经济合作与发展组织）在 2001 年定义了政策制定过程中政府和公民之间的三种关系，用来表示公众参与的不同程度。第一种是以信息为基础的单向传递（information-based one way interaction），政府扮演的是准备和发布信息的角色，公民则是被动的接收信息；第二种是双向征询（consultation），即政府发布信息后公民向政府提供反馈；第三种是积极参与（active participation），也就是公民与政府一起积极地参与政策制定过程。③

不同政府职能部门应该根据自己部门的服务内容、对公众参与度的需求等来选择合适的社交媒体平台，设计社交媒体应用策略。政府社交媒体的应用要求政府机构一定要判断哪种社交媒体策略能够与机构使命相匹配，虽然不同机构会有不同的最佳策略，但在具体的策略设计过程中也有一些普适性的经验：

（1）社交媒体策略一定要围绕机构使命和目标受众，而不是为做而做。要清楚本机构的期望是什么，要利用社交媒体提供怎样的服务或达到怎样的目的，是否有相应的人力资源保障与目标受众建立联系并进行实质互动等。

（2）不能迷信社交媒体，要牢记社交媒体不能够取代已有的与各利益相关方沟通的传统渠道，它只是与公众互动的一种新方法，对大部分机构而言社交媒体只是辅助性的工具，故而在社交媒体应用策略设计时切不可本末倒置。

（3）要有正确的人员投入和绩效评估。首先不能依赖技术人员来支撑社交媒体事务，要发掘机构内部对社交媒体有一定敏感度的人员参与负责社交媒体的运营；其次对社交媒体应用效果的评价要多方面考虑，例如政务微博的影响力评价就不能只看粉丝数量，还要对粉丝构成进行一定的分析等。

（4）社交媒体应用策略设计时要充分考虑不同的受众群体，考虑不同年龄、不同职业、不同收入水平、不同受教育程度的受众在利用社交媒体时可能会遇到的问题和障碍，甚至可以针对不同群体提供不同特色服务。

---

① Lee G，Kwak Y H. An Open Government Maturity Model for Social Media－based Public Engagement ［J］. Government Information Quarterly，2012，29（4）.

② 吴云，胡广伟. 政务社交媒体研究进展 ［J］. 电子政务，2013（5）.

③ OECD. Engaging Citizens in Policy-making：Information，Consultation and Public Participation ［EB/OL］. http：//web. worldbank. org/archive/website00238I/WEB/PDF/ENGAGING. pdf.

9.2.2　政府社交媒体应用策略的具体实践

1. 利用社交媒体发布信息及吸引受众

政府部门利用社交媒体来推出信息及吸引受众的策略应用首先体现在社交媒体与政府门户网站的结合上。社交媒体与政府门户网站的结合已是政府社交媒体的普遍应用，国内外各大政府门户网站中都能看到社交媒体的身影。政府社交媒体在政府网站中最常见的应用形式为互动链接和分享链接。我国中央及各省市的政府门户网站中几乎都设置了相应的政府官方社交媒体（主要是微博主页和微信公众号）链接，政府部门发布的新闻中也都设置有分享功能，用户可以将网站上的新闻分享到各类社交媒体应用平台上。目前社交媒体作为政府门户网站的一种补充和延伸发挥了宣传和互动的作用。

图 9—1　中央人民政府门户网站中社交媒体的应用

图 9-2　成都市人民政府门户网站中社交媒体的应用

此外，政府部门更多的是利用各类社交媒体作为独立的信息平台来发布贴近民生的、百姓关心的信息，同时及时了解民情民意。例如政务微博和政务微信公众号会定期推送新闻，发布服务类信息或是发起相关话题的讨论，将政府的声音传达给民众的同时也倾听民众的声音。"@上海发布"作为运营较为成功的政务微博就已形成了一系列固定的信息内容板块，如"政策解读""连接区县"作为政策和新闻发布板块，"早安上海""交通快讯"板块为用户提供实用信息，"菜里乾坤""上海新闻""灯下夜读"等板块则主要发布用户感兴趣的话题来进行互动。

社交媒体作为一种亲民的应用平台，在用户互动方面有着独特的优势，合理的运营策略能有效拉近政府与民众的距离，让百姓深入了解政府各部门的工作情况，对此公安部门就进行了一次大胆的尝试并取得了很好的效果。为了拉近警民关系，使社会各界对公安工作有客观认识，公安部新闻中心、新浪网和新浪微博共同主办了"派出所的一天"微博直播活动，向社会各界展示公安基层单位派出所的日常工作，将线下的"警营开放日"延伸到网络公开平台上。活动共有包括"@公安部打四黑除四害""@平安北京""@江宁公安在线"等在内的全国 1.3 万余个公安微博共同参与，以"@派出所值班那点事"为代表的 4000 多个派出所和数万基层民警通过微博进行工作直播。这一微博话题互动引起了各界的广泛关注，活动开展的第三天，"派出所的一天"相关的原创微博数量已超过 32 万条。公安部及省市公安部门的官方微博充分发挥了组织和带头作用，微博内容丰富多彩，涉及公安和派出所的方方面面，转发和评论的数量也非常可观。微博内容平实有趣，还有一些公安微博在直播中能切实解决一些网友关注的问题。一些网友和媒体通过实践体验，体会到基层公安工作的辛苦，从而加深了民众对警察工作的理解与支持。

@公安部打四黑除四害 ✔：#派出所的一天#【派出所的岗位配置】派出所一般设置如下岗位：所长，负责全面工作；政治教导员，负责思想政治工作；社区民警，开展人口登记、安全宣传、便民服务等；巡逻防控民警，开展治安巡逻，接受报警求助；治安管理民警，办理治安案件、调解治安纠纷；内勤民警，办理户口、身份证和有关行政许可。

6月15日 16:55　来自政府版微博　　　　　　　转发(832)　　评论(222)

图 9-3　微博案例截图

📷 //@深圳公安:#派出所的一天#6月16日16时30分许，公明派出所巡逻接警队在辖区开展勤务巡逻工作时，发现路边一小男孩在哭泣，似乎迷路了，于是上前了解情况，得知确是迷路后民警随即将小男孩带回派出所并为其购买食物，后于今日下午17时30分许，成功帮其找到家长。

@平安光明 ✔：#派出所的一天#6月16日16时30分许，公明派出所巡逻接警队在辖区开展勤务巡逻工作时，发现路边一小男孩在哭泣，似乎迷路了，于是上前了解情况，得知确是迷路后民警随即将小男孩带回派出所并为其购买食物，后于今日下午17时30分许，成功帮其找到家长。@深圳公安 原文转发　|　原文评论

图 9-4　微博案例截图

此次微博话题直播互动活动是一种线下体验的线上延伸，充分利用了社交媒体即时性强、互动性强、传播面广的特点，即时、集中、连续展示系统内各地方基层工作人员的工作状态，所选话题既能吸引百姓的目光，也让各级公安干警都有话可说，这是政府部门利用社交媒体与民众互动的成功实践，也在公开问政方面迈出了新的一步。

2. 政府社交媒体互联策略实践

政府社交媒体的应用不仅在于信息发布，关注与之有关的动态也十分重要。社交媒体是一个信息共享的平台，政府可以发布信息，普通群众也可以发布信息，政务社交媒体应用中一项很重要的工作就在于关注与自身相关的用户在"说"什么，也就是社交媒体上的舆情监督，这对于及时了解和回应民意，以及谣言治理等工作有着重要意义。武

汉市政府就曾成功地通过微博舆情监督，联合多方来化解谣言，加强舆情引导。

2012 年 6 月 11 日上午，一场突如其来的黄色烟雾很快笼罩武汉三镇，天气情况的急剧变化，让武汉市民众感到迷惑，不知这黄色烟雾的来源。一时间对大雾产生原因的探讨以及种种猜测在微博等社交媒体传播开来，不同版本的谣言也甚嚣尘上。"是武钢锅炉爆炸了""武汉石化发生氯气泄露""80 万吨乙烯工程泄露"，这些网络谣言引起武汉市民恐慌，人们纷纷回家躲避，药店口罩脱销。谣言发布者均称有图有真相，一些谣言微博不仅写明了所谓事发化工厂的名称，还贴上一张"化工厂烟囱上黄烟滚滚"的照片，并解读为武汉青山化工厂爆炸泄露的现场图，很快被大量转发评论。针对这一突发情况，武汉市环保局、气象局等相关政府部门经调查之后，官方微博联手，不断发微博进行澄清，积极对舆论进行引导。武钢集团、武汉石化、青山区等受谣言牵连单位，在协助调查清楚真相后，也利用官方微博积极进行辟谣。

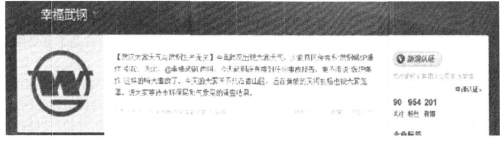

图 9-5　微博案例截图

为应对此次突发性舆情事件，相关政府部门积极利用新浪微博这一社交媒体平台第一时间发布有关黄色烟雾的最新情况，公开真相，有效把握住了处理突发事件的"黄金 4 小时"，有力地揭穿谣言。此次武汉雾霾事件，武汉市环保局、安监局、消防、公安等政府部门针对网络谣传，分工合作，各公共部门迅速向相关单位核实，相继通过微博发布最新消息，与谣言有关的企业也通过微博发声，配合政府部门发布事情真相，引导舆论积极辟谣，最终有效地控制了谣言。这些政务微博粉丝较少，平时也鲜有网友对其微博进行大量转发和评论，但在突发事件爆发之时，其微博的转发和评论量呈指数级增长，使政务微博成为突发性事件信息发布和舆论引导的重要渠道。可见，政府部门积极利用政务微博发布信息，公开真相，可以有效地引导舆情，有助于树立公共部门的公信力，赢得民众的理解与支持。

9.3 政府社交媒体应用评价

9.3.1 政府社交媒体应用评价概述

经过几年的发展，越来越多的政府部门已经积极探索利用社交媒体及时发布各类政府信息，着力建设基于社交媒体的政府信息发布和与公众互动交流新渠道，社交媒体应用已经成为政府部门的"标配"。政府社交媒体应用从常规走向必然，政府部门或政府工作人员通过开通社交平台认证账号，发布信息并与社交媒体用户进行即时交流，成为政府信息传播和信息交流的重要途径。随着社交媒体在我国政府部门中的广泛应用，很多机构开始对政府社交媒体的应用情况进行评价，并形成基本评价框架。

社交媒体不同于 Web1.0 的主要之处在于用户生成内容（User-Generated Content；UGC），使得用户生成内容成为社交媒体应用的重要评价指标。近年来国外第三方工具例如 Klout 等的发明，能对 Twitter，Facebook，Google+，LinkedIn，Foursquare，Wikipedia 等社交媒体的影响力进行量化分析。Klout 主要通过排名算法和表达分析对用户在社交网络上的活动进行分析，从而得出一个可以具体量化影响力的分数，其影响因素包括活跃粉丝数量、转发率、原创率、与粉丝的互动等，此类工具同样适用于政府社交媒体应用的影响力评价。国外一些研究机构例如美国芝加哥伊利诺斯大学（University of Illinois at Chicago）2012 年发布的报告《公民参与和地方电子政务：社交网络时代来临》，调查了美国各地政府社交媒体使用情况，表明 87% 的美国城市市政府在使用 Facebook 和 Twitter，而 2009 年这个比例分别只有 13% 和 25%；75% 的市政府网站上有 youtube 链接。报告指出：虽然社交媒体已经在市政厅中占据了重要位置，但是关于政府部门应用社交媒体的效用方面还存在很多问题。

国内相关研究机构也做过类似的研究，例如复旦大学舆情与传播研究实验室 2011年发布了国内第一份《中国政务微博研究报告》，以活跃性指标、互动性指标、统计纬度三项维度评价政务社交媒体应用状况。人民网舆情监测室从 2011 年开始，以新浪微博为数据分析对象，通过地域分布、部门分布、行政级别分布、时间分布等进行统计评价，形成政务微博影响力排行榜，同时 2013 年人民网舆情监测室以腾讯微博和微信为研究对象，进行政府社交媒体应用的相应评价；国家行政学院电子政务研究中心自2011 年开始，连续发布中国政务微博评估报告，从政务微博的互动力、影响力、传播力、成长力四个维度，进行可统计的数据分析，形成政务微博应用评价。

9.3.2　我国政府社交媒体应用评价的探索

1. 全国政务新媒体综合影响力报告

2016 年发布的《2015 年全国政务新媒体综合影响力报告》，是由新华网舆情监测分析中心牵头组织专家学者和专业技术团队，对 2015 年全国政务新媒体运行情况进行科学系统评估后完成的。报告评估对象为在微博、微信平台通过认证的中央国家机关，各省、自治区、直辖市，省直机关，副省级城市、地级市，市属机关，市辖区、县、县级市政务新媒体账号。政务新媒体综合影响力的指标体系如表 9-1 所示。

表 9-1　政务新媒体综合影响力指标体系

指标	指标概述	评估元素
传播指数	各单位 "双微"发布情况	1. 各大微博平台发布数 2. 微信文章推送数 3. 原创微博发布数 4. 多媒体微博发布数 5. 精品微信文章发布数
受众指数	各单位 "双微"受众情况	1. 各大微博平台粉丝量 2. 微信文章阅读量 3. 新浪微博活跃粉丝量
互动指数	各单位 "双微"互动情况	1. 各大微博平台被转发数 2. 微信文章被点赞数 3. 各大微博平台被评论数
内容指数	各单位 "双微"内容质量	1. 微博、微信政务信息占比 2. 微博、微信民生信息占比 3. 微博、微信活动数量
集群指数	各单位 主动发声情况	1. 有效转发、评论其他政务微博账号次数 2. 有效转发、评论集群系统内政务微博账号次数
成长指数	各单位 "双微"成长情况	1. 传播指数相关数据同比增长量 2. 受众指数相关数据同比增长量 3. 互动指数相关数据同比增长量

注：成长指数一项中的数值均为某账号考量值和行业平均值的比值。

报告显示：2015 年我国政务微博认证账号（含新浪微博、腾讯微博两大平台）达到 28.9 万个，累计覆盖人次达 40 亿。2015 年政务微博粉丝量累计同比增长为 17.6%；发布量达到 2102.7 万余条，转发评论量达 2.7 亿条。在发布量明显增长的同时，评论转发比、原创微博量方面均得到明显提升。2015 年统计的 36000 余个政务微信公众账号推送内容超过 405 万次，推送微信文章达到 3000 余万篇，累计阅读量超过 20 亿次。各级政府部门对于政务微信的重视程度上升，服务意识不断增强，微信功能性建设提速，利用新媒体技术发掘交互式实用功能受到用户好评。

2. 政务微博影响力排行榜

2016 年《人民日报》发布"2015 年度政务微博影响力排行榜"，排行榜由人民网舆情监测室制作，微博提供数据支持，评价对象包括全国所有通过微博认证的政务微博，评价体系包括传播力、互动力、服务力三个维度，具体评估指标如表9-2所示。

表9-2　政务微博影响力指标体系

指标	指标概述	评估元素
传播力指标	传播力表征政务微博发布信息的传播情况，传播力指标越高，说明政务微博的内容被越多的网民看到	微博阅读数：政务微博用户在统计周期内所发微博被阅读数量的总和
服务力指标	服务力表征政务微博一对一服务网民、为民办事的情况，服务力指标越高，说明政务机构通过微博平台服务了越多的网民	1. 主动评论数：统计周期内该政务微博用户主动回复评论的数量（包括在该政务微博用户所发微博及其他用户所发微博中的所有评论） 2. 私信次数：统计周期内该政务微博发给其他用户的私信数（包括主动发私信及通过关键词自动回复网友私信） 3. 私信人数：统计周期内该政务微博发送私信的用户人数（包括主动发私信及通过关键词自动回复网友私信） 4. 发博总数：政务微博用户在统计周期内所发微博总数 5. 原创发博数：政务微博用户在统计周期内所发原创微博总数
互动力指标	互动力表征政务微博发布信息的影响情况，互动力指标越高，说明政务微博的内容引发了越多的网民响应	1. 被转发：政务微博用户在统计周期内所发微博的被转发数（仅统计可信用户），同一个账号对同一个用户进行多次转发，一天只计一次 2. 被评论：政务微博用户在统计周期内所发微博的被评论数（仅统计可信用户），同一个账号对同一个用户进行多次评论，一天只计一次 3. 被赞：政务微博用户在统计周期内所发微博的被赞数（仅统计可信用户），同一个账号对同一个用户进行多次赞，一天只计一次

报告显示：截至2015年底，新浪微博平台认证的政务微博达152390个，其中政务机构官方微博114706个，公务人员微博37684个，发博量达2.5亿，阅读量1117亿。在这次发布的政务微博影响力排行榜上，公安系统微博账号和城市党政新闻发布账号占据着绝对优势，在紧跟热点话题发布权威信息、亲民互动和人性化服务等方面体现出了很高的专业性，在司法公开和重大突发事件等方面得到了广泛的好评。

3. 中国优秀政务平台推荐及综合影响力报告

中国信息化研究与促进网联合太昊国际互联网评级、国衡智慧联盟、中国日报网、中国高新技术产业导报社等机构以推动"互联网党务政务、大数据智慧政府"为主题，通过软件测评、在线申报、问卷调查、单位自荐、专家推荐、综合评估六大类方法评选和推荐出2015年度中国最具影响力、最给力、最具创新力、最具动员力的党务政务网站，以及最具影响力的政务新媒体等。其中政务微博评估指标体系和政务微信评估指标体系分别如表9-3和表9-4所示。

表 9-3 中国政务微博指标体系

一级指标	二级指标	指标说明	
行政服务度	政务公开	主动及时公开、发布群众关心的政府信息数量和质量，重大突发事件中，能实事求是，及时澄清谣言传言，迅速回应并说明事实真相，为群众解疑释惑	
	服务度	服务于民，能够利用政务微博微信，真正解决群众线上或线下的实际问题，提供有效的服务	
	监管力	重视对下属机构微博进行监督与管理，带动相关行业及机构政务微博有序建设，并行发展	
政务专业度	责任感	敢于承担社会责任，将社会使命、职业素养和群众要求较好地融会贯通，急网民之所急，想网民之所想	
	审慎度	充分重视，慎重对待，认真把握方针政策，具备安全意识，遵守安全保密规定，妥善回应网上热点	
	创新力	能积极探索通过微博加强政务服务，创新完善社会管理的方式方法，并在实际中应用推广，效果良好	
社会认知度	社会舆情	正确引导社会舆情，积极传播先进理念，弘扬社会正气，倡导良好风尚	
	信息传播	微博信息在互联网上的传播速度和传播范围，从社会反响和社会动员能力上，结合主流媒体传播情况，微博被有效点击次数综合考察	
	搜索引擎	引用率、采样率、各大搜索引擎收录条目数	
社交网络度	亲和力	贴近实际、贴近生活、贴近群众，发布内容具有亲切感，关注民生所想、民生所需，尽量避免官话、套话，并结合社会化媒体的特点做好传播工作	
	网络问政	积极回应民众所咨询的信息，回答民众所提的问题，及时与民众互动交流，有效性强	
粉丝纬度	粉丝数量	粉丝总数量	
	粉丝认证数	通过微博平台认证的粉丝数量	
	粉丝活跃度	参与转发、评论的粉丝占总粉丝的比例	
	粉丝忠诚度	微博转发量	微博被转发的总量
		微博转发率	平均每条被转发的数量

一级指标	二级指标	指标说明
内容纬度	微博数量	发布微博绝对总数量
	微博发布频率	日均发布微博数量
	微博质量	微博内容政务含量的高低程度
	微博原创率	原创性微博占所发所有微博的比例
	微博评论量	微博被评论的总数量
	微博评论率	平均每条微博被评论的数量

表9－4　中国政务微信指标体系

一级指标	二级指标	指标说明
行政服务度	政务公开	主动及时公开、发布群众关心的政府信息数量和质量，重大突发事件中，能实事求是，能及时澄清谣言传言，迅速回应并说明事实真相，为群众解疑释惑
	服务度	服务于民，能够利用政务微信，真正解决群众线上或线下的实际问题，提供有效的服务
	网络问政	积极回应民众所咨询的信息，回答民众所提的问题，及时与民众互动交流，有效性强
	监管力	重视对下属机构微信进行监督与管理，带动相关行业及机构政务微信有序建设，并行发展
政务专业度	责任感	敢于承担社会责任，将社会使命、职业素养和群众要求较好地融会贯通，急网民之所急，想网民之所想
	审慎度	充分重视，慎重对待，认真把握方针政策，具备安全意识，遵守安全保密规定，妥善回应网上热点
	创新力	能积极探索通过微信加强政务服务，创新完善社会管理的方式方法，并在实际中应用推广，效果良好
社会认知度	社会舆情	正确引导社会舆情，积极传播先进理念，弘扬社会正气，倡导良好风尚
关注维度	粉丝数量	粉丝总数量
内容维度	微信发布频率	日均发布微信数量
	微信质量	微信内容政务含量的高低程度
	微信原创率	原创性微信占所发所有微信的比例
	微信阅读量	微信阅读的总数量

　　报告显示：2015年度中国最具影响力政务新媒体在中央国家机关层面上有财政部政务微信、共产党员微信易信、中国文明网微博微信、外交小灵通微博微信、@公安部

打"四黑除四害"、@最高人民检察院、商务微新闻微博微信、国资小新、统计微讯、中科院之声微博微信；在地方党政机构上有北京发布微博微信、上海发布微博微信、四川发布微博微信、平安北京微博微信、银川市政务微博平台、深圳公安微博微信、南京发布微博微信、@成都发布、上海公积金微博微信、@云南省人民检察院微博。

9.4 案例分享

案例一：河北省地震局官方微博应急微直播

2014 年 9 月 6 日 18 时 37 分，河北省张家口市涿鹿县发生 4.3 级地震。地震发生后，河北省地震局在第一时间启动应急微直播，利用官方微博应急直播最新震情趋势、震后应急工作动态、震灾损失情况等信息。地震发生后，河北省地震局累计发布相关微博 22 条，总阅读量达 45.1 万余人次，积极有效地利用微博来应对本次地震灾害。

9 月 6 日当天，震后仅两分钟，河北省地震局官方微博就发布了第一条震情速报微博，随后也积极面对社会公众对地震部门的关注和质疑，实时发布最新的震情趋势、震灾情况、应急工作动态等社会公众关注的信息，有效地避免了地震谣言的散播，缓解了社会公众的焦虑情绪。

图 9-6 河南省地震局微博截图

在地震发生后，河北省地震局马上利用官方微博进行应急直播，社交媒体也展现出了其在处理紧急事件时影响力大、及时性强等优势，比起报纸、广播、电视等传统媒体，微博等社交媒体能在事情发生后的第一时间将信息传递给受众，并持续跟进事件进展，还能在这一过程中与用户互动，甚至从用户那里得到更新更可靠的情报。在本次地震应急直播中，河北省地震局微博首先是发布地震消息，实时直播最新震情动态及应急进展等信息，同时发起本次地震的相关话题，并且，@中国地震台网速报等相关微博账号发布信息，得到了@中国地震台网速报、@燕赵都市报、@中国国际救援队、@河北省政府应急办等微博大V的相继转发，短时间内扩大了直播影响，引发网友广泛关注。

图 9-7　微博案例截图

案例二：上海市公安局的官方微博开启微博便民服务

2014 年上海市公安局的官方微博"@警民直通车—上海"为了更好地服务于人民群众，在 8 月 21 日正式借助微博粉丝服务平台"自定义服务"功能，推出了微博在线办理及查询等业务功能，为提高网友和政府用户的互动效率做好了充分准备。

"@警民直通车—上海"微博粉丝服务平台就网友关心的问题分为在线咨询、交通咨询、出境入境三大板块。进入警民直通车—上海的私信界面，点击"在线咨询"—"交通管理"，即可自动跳转至上海交通安全信息网进行业务查询。

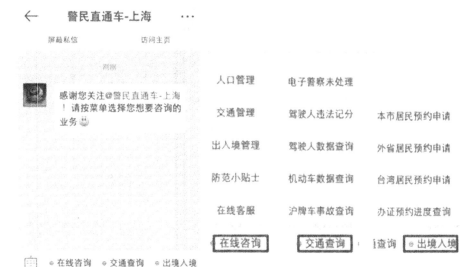

图 9—8　微博服务案例截图

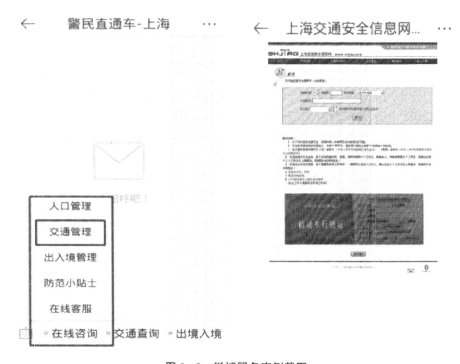

图 9—9　微博服务案例截图

　　与以往使用微博粉丝"自定义"业务不同的是，"@警民直通车—上海"更加重视网友使用微博进行在线咨询的相关体验。以"在线咨询"中的"在线客服"为例，网友点击此标签，可直接连接上海市公安局网站进行业务办理及咨询。

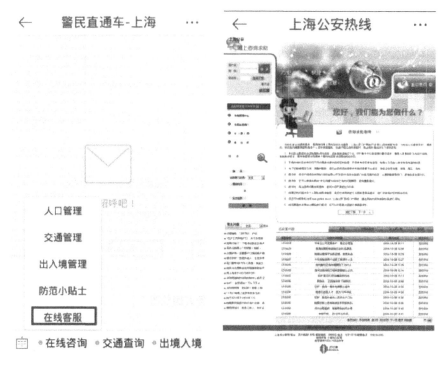

图 9-10　微博服务案例截图

上海市公安局的这一尝试充分利用了社交媒体的服务功能，体现了政府创新社会管理的先进意识，更表现了政府部门运用社交媒体为网民服务的决心和勇气。与微博以往输入关键词反馈相应信息的模式不同，"@警民直通车—上海"使用的粉丝自定义模式能够满足不同用户的需求，使得"@警民直通车—上海"账号能真正发挥政务微博服务于民、便捷于民的特点，提高了政府与网友的互动效率。

案例来源："新浪微政道"线上公开课：新浪政务微博运营案例精选，http://topic. t. sina. com. cn/pub/i/zt/wzdxsgkk

主要参考文献

[1] Beth Hayden，Rafal Tomal. A History of Social Media [EB/OL]. [2016-04-10]. http://www. copyblogger. com/history-of-social-media/.

[2] Hinchcliffe D，Kim P. Social business by design：Transformative social media strategies for the connected company [M]. Wiley, 2012.

[3] Kietzmann J H, Hermkens K, Mccarthy I P, et al. Social media? Get serious! Understanding the functional building blocks of social media [J]. Business Horizons，2011，54（3）.

[4] Kaplan A M, Haenlein M. Users of the world, unite! The challenges and opportunities of Social Media [J]. Business Horizons，2010，53（1）.

［5］Lee G，Kwak Y H. An Open Government Maturity Model for Social Media-based Public Engagement［J］. Government Information Quarterly，2012，29（4）.

［6］OECD. Engaging Citizens in Policy-making：Information，Consultation and Public Participation［EB/OL］. http：//web. worldbank. org/archive/website00238I/web/pdf/engaging. pdf.

［7］陈艳. 政务微博与中国政府治理的改进［J］. 经济研究导刊，2014（3）.

［8］杜治洲. 电子政务条件下政府与公众互动的三种模式［J］. 中州学刊，2008（2）.

［9］刘婵君，李明德. 社会化媒体与政治生态研究谱系：内涵诠释、现实表征与关系构想［J］. 西安交通大学学报（社会科学版），2015（1）.

［10］王思雪，郑磊. 政务微博战略定位评估——以"上海发布"为例［J］. 电子政务，2012（6）.

［11］吴晓菁，郑磊. 政务微博运营管理现状与对策研究［J］. 电子政务，2012（6）.

［12］吴云，胡广伟. 政务社交媒体研究进展［J］. 电子政务，2013（5）.

［13］英纳斯·默格尔，郑思斯，袁嘉祺，等. 公共部门的社交媒体策略［J］. 中国行政管理，2012（7）.

第10章 大数据时代的智慧政府

在很多人还没弄懂"大数据"一词的具体含义时,"大数据"就已经充满了我们生活的方方面面。是的,不管你是否做好了准备,人类社会都已经步入了大数据时代。在大数据环境里,人的一切行为都会以数据的形式被记录和被利用,生活中的各项事务也逐渐被数据化。如今依靠数据可以完成的事情已经超出了我们最初的想象,可以说人类社会的发展已经离不开大数据。政府作为社会信息资源的最大占有者,对大数据的利用可谓有着先天的优势,那么在大数据浪潮中,政府信息资源管理将随波逐流,还是乘风破浪?依托于大数据环境的智慧政府究竟是一时的潮流,还是信息社会发展的必然?

10.1 大数据浪潮中的政府变革

10.1.1 大数据带来的公共管理变化

1. 关于大数据

"大数据"是顺应现实发展提出的一个与传统"小数据"不同的数据概念,简单来说,大数据代表着数量巨大、种类多样、增长速度快的那部分数据。就大数据的具体定义而言,不同的专家学者有不同的观点。研究机构高德纳(Gartner)给出了这样的定义:"大数据"是需要新处理模式才能具有更强的决策力、洞察发现力和流程优化能力的海量、高增长率和多样化的信息资产。麦肯锡全球研究所给出的大数据定义是:一种规模大到在获取、存储、管理、分析方面大大超出了传统数据库软件工具能力范围的数据集合,具有海量的数据规模、快速的数据流转、多样的数据类型和价值密度低四大特征。著名的数据科学家维克托·迈尔-舍恩伯格则在他的《大数据时代》一书中提出:大数据指不用随机分析法这样的捷径,而对所有数据进行分析处理。他认为大数据时代最重要的转变就是放弃对因果关系的深究,将目光放在相关关系上,大数据的重要价值在于它能帮助人们做预测。尽管有人从数量上定义大数据,有人从数据处理方法和技术的角度定义大数据,也有人从大数据与小数据的区别入手来解释大数据,但各界都认同大数据不仅仅是数据,它更是一种收集和处理数据的思维、一种数据无处不在的理念、一种将数据转化为生产动力的实践。

2. 大数据时代与公共管理变革

大数据时代的到来使我们的生活和工作有了一些变化,人们相信这是一种良性的发展，能给人们带来更多的便利。很多人曾根据当前技术水平及未来科技发展趋势描绘人们在大数据时代的日常生活，细数了数据给人们带来的惊喜，例如汽车自动导航系统根据车主的出行习惯和交通数据来规划最佳行车路线；数据库会记录每一个孩子的性格特点、兴趣爱好等信息，为孩子推荐适合其发展的学校，安排合适的课程，从而使孩子们不再为了上某一所名校而拼命苦读。徐继华、冯启娜等人在其著作《智慧政府：大数据治国时代的来临》开篇就从一个数据科学家角度描绘了大数据的一天，其中就提到了许多大数据应用于政府公共管理的例子，例如流感爆发时，我们能根据数据指出当前受流感影响的地区，分析流感传播途径并预测未来发展趋势，公共卫生机构抗击流感的部署与地理信息结合，让人一目了然；台风来袭时，通过综合数据平台，气象、民政、交警和医院等几十个部门形成联动机制，大大缩短了救援时间，被困海上的渔民能根据减灾办的数据定位找到最近的避难港口；政府数据开放网站收录了从人口普查地图到生物物种保护等五花八门的数据，已成为很多公司建立预测模型的数据来源；社区街道的路灯出现故障时，居民只需拿起手机拍照并上传到城市公共平台（这是一个供市民反馈问题的应用程序），平台就它会自动记录拍照的位置，并将路灯损坏的信息报告给市政设施维修公司。大到全国性的规划管理，小到公民个人的日常生活，在大数据时代，政府能做的太多，将大数据用活用好能给我们的生活带来质的改变。

有人提出大数据将成为一种基础设施，就像铁路、公路一样是必须建设并不断优化的，就像水电一样在需要的时候只需打开开关便可使用，大数据的各种发展也将推动公共管理的发展和变革。过去，公民到政府部门办理业务是一件十分繁琐的事，很多人都有过奔波一整天，跑了多个部门，填了十多张表，盖了不知道多少个章，但事情依然没有办成的经历，有时还会遇到被要求"证明我是我""证明我妈是我妈"这类让人哭笑不得的问题。为此，人们还常抱怨政府部门办公效率低下，公务员服务态度恶劣，那到底是什么导致了这样的现象，又该如何改变现状呢？近年来，政府信息公开和信息共享给我们提出了一个改善公共管理的思路，而大数据则是实现信息透明和共享的保障。

通过综合数据平台实现信息共享，使数据增值，建立公共管理各部门间的联动机制是大数据为公共管理带来的最重要的改变之一。政府部门办理业务效率低、公民不满公共服务质量，有很大一部分原因是各个政府部门之间信息缺乏共享，导致大量的基本信息需要重复采集，浪费了大量的时间和资源。而在综合数据平台的支持下，政务大厅、综合政务办理平台等相继建立，各部门间可实现数据共享，公民办理业务不再需要反复填写基础信息，也不用在不同部门间四处奔波。

政府信息公开和数据开放的实现，能促进各级政府的自我监督管理与工作流程的规范，也能促进社会各界对政府数据的应用，将数据转化为经济效益。政府掌握了大量的数据，但政府部门没有足够的人力、物力去利用所有的数据，数据开放能让外界来利用这些数据，挖掘这些数据的价值。例如在交通管理部门公开违章信息后，就诞生了专业提供交通信息服务的互联网公司，这部分交通数据不但为更多人所使用，还提供了就业机会，创造了经济价值。

利用大数据实现公共管理的智能化，减轻人工负担，辅助人工决策，这也是未来一段时间内公共管理努力的方向。目前我们已经可以利用大数据技术对信息进行过滤和筛选，识别出错误和虚假的信息，从而达到减轻人员工作量、降低出错概率等目的。例如对垃圾邮件、诈骗信息的识别，就对税务部门、福利机构的相关工作有很大的帮助。

此外，大数据对公共管理的影响还体现在具体管理工作流程中，将大数据思维和技术应用到具体管理工作中将推动现代管理的发展，是突破目前管理瓶颈的有效手段。大数据推动公共管理从传统向现代转型的趋势主要可从六个方面展开：①从粗放化管理向精细化管理转型；②从单兵作战型管理向协作共享型管理转型；③从柜台式管理向自助式全天候管理转型；④从被动响应型管理向主动预见型管理转型；⑤从纸质文书管理向电子政务管理转型；⑥从风险隐蔽型管理向风险防范型管理转型。①

10.1.2　智慧政府的到来

1. 政府信息化的发展阶段

一个国家的政府自成立之日起就在不停地发展进步，科技的发展也不断改变着政府的办公方式。纵观各国政府信息化发展历程，大致都经历了从办公自动化阶段过渡到电子政府阶段，并在不断建设和完善电子政务的过程中提出并转向建设智慧政府。

20 世纪 80 年代初至 90 年代初兴起的办公自动化是我国政府信息化的起步阶段。随着互联网的兴起，1999 年初我国信息主管部门倡议发起了"政府上网"工程，"政府上网"是政府信息化建设的重要部分，也是推动其发展的重要工程。之后政府部门致力于建设一个利用现代信息技术的跨越时间、地点、部门限制的 24 小时在线的"虚拟政府"，也即"电子政府"项目，从而将政府信息化的建设推向更高阶段。时至今日，根据政府信息化建设中对服务性和智能化的重视，人们提出了"智慧政府"的概念，智慧政府既是政务发展的新阶段，也是未来一段时期内政府建设的目标，是建设智慧城市的基础。

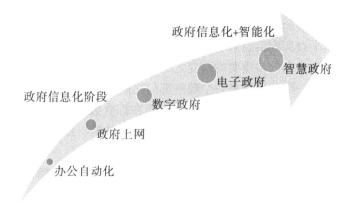

图 10-1　政府信息化发展的不同阶段

---

①　徐继华，冯启娜，陈贞汝. 智慧政府：大数据治国时代的来临 [M]. 北京：中信出版社，2014：23-25.

2. 政府信息化中的智慧政府

随着大数据时代的到来，云计算、物联网、移动互联网等信息技术的快速发展与政府创新变革相互融合、演化，使得政务发展正经历着电子政府到智慧政府的重要转变。所谓的"智慧政府"是对政府办公和管理新形态的一种概括，目前尚未有统一定义，不同学者对其有不同的描述。金江军在其文中说道："智慧政府"是指利用物联网、云计算、移动互联网、人工智能、数据挖掘、知识管理等技术，提高政府办公、监管、服务、决策的智能化水平，形成高效、敏捷、便民的新型政府。① 赵珏等在探讨电子政务转变到智慧政务的相关问题时则对智慧政务作如下界定：智慧政务是奠基于实境网络，通过综合应用云计算、语义网等多种技术，面向公民和企业提供无缝对接的政府公共服务的高级阶段电子政务。换言之，智慧政务并非是一种全新的政务形式，而是电子政务发展到一定程度以后的高级阶段，它必然要求政府公共服务范式从全能型转向服务型和智慧型。② 虽然对智慧政府的具体表述有所不同，但都表达了相似的意思，即智慧政府是指通过将政府服务与智能 IT 技术的整合，使公民能够随时随地利用任何设备方便地获取政府服务、参与政府活动并与政府交流的新型政府，也就是政府的智慧管理、智慧决策和智慧服务。

智慧政府的建设主要考虑以下 5 个方面的特点：①移动性，即强调实现移动政府，能随时随地为公民提供方便的服务；②随时性，即政府的服务应在任何时间都可获取；③实时性，即服务回应系统要能实时地回应公民的需求；④无缝性，即政府的服务需连接及整合多个部门，提供以人为本的、综合的、可个性化定制的服务；⑤集成性，即政府的服务要充分考虑到那些被疏远的社会阶级和公民的参与度及交流度。③

目前各国政府对智慧政府的建设都还处于探索阶段，各国国情和文化的差异也预示着智慧政府的具体建设框架要因地制宜。近年来，各发达国家已积极开展关于智慧政府的探索实践，例如美国加利福尼亚州为提高政府服务的绩效及服务能力，提出智慧政府建设框架（Smart Government Framework）；韩国政府公共行政与安全部顺应时代发展构建了智慧政府实施计划（Smart Government Implementation Plan），使得韩国始终居于联合国电子政务指数排名中的领先位置；迪拜专门成立智慧政府部门（Dubai Smart Government Department），负责指导和监督迪拜电子政务的转型与实施，为企业和社区生活提供政府在线服务，标志着迪拜开始进入智慧政府时代；新加坡在"智慧国"建设中一项重要的目标是将新加坡政府建设成智慧政府。我国对智慧政府的探索和建设也在不断深入，中央网络安全和信息化领导小组办公室、国家发展和改革委员会、工业和信息化部等主管部门发布了《"宽带中国"战略及实施方案》《信息化发展规划》《关于印发促进智慧城市健康发展的指导意见的通知》《关于加快实施信息惠民工程有关工作

① 金江军. 智慧政府：电子政务发展的新阶段 [J]. 信息化建设，2011（11）.

② 赵珏，陈贵梧. 从电子政务到智慧政务：范式转变、关键问题及政府应对策略 [J]. 情报杂志，2013（1）.

③ Ministry of Public Administration and Security. Smart Government Implementation Plan [EB/OL]. http://www.mogaha.go.kr/cmm/fms/FileDown.do?atchFileId=FILE_000000000000022394&fileSn=0.

的通知》等文件，从政策层面引导政府信息化建设，实现政务的智慧化和服务化转变。目前我国北京、上海、南京、广东、浙江等沿海发达城市和地区，已经率先启动智慧政府的建设工作，并取得了一定成效，为推动智慧政府建设积累了经验。

3. 从电子政府到智慧政府

智慧政府是政府信息化发展到高级阶段的必然，或者说智慧政府就是政府信息化的高阶形态，这一观点已得到各界的普遍认可。现阶段是智慧政府建设的初级阶段，也是由电子政府转型到智慧政府的关键时期，对智慧政府的建设蓝图和发展方向都处于探索阶段，如何抓住机遇来转变政府信息化的发展方式，实现向智慧政府的顺利转型，是目前政府工作的重要内容。

电子政府向智慧政府转变的过程中，面临许多问题。首先，作为政府信息化的高级阶段，智慧政府在其建设过程中，需要在战略规划上与政府信息化战略规划保持延续性和连贯性，不能脱离政府信息化的整体发展，应从国家层面上制订统一可行的规划；其次，相比初级阶段，大数据时代的智慧政府有着更广泛的数据采集渠道和数据处理技术，一些从前被视作无用的数据，在智慧政府阶段也许会有新的用途，故而应该对新阶段的数据采集和处理标准做出新的评估；再次，在政府信息化初期的建设发展中，因缺乏有效的评估体系造成了电子政府建设虚有其表，很多部门并未将电子政府的建设落到实处，故而在智慧政府的建设中要重视评估制度和体系的完善和实施。大数据环境中的智慧政府，通过制定合理有效的考核评估体系来评估公共部门的绩效，能有效地增强内部竞争，激励工作表现，提高公共建设效率，提升行政服务质量，降低政府的管理成本。

10.1.3 智慧政府中的大数据战略

如今，大数据已然成为政府治理的新命题，智慧政府的建设也离不开大数据。各国政府都已制定了相应的大数据战略，出台了各项政策指导大数据相关产业的发展，有的政府还成立了专门的机构来负责大数据战略的实施。

2010 年 11 月，欧盟通信委员会向欧洲议会提交了《开放数据：创新、增长和透明治理的引擎》的报告，围绕开放数据制定大数据相关战略，欧盟数字议程 2011 年 11 月采纳该报告，次月就推进该战略的实施。2012 年 7 月，日本总务省发布"活跃 ICT 日本"新综合战略，目前该战略主要关注大数据政策，探讨大数据推广的现状、发展动向、面临的问题等，以期对解决社会公共问题做出贡献。2012 年 3 月，美国白宫科技政策办公室发布了《大数据研究和发展计划》，以提升利用大数据来获取知识的能力，协助加速科学、工程领域的创新步伐，增强国土安全，改变教育、学习模式。美国还组建了大数据高级指导小组，负责协调美国政府在大数据领域的投资。美国已领先一步将大数据提高到国家战略层面，奥巴马十分重视数据对一个国家的价值，并指出数据在未来社会将成为一个国家的核心资产之一。2013 年 8 月，澳大利亚政府信息管理办公室发布了《公共服务大数据战略》，澳大利亚联邦政府首席信息官表示，政府希望通过大数据分析系统提升公共服务质量，增加服务种类，并为公共服务提供更好的政策指导。[①]

我国政府也对大数据给予了高度重视，更是将与之相关的云计算、数据中心、高速泛在网等列入新时期的基础设施范畴。2010 年，国家发改委将云计算确定为重点发展项目，并批准北京、上海、杭州、深圳以及无锡成为我国首批云计算示范城市，随后北京推出了"祥云工程"，上海提出了"云海计划"，深圳提出了"鲲云计划"，为打造世界级云计算产业基地打下基础。2012 年 5 月，我国召开第一个以大数据为主题的科学会议——第 424 次香山科学会议。中国通信学会、计算机学会于该年分别成立了"大数据专家委员会"。2012 年 7 月，我国国务院印发的《"十二五"国家战略性新兴产业发展规划》列出了与大数据密切相关的信息感知技术、信息传输技术、信息安全技术及信息处理技术四项关键技术创新工程，其中的信息处理技术更是包括了海量数据存储、数据挖掘、图像视频智能分析等大数据的重要组成部分。2013 年 1 月，工业和信息化部发布了《关于数据中心建设布局和指导意见》，明确提出了科学推动数据中心的建设和布局的指导思想和基本原则，对新建数据中心和已建数据中心进行布局导向，并从强化政策、加强应用引领、夯实网络能力、落实安全保障和发挥示范作用五个方面提出了数据中心建设布局的保障措施。同时期国内首家大数据产业园西咸大数据处理与服务产业园开工建设，预期西咸新区将在 2020 年成为全国最大的数据聚集地。2013 年 3 月公布的《国务院机构改革和职能转变方案》中提出的一系列基础性制度已把大数据嵌入经济社会管理的方方面面，这对大数据的全面发展以及未来政府与社会的运作方式都将产生深远的影响。2015 年 8 月，国务院印发《促进大数据发展行动纲要》，明确指出信息技术与经济社会的交汇融合引发了数据迅猛增长，数据已成为国家基础性战略资源，大数据正日益对全球生产、流通、分配、消费活动以及经济运行机制、社会生活方式和国家治理能力产生重要影响。这一行动纲要明确了大数据的战略地位，现如今我国在大数据发展和应用方面已具备一定基础，拥有市场优势和发展潜力，但也存在政府数据开放共享不足、产业基础薄弱、缺乏顶层设计和统筹规划、法律法规建设滞后、创新应用领域不广等问题，故全面推进我国大数据发展和应用，加快建设数据强国势在必行。

除了国家层面颁布了各类政策指导大数据发展以外，我国各地方政府也积极实践大数据战略。2012 年，广东省制定推出了《广东省实施大数据战略工作方案》，成为我国率先推行大数据战略的省份。该方案计划采用行政搜集、网络搜取、自愿提供、有偿购买等多种方式拓宽数据搜集渠道；在政府各部门开展数据开放试点，进一步推进政务公开；建设完善的网上办事大厅、综合数据管理网络系统等。2015 年 4 月全国首家大数据交易所在贵阳成立，4 个月的时间里交易额达到 2000 万元，按照该交易所推出的《2015 年中国大数据交易白皮书》，预计到 2020 年，中国大数据产业市场规模将由 2014 年的 767 亿元扩大至 8228.81 亿元。2015 年 9 月 1 日，成都市经济与信息化委员会在网上挂出《关于成立"成都市大数据管理局"筹备组的通知》。该通知显示，成都市委编委 2015 年第二次会议决定，批准在该市经信委下设立大数据管理局，成为继广州、沈阳之后的全国第三个大数据管理局。成都市大数据管理局为市经信委直属的正处级行

① 刘兰，闫永君. 澳大利亚公共服务大数据战略研究 [J]. 图书馆学研究，2014 (5).

政机构，主要职责是负责拟定全市大数据战略、规划和政策措施并组织实施；组织制定大数据收集、管理、开放、应用等标准规范，推动信息数据资源和基础设施建设的互联互通、资源共享；制定全市电子政务建设的总体规划并组织实施，牵头组织电子政务项目审核工作；推进电子政务外网现有信息系统整合，组织协调全市信息安全保障体系建设、成都市信息化工作领导小组办公室的日常工作。现如今大数据战略已在国家和地方同步实施，大数据及其相关产业的发展也稳步前进，大数据在政府工作中的作用和影响越来越大，在建设智慧政府的道路上，大数据战略将是主要的动力和保障。

10.2 智慧政府应用

10.2.1 智慧政府应用框架

智慧政府不仅是信息技术进一步发展的产物，更重要的是智慧政府的出现是为了更好地服务公众，使政府更好地进行公共管理。也就是说，智慧政府最终将落脚于实际应用而非理论知识。在大数据时代背景下，智慧政府的应用可以认为就是对数据的应用。费军等人在其研究中根据智慧政府的概念、职能和属性，将其应用框架刻画为七大层面，分别为基础设施层、数据管理层、大数据应用层、政府治理层、互联网应用层、数据反馈层和信息安全保护层。[1]

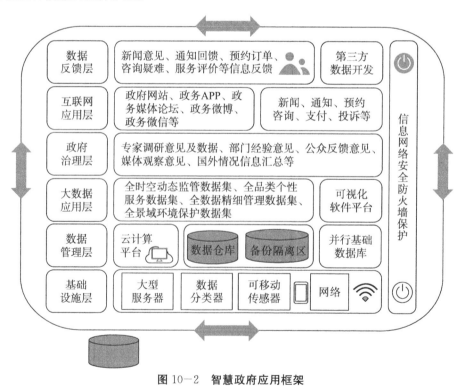

图 10—2　智慧政府应用框架

---

[1]　费军，贾慧真. 智慧政府视角下政务 APP 提供公共服务平台路径选择 [J]. 电子政务，2015（9）.

基础设施层由构建智慧政府的硬件设备和基础设施组成，为智慧政府提供硬件保障。数据管理层是将各类智能传感器接收的数据进行清洗、分类、汇总、验证、更新，以保证数据质量。大数据应用层是将高质量数据放入云平台进行数据抓取、挖掘、传送，供政府决策参考。政府治理层是将大数据分析结果与专家经验、部门意见、公众诉求、媒体反馈与国外相关问题进行对照分析，从中发现决策模型并付诸实施。互联网应用层是将有关数据分析成果、制度安排、行政执法通过互联网平台落实，目的是提高社会运行效率、提升政府监管效能、提供定制化公共服务。数据反馈层包括公众反馈和第三方咨询机构意见反馈，弥补政府缺陷，优化公共服务。信息安全保护层通过建立网络安全防火墙，使用物理隔离和逻辑隔离等手段为智慧政府正常运转提供至关重要的安全保障。

10.2.2　智慧政府应用领域

大数据融入智慧政府应用的方方面面，而大数据的运用也正是智慧政府"智慧"的体现。目前大数据公共管理实践较有成效的有公共卫生与医疗、公共交通、公共安全、环境保护等领域，下文通过梳理这些领域的实践案例，来介绍智慧政府在政府管理及民众生活中的应用体现。

1. 公共卫生与医疗领域

一直以来人们面对各种大范围传播的疾病都十分被动，只有等疫情爆发到一定程度，才能引起重视并为公众所知，然而这样被动挨打的局面对公共卫生的管理是很不利的。一个国家要想建立积极有效的公共卫生和医疗管理，最首要任务是一方面掌握民众的身体健康信息和环境卫生状况信息，另一方面则是对各种已知疾病信息的管理和应对方案的制定。在通讯闭塞的古代，若爆发了传染病，疫情信息往往要在造成大量民众死亡后才能传达给最高领导人，而在高层制定解决方案并安排实施的过程中，很可能已经错过了控制疫情的最佳时机。像这样由下至上汇报信息或是周期性调研来收集信息的疫情监测方式，因存在信息滞后及片面等问题而不再适用于新时期的公共卫生监管。如今的公共卫生部门，将大数据思维和技术运用到管理工作中，通过不同渠道收集数据，快速检测传染病暴发前的征兆，进行全面的疫情监测，并通过集成疾病监测和响应程序，快速进行响应，来达到早预防、早发现、早治疗，控制疾病流行，降低传染概率的目的。

该领域最为人们所熟知的莫过于谷歌推出的"流感趋势"服务。2009 年，甲型H1N1 流感在全球范围内爆发，病毒短期内就在美国、法国、日本等多个国家和地区快速传播，而医疗机构一时间没能找到有效的治疗和预防手段，导致人心惶惶，甚至影响到了人们正常的工作和生活。当时谷歌的工程师们发表在《自然》杂志上的一篇论文引起了人们的注意，论文表示谷歌可以根据汇总的网络搜索数据，近乎实时地对全球的流感疫情进行监测和判断。谷歌每天都会收到数十亿条搜索指令，这些指令反映了用户在进行检索时的即时需求，也能在一定程度上反映出用户当下的状况，所以谷歌以庞大的检索数据作为数据来源，设置众多与流感相关的关键词来对用户检索进行监测分析。例如用户检索"流感症状"，该检索词与预设的关键词相匹配，谷歌的流感预测系统就会对该用户展开跟踪分析，通过对所有检索用户进行分析，就能创建流感地图等。谷歌的流感预测系统输出的结果与美国疾病控制与预防中心记录的实际流感病例比对的相关度高达 97％。也就是说，谷歌流感预测系统的准确度高，且能较快地汇总出流感爆发情况。将类似谷歌流感预测系统的智能系统应用于各类疾病的监测和防治，能很好地弥补原有体系的不足，这样的智能监测和预测系统将在公共卫生与医疗领域广泛利用。

此外，公共卫生与医疗领域还面临一个难题，即有限的医疗资源和病患需求之间的矛盾，也就是我们通常所说的"就医难"。目前看病似乎是一件需要耗费大量时间、精力和金钱的事情，很多医院一号难求，好不容易挂上号了，又要长时间的等待叫号，好不容易见了医生的面，没说上几句话就又要辗转去进行这样那样的检查。在我国电子病历及病人档案还很不完善，患者每就一次医，或每换一家医院，就要重新建立一份病历，这不仅浪费了大量资源，做了许多重复劳动，还不利于医生对病人情况的掌握。如今医疗数据激增已经成为一个不争的事实，而大数据给了我们利用这些医疗数据来提高医疗效率的机会。首先是电子病历的普及和医疗档案的完善，每个公民都应有属于自己的电子病历，医疗体系建设使得各个医院能共享病历数据库，患者无论在何处就医都能查询到以往的病历并进行病历更新，且患者从入院开始到出院整个过程中的所有检查和治疗数据都应归入病人的电子病历中。有了完善的电子病历系统之后，一些基本情况的分析就可以由系统进行，也可以避免进行一些重复的检查，这将大大节省医生和患者的时间。其次是通过对电子病历的开发利用，也就是对大量医疗数据的挖掘，来推动疾病研究。斯坦福大学就已经通过电子病历的利用在疾病研究上获益。斯坦福大学调取所有医院的电子病历及数据库，按照不同的来源解析大量的数据，来寻找有效模型，帮助医护人员更全面了解病人的情况及需求，从而制定有效的治疗方案。大量的医疗数据为研究疾病和治疗药物创造了良好的条件，各地的研究人员能够共享这些数据，从中获得适合自己研究的真实的样本，这类来自临床的样本数据要比招募志愿者获取的试验数据更加真实有效。并且依靠大数据分析，能发现一些传统医疗环境下无法轻易发现的问题，例如通过数据分析知晓某些疾病间的相关关系、发现药物间的相克关系、找到某类疾病的特效药等。

2. 公共交通领域

随着社会经济的发展，人们的生活水平在不断提高，民众购车刚性需求旺盛，汽车保有量继续呈快速增长趋势。据公安部交管局统计，截至 2015 年底，我国机动车保有量达 2.79 亿辆，其中汽车 1.72 亿辆；机动车驾驶人 3.27 亿人，其中汽车驾驶人超过 2.8 亿人。2015 年新注册登记的汽车达 2385 万辆，与 2014 年相比，保有量净增 1781 万辆，均为历史最高水平。如此快速增长的机动车保有量也给各地交通管理带来了很大压力，各大中小城市都出现了或轻或重的堵车现象，在很多一线城市拥堵的交通已经严重影响了人们的出行安排，人、车、路之间的矛盾日益突出，且大量的汽车尾气给环境也造成了很大负担。传统的治理交通拥堵的方法在当下已显得有些力不从心，在大数据时代，用数据辅助交通将成为解决交通问题的新出路，建立数字化交通管控体系是走向智慧交通的必由之路。在引入大数据信息化手段之后，能将车辆行驶状况变为数据，建立相应的数据库进行管理，结合各个路口的红绿灯信息、监控数据等，实时统计并共享路况信息，做到合理分流，让司机能够避开拥堵路段，也便于管理和及时发现异常。实践证明通过提高信息资源利用效率、利用大数据来治理交通比单纯地扩建道路的方式要更加具有长远的实践价值。

2013 年，我国浙江省温州市主城区新增 172 个悉尼自适应交通控制系统（Sydney Coordinated Adaptive Traffic System，SCATS），让主城区路口尽可能实现智能化管理。交通信号灯的合理设置是城市治堵的重要方面，SCATS 是目前世界上少有的几个先进的城市信号交通控制系统之一，温州市于 2007 年开始尝试引入。使用该系统后，交警指挥中心可实时监测到各个路口的交通状况，同时，系统会根据车流量的大小，自动微调较佳的红绿灯等待时间，交警还可据此预先制定红绿灯的周期方案。例如温州中学前面的路口，平时交通流量正常，但周五因有大量家长开车接孩子，这时流量会剧增。交警根据日常管理经验，可提前制定不同方案。另外，夜间一些路口如果车流量小，SCATS 可自动调节红绿灯等待时间。据温州市交警部门介绍，人工单点运行的红绿灯属老式信号灯，即由路面民警根据肉眼观察，设定通行时间，由于不同时期不同单位建设的红绿灯品种、功能、制式都有所差异，导致市区的红绿灯缺乏统一性。为改善这一局面，交警部门已拟定 6~8 个时段的早（晚）高峰、平峰、午间和低谷等控制方案，并确定具体的配时方案来优化交通流量。在过街天桥、地下通道等不完备的情况下，为减少机动车、非机动车和行人之间的冲突，在确保行人交通安全的前提下，交警部门严格要求各路口按照机动车 2.5 秒每辆的速度，确定配时方案。而对于斑马线红绿灯秒数的设置，交警部门已着手对红绿灯进行调整，根据行人 1~1.2 米每秒的通行速度设定时间。

利用大数据的智能交通管理系统能较好地处理交通车流量大、交通状况复杂的情况，系统能够对大量的交通数据进行实时处理，即时反馈各路段的交通状况。新加坡在智能交通领域就已经走在了世界前列。新加坡国土面积较小，但是其人口密度较大，故而也面临着较严重的交通问题。新加坡陆路交通管理局为改善交通问题，部署建立了智能交通系统。智能交通系统是利用现代计算机和通信技术对现存城市交通网络实施系统性、整体性管理和监控的有效途径，主要通过实施动态的组织管理策略，并提供及时、全面的交通信息引导交通流量的合理分布，最终优化系统的运行效率，提高交通服务水平。这个智能交通系统由高速公路监控和信息诱导系统、车速信息系统、优化交通信息系统和路口监测系统四个部分组成。整个智能交通系统通过各部分的运作，实现数据采集、信息发布和策略实施，同时将交警、路政、公交和出租的相关信息整合，来全方位地管理交通。具体来说，该智能交通系统的功能包括减少道路交通拥堵、加快道路交通流量及事件的响应速度、预测交通流量状况、提高跨不同道路交通系统的事件可见性、预测公交到达时间等。作为现代公共交通强有力的辅助系统，类似的智能交通系统有其推广普及的价值和进一步提升的空间。

3. 公共安全领域

公共安全是一个国家的重要课题，也是每个政府极为重视的领域。虽然如今已是和平年代，人们也逐步奔小康，但各国仍要面对一些由社会不稳定因素引发的恐怖袭击和社会犯罪事件，以及对公民危害甚大的食品安全问题。公共安全危机具有高突发性、强破坏性、传导性强、波及面广等特点，一旦发生，不仅危害民众的生命财产安全，也会给国家和政府带来巨大损失。对公共安全事件而言，事发前监控预测，事发时及时响应，并有序开展善后工作是很重要的，而要做到事发前的预测和事发时及时快速地响应就需要大数据的帮忙，利用大数据可提前预测危机。美国的数据科学家们就已开始了利用数据帮助警方打击犯罪、监测恐怖袭击苗头的相关实践。2013年美国波士顿马拉松比赛中发生了两场爆炸，在爆炸后的24小时之内，美国联邦调查局就通过搜集分析手机基站日志、短信、社交媒体数据、照片和监控录像来锁定嫌疑人。在这类公共危机事件发生时，不仅强大的数据分析技术能帮助解决问题，良好有效的信息沟通也是必不可少的，在这点上西班牙马德里市就是很好的例子。马德里市在2004年经历了一场恐怖袭击，一天之内市里3个火车站及附近区域先后发生了10余起爆炸事件，死伤惨重，直到次日依旧有人因这次事故而受伤。这次恐怖袭击给了马德里警方一次深刻的教训，警方也坦言本次事故中没有用到通信系统是造成这种严重后果的主要原因之一，因为当时组织救援的人员并不知道警察局和其他机构是否有足够的资源可供调配。正是有了这样的经历，马德里警方认识到自身在处理公共危机事件中的不足，从而积极着手建设一个统一的沟通管理平台，优化各部门间的合作方式，借助 SOA（面向服务的体系结构）实现转型，成立了全球最具创新性的应急呼叫中心。有了该系统的帮助，马德里市原有的警局、消防、医院等应急中心被整合起来，突发事件和巡逻车、消防车、救护车这类救援资源的信息都被标注在城市地图上，可进行统一调度。一旦有事件发生，工作人员就会将信息传递给指挥中心，指挥中心负责制定方案和安排救援。如今马德里警方可以在8分钟内到达全市81%的地方，8分钟为救援的黄金时间，正是这样的快速响应能将很多公共危机事件的危害性降低，保护民众的生命财产安全，维护社会和平。

此外，食品安全也是政府十分重视的问题，近年来我国食品安全问题频发，毒奶粉、毒胶囊相继曝光，各种地沟油、防腐剂、添加剂的滥用让人触目惊心，而那些黑心生产商之所以敢把食品安全当儿戏，很大一部分原因在于信息的不对称，消费者无法得知商品背后的生产制作情况，才让不法分子有机可乘。政府虽然花了大量的成本进行食品监管，但这样靠执法部门奔走监察、抽查，或是由民众举报、记者揭发的食品安全管理方式不但投入大而且收效微，所以借助信息技术管理食品安全，解决信息鸿沟是未来食品安全管理的发展方向。美国就在2009年的时候开通了商品召回查询系统。该系统整合了美国农业部、食品药品监督管理局、消费者利益委员会等多个部门发布的商品召回信息，方便用户进行统一查询。此外美国政府还专门设立了一个食品安全检查网站，该网站会及时公布食品召回信息，食品召回有企业主动召回和政府强制召回两种形式。如果企业发现自己的产品存在食品安全问题，可申请主动召回；若有关部门检查发现有食品安全问题，就会要求企业进行召回。在大数据时代，数据能为我们织就一张有力的保护网，公开的数据让民众能够了解产品的相关信息，并参与到食品安全管理中。

4. 环境保护领域

人类社会在不断前进的同时也给环境带来了很大压力，早期的工业发展都是以牺牲环境为代价的不可持续发展，如今全世界都在倡导环境保护，进行环境治理，实施可持续发展战略，但仍存在很多环境问题。水污染、大气污染、固体垃圾污染等问题一直是环境治理的难题，也一直受到社会各界的广泛关注，近年来我国多个城市 PM2.5严重超标，一时间"雾霾"成了人们讨论调侃的话题。环境污染已成为影响居民健康安全的重要问题，所以环保领域的思维创新和技术创新已是当务之急。在大数据时代，将大数据思维融入环境保护领域将促进新的环境治理模式的诞生。大数据式环保的主要思路是将海量的环境质量指标信息收集起来，通过传输到中心数据库进行数据分析，由系统辅助制定环境治理方案，并实时监测环境治理效果，动态更新治理方案。通过数据开放，将实用的环境治理数据和案例传播给公众，通过一种鼓励社会参与的模式提升环境保护的效果与效率。

2010 年瑞典首都斯德哥尔摩被欧盟委员会评定为"欧洲绿色首都"，这座城市和其他大都市一样也面临着严峻的人口压力，对此斯德哥尔摩市政厅规划了"远景 2030"（Vision 2030）项目，力求找到资源、环境、能源、科技的综合优势来保证城市生活质量和可持续发展。顺应该项目的理念，拥有陆地面积 1.6 平方公里、居民 1.8 万人的哈姆滨湖城成了斯德哥尔摩最大的近郊发展项目，其目标是打造成为未来城市发展的标志和典范。在哈姆滨湖城，能看见一排电子垃圾桶，分别用于接收食物垃圾，可燃物垃圾以及废旧报纸等不同类别的垃圾。电子垃圾桶通过各自的阀门与地下管道相连，阀门分别在每天自动打开两次，不同类别的垃圾进入地下管道，并以每小时 70 公里的速度被输送到远郊，在电脑的控制下自动分离并输送到不同的容器里，按需要循环利用。整个过程都是通过电脑控制，这个系统提高了垃圾传输和处理速度，以及再利用效率，环境保护程度也相应提高了。除此之外斯德哥尔摩市还在公共交通系统上做了很大改善，为城市环境的可持续发展不断努力着。

大数据时代给环境保护带来的一个很大助力就是信息鸿沟的消减，每个人都能获取信息、利用信息，也就意味着每个人都能参与到环境保护中。2006 年，我国的公众与环境研究中心（IPE），主持开发了"中国水污染地图""中国空气污染地图"和"固废污染地图"，建立了国内首个公益性的水污染和空气污染数据库，将环境污染情况以直观、简单易懂的图表进行展现，在中国 IPE 的网站上，能访问到中国空气污染地图、水资源污染地图、固体废弃物污染地图。通过这个公益数据库，任何一个用户都可以进入全国 31 个省级行政区和超过 300 家地市级行政区的相应页面，检索当地的水质信息、污染排放信息和污染源信息，包括超标排放企业和污水处理厂信息。这些数据既有各地环保部门发布的数据，也有中心工作人员组织各地热心的志愿者收集的数据。2015 年主持人柴静推出的空气污染深度调查《穹顶之下》视频引发了各界对环境污染的讨论，在视频中柴静提及的一款污染企业监控的 APP 更是受到了网友的关注，这款名为"污染地图（蔚蓝地图）"的 APP 就是由 IPE 发布，阿里云免费为其提供云计算资源的一款环境监测软件。该应用以 IPE 的数据库为基础，向用户提供环保数据查询服务和互动监测服务，用户可以利用该应用来查询空气质量的好坏、河流湖泊水质的好坏，也可以查询附近的大气污染源、水污染源，还可以对企业排放情况进行监督，一旦发现有废弃物排放量超标的企业就可以向环保部门举报。这无疑是一次鼓励公众参与的尝试，从数据的收集到发布，从环境监测到环境治理，不再是某个组织某个企业的责任，而是全体公民共同关心共同参与的事情，唯有所有地球村的村民都把环境保护当作自己的责任和事业时，人类才会共同拥有一个山清水秀的地球。

10.3 智慧政府建设中的问题与挑战

大数据时代的智慧政府将全面改善目前政府公共服务中的各种不足之处，提高政府办公质量和效率，提高公共管理和服务水平，为民众的生活和工作带来便利，同时也促进社会的发展与进步。智慧政府为我们描绘了美好的未来公共生活，其所具有的先进优点和建设的必然性是我们必须承认的。但是智慧政府在具体的建设和发展过程中，也面临着不少问题，大数据是智慧政府发展的依托，同时也是主要问题的来源。一件事物的力量和价值有多大，这件事物就会有多大的风险，我们可以利用大数据做很多事情，但也会一不小心陷入数据的漩涡中。微软研究院首席研究员、麻省理工学院客座教授凯特·克劳福德就在 2013 年发表了一篇名为《对大数据的再思考》（*Think Again：Big Data*）的文章，文中从五个方面对大数据理论提出了质疑：数据集是人类设计的产物，因此存在无法摆脱的曲解、偏见和盲区；数据生成和采集的过程不一定是平等的，某些民众和社区可能被忽略或未得到充分代表；大数据能够对群体行为做出论断乃至预测，使部分人遭受价格、司法等各方面的歧视；利用大数据能追查出大量的个人隐私，高度个人化的大数据集很容易成为黑客或泄露者攻击的目标；大数据在解释人类社会生活方面存在一定不足，科学的大数据研究需要与小数据研究和社会科学的方法相结合。[①] 而大数据环境下的智慧政府建设也面临着类似的问题：数据的高度透明和充分挖掘与个人隐私保护之间的矛盾，数据量大、数据种类多等导致了数据质量的良莠不齐、智慧政府对公民参与的重视是否破坏了政府权威、大数据预测是否会造成新的群体歧视……

10.3.1 数据思维与数据质量

在建设智慧政府的道路上，培养并灵活运用大数据思维比只知道大数据技术要重要，因为无论整个政务体系最终建设得多么智慧，也是由人来搭建和使用的。然而在实际操作中人们往往忽略了核心的大数据思维，而只知追求先进的技术。大数据之所以有大价值，是在于使用者能发现数据的用途、发现数据间的关联、想到用数据去解决具体问题，而不仅仅是因为强大的数据处理系统和分析方法。目前，有的地方政府表面上已经建设了网上政府、政务管理系统、智能办公系统等，但实际上政府人员的工作思维并没有更新，他们不了解大数据能处理的问题，不清楚数据库建设的意义，故而出现了各种智能系统利用率低、各类数据库建设进度缓慢且数据质量得不到保障的现象。

此外，大数据在利用的过程中并没有我们理论上设想的那么简单方便，大数据支持者总是乐观地认为只要有足够多的数据，数据就能自己说话，我们就能从中获得价值，然而我们如何判断数据说的是真话还是假话呢？我们在利用大数据分析问题时，可能会遇到数据类型较多、数据质量较差、数据指标达不到量化目的、大量数据是虚假数据等问题，导致我们无法得出像样的分析结果或分析结果错误。也就是说数据本身具有的那些缺陷在大数据时代依然是存在的，如果政府没有能力获取反映真实情况的数据，那数

---

① Crawford K. Think again：Big data [J]. Foreign Policy，2013（9）.

据规模再大、数据分析方法再先进都是无意义的。英国政治家本杰明·迪斯雷利就曾讽刺地说过："有三种谎言：谎言、糟糕透顶的谎言和统计资料。"虽是调侃但也确实道出了现实存在的问题。一直以来我国部分地方政府存在着统计数据失真、缺失的现象，或没有做好相应的统计，或为了政绩而伪造虚假的统计数据，国内生产总值数据造假情况就十分严重，自 20 世纪末以来，我国各省经济规模加总超过全国总数已经成为一种常态，且类似的问题很难完全根治。再者说，即使获取到的数据都是真实有效的，那么就能从数据中看到现实情况吗？也不尽然。虽说大数据尽可能搜集全体数据，避免了抽样带来的偏差问题，但是数据在生成或采集过程中偏差就已经产生了。例如从社交媒体中收集到的数据就不是一个具有代表性的样本。据调查显示，美国网民中就只有 16％ 的成年人使用 Twitter。此外许多 Twitter 账号是虚假账号或自动程序账号，这部分账号产生的数据都是无效的。在利用大数据进行研究分析时，需要借助先进的信息设备和网络来收集数据，而现实生活中还有一部分信息时代的缺席者，例如偏远地区的农民、上了年纪不会使用新科技的老人等，他们无法在网络世界表达自己的意见和诉求，城乡差异、年龄差异、受教育程度差异、收入差异等都会导致信息鸿沟。故而想要在智慧政府的建设中用好大数据，就要有保障数据质量的对策，对数据进行科学的解读，也要充分考虑信息弱势群体，减小数字鸿沟。

10.3.2　信息安全与隐私保护

在大数据时代，人们的行为可作为数据被不同的机构监视着，亚马逊和沃尔玛监视着人们的购物习惯，谷歌、百度监视着人们的网页浏览习惯，Facebook 和微博、微信等社交平台则监视着人们的日常生活和社交关系网。当某一天百货公司比父亲更早知道女儿怀孕的消息、社交软件准确推荐了你可能认识的人、网页的弹窗广告都是你曾检索过的信息时，你会不会觉得自己的隐私遭到了窥探？利用过大数据的人都了解大数据的价值和潜力，这极大地刺激着他们进一步采集、存储、循环利用海量的个人数据，且随着数据收集成本的降低和数据处理技术的发展，很多不包含个人信息的数据在进行了数据内容交叉检验之后都可以追溯到个人。2013 年 6 月，美国中央情报局前职员爱德华·斯诺登揭露了美国国家安全局一项代号为"棱镜"的秘密项目，该项目要求电信巨头威瑞森公司必须每天上交数百万用户的通话记录，此外美国国家安全局和联邦调查局通过微软、谷歌、苹果、雅虎等服务器，监控美国公民的电子邮件、聊天记录、视频及照片等秘密资料。美国总统奥巴马也公开承认了该项目的存在，人们惊讶地发现这一绝密的电子监听计划早在 2007 年就已经开始实施，目前其网络监控已经具备了大数据时代的显著特征，即安全局收集监控的不是电话和邮件内容本身，而是把通话或通信时间、地点、设备、参与者等元数据作为监控对象。该项目的出发点是为了保障国家公共安全，但其对个人信息的监控引起了民众对于政府侵犯个人隐私、自由权的担忧。

在大数据时代到来之前，人们只要小心谨慎，对信息采取保密措施就能很好地保护个人隐私，而大数据时代已然到来的今天，数据采集工具充满了人们的生活，手机、电脑、银行卡，甚至公交卡、电表、水表等，都在记录着有关信息，人们的衣食住行都变成了数据，生活习惯也变成了数据，这些单独看来没有太大意义的数据被搜集并与个人信息整合在一起，就变成了一份完整且具体的个人档案。对此，传统的隐私保护手段都显得有些无力，因为人们发现从前用于隐私保护的那些政策和方法已经不再适用于大数据环境，传统的隐私政策要求数据收集者必须获得个人的同意并告知数据搜集的范围、用途等，但今时已不同往日，庞大的用户群意味着海量的数据，很多数据在搜集时并无意用于他处，但最终却有了很多新的用途，像行为特征、语言风格、社交偏好等个人信息可能连本人都并未意识到，所以数据收集根本无法告知用户数据将被用于何处，用户个人也无法同意。以谷歌为例，要让谷歌在收集用户检索词数据之前先征得用户同意基本是不可能完成的，而且谷歌在通过搜索引擎收集检索词数据时也没有想到这些数据能用来预测流感趋势。此外，在小数据时代有效的匿名处理，在大数据环境下也是徒劳的，从前人们认为只要不让名字、身份证号、住址、银行卡号等能揭示个人情况的信息出现在数据中，就能在数据共享利用的同时保护自己的隐私。但是随着数据量和数据种类的增多，数据集的交叉能轻松确认个人身份信息。大数据时代，无论是告知与许可、模糊化还是匿名化的隐私保护策略均已经失效了，所以智慧政府建设和应用中需要有新的信息安全和隐私保护机制。

10.3.3 预测与偏见

维克托·迈尔-舍恩伯格曾在其书中写到大数据的核心是预测，就是把数学算法运用到海量的数据上来预测事情发生的可能性，智慧政府一个很重要的应用价值也在于预测，预测可能出现的疾病疫情、预测可能出现的恐怖袭击等。人类对未知的恐惧和好奇加深了对预测的渴求，毕竟如果预先知道了事情的走向，就能提前做好应对准备，甚至扭转败局避免灾难。谷歌流感趋势预测系统让我们看到了预测系统的价值，也明确了政府的发展需要有预测系统的支持，然而就像电影《少数派报告》（*Minority Report*）中描绘的那样，预测也会带来偏见、歧视和灾难。这部电影讲述的是一个可以预知犯罪的未来世界，电影开场时警局预防犯罪组的警官就以"即将谋杀妻子"为由逮捕了一名所谓的"罪犯"，而"罪犯"则大喊冤枉，因为他的确什么都还没有做。在电影世界中，人们不是因为所做而受到惩罚，而是因为将做，也就是他们在实施犯罪前就已经受到了惩罚。影片中描绘的就是一个对预测深信不疑的社会，预测说你会犯罪，那不管你有没有犯罪，是否真的准备犯罪都将受到惩罚，那么我们不禁担忧，预测错误该怎么办？片中的男主角就因为先知的错误预测走上了一条众叛亲离的逃亡之路，如果这样的社会真的在大数据的发展中变成了现实呢？

基于对个人行为的分析和未来行为的预测来判断一个人是否会犯罪是大数据分析完全有能力实现的，且现实社会也已经有了类似的尝试：美国已经有 30 多个州的假释委员正在使用数据分析来决定是否释放犯人，越来越多的美国城市都使用了"预测警务"来决定哪些街道、群体或是个人需要更严密的监视。当然我们不否认类似的数据预测系统有其科学性和极大的实践价值，应用大数据预测来帮助预防不良行为似乎是完全可以接受的，但若是使用大数据预测来给某人定罪并对其尚未实施的行为进行惩罚，那就可能会让社会陷入混乱和不安当中。大数据分析还常常被用来给人们的行为做定性和分类，比如某一群体具有某些特征、某一群体偏好某些行为等，这样的分析结果对政府和企业都很有帮助，因为这是进行个性化服务的基础，政府可以根据这些分析对不同地区的不同群体采取不同的政策推广和执行方式，企业可以根据这些分析选择适合自己的客户群体。然而值得注意的是，这样的数据分析结果很容易变成标签贴到个人的身上，就像一些社会刻板印象会导致不平等那样，这些标签也很容易带来歧视和偏见。在智慧政府的建设和发展过程中，对数据预测能力的把握是十分重要的，不能因为过分依赖预测而把一切决定权都交给数据和系统，无论什么时代，人类都不能放弃思考和决定的权利。

案例分享

国内外智慧政府案例分享

1. 纽约——数据挖掘预防火灾

据统计，纽约大约有 100 万栋建筑物，平均每年约有 3000 栋会发生严重的火灾。纽约消防部门将可能导致房屋起火的因素细分为 60 个，诸如是否是贫穷、低收入家庭的住房，房屋建筑年代是否久远，建筑物是否有电梯等。除去危害性较小的小型独栋别墅或联排别墅，分析人员通过特定算法，对城市中 33 万栋需要检验的建筑物单独进行打分，计算火灾危险指数，划分出重点监测和检查对象。目前数据监测项目扩大到2400 余项，诸如学校、图书馆等人口密集度高的场所也涵盖了。尽管公众对数据分析和防范措施的有效性之间的关系心存疑虑，但是火灾数量确实下降了。

2. 芝加哥——"灯柱传感器"，城市数据挖掘

在人们的生活里，无处不在的传感器被应用在了芝加哥市的街边灯柱上。通过"灯柱传感器"，可以收集城市路面信息，检测环境数据，如空气质量、光照强度、噪音水平、温度、风速。芝加哥城市信息技术委员会提供的资料表明，"灯柱传感器"不会侵犯个人隐私，它只侦测信号，不记录移动设备的 MAC 和蓝牙地址。在今后几年"灯柱传感器"将分批安装，全面占领芝加哥市的大小街区，每台传感器设备初次采购和安装调试成本在 215~425 美元之间，运行后的年平均用电成本约为 15 美元。该项目得到了思科、英特尔、高通、斑马技术（Zebra Technologies）、摩托罗拉以及施耐德等公司的技术和资金支持。

3. 哥本哈根——"自行车之城"

为促使市民使用二氧化碳排放量最少的轨道交通，该市通过统筹规划，力保市民在家门口 1 公里之内就能使用到轨道交通。对 1 公里路内的交通，推广使用一种智能型自行车。这种自行车的车轮装有可以存储能量的电池，并在车把手上安装了射频识别技术（RFID）或是全球定位系统，可汇聚成"自行车流"，通过信号系统保障出行畅通。与此同时，市政府大力完善沿途配套设施建设，如建立服务站点、提供简便修理工具等，为自行车出行提供便利。预计到 2015 年，哥本哈根市民往返城郊选择自行车出行的人数比例将达到 50%。

4. 新加坡——《智慧国 2015 计划》

新加坡于 2006 年推出《智慧国 2015 计划》，政府门户网站公开了 50 多个政府部门的 5000 多个数据集。新加坡建立起一个"以市民为中心"，市民、企业、政府合作的电子政府体系，让市民和企业能随时随地参与到各项政府机构事务中。在交通领域，新加坡推出了电子道路收费系统（Electric Road Pricing）等多个智能交通系统。在医疗领域，开发了综合医疗信息平台；在教育领域，通过利用资讯通信技术，大大提升了学生对学习的关注度；在文化领域，国家图书馆部署了一套灵活而性能超强的大数据架构，通过云端计算的模式，处理从战略、战术到实际业务的不同分析需求，提供高性价比的解决方案。

5. 佛山——"四化融合智慧佛山"发展战略

2013 年 7 月，IBM 提供"智慧佛山"建设的中期调研报告，建议佛山可以以食品安全、水治理和智慧交通为切入点，以产业转型为手段，在建设智慧佛山的同时打造强大的高端服务产业链。IBM 也对佛山南海三山新城提出建议。在城市云方面，未来三山可通过手机信号定位，快速掌握各种交通工具、道路、地区的人流情况，而这类信息又可供城市管理部门更科学地规划商业区、居民区、公共交通、医院、学校甚至加油站的布局；在健康云方面，保险公司、患者以及各级医院可统一在一个云平台上实现检验结果和电子病历共享、远程会诊、网上挂号和预约门诊等高效服务，减少病患排队、报销的痛苦，节约整体社会的资源；同时，通过产业云平台，可在统一设计标准的同时节省整个产业链的成本，以帮助中小企业降低运营成本，使其投资能集中在核心制造优势上，而不是花费在采购等环节上。

佛山市南海区数据统筹局通过将分散在 60 多个部门、150 多个系统的数据集中在一起，实现了惠民服务。数据统筹局于 2014 年 5 月成立，至 2014 年底，已经与 66 个部门、157 个系统成功对接，平均每月跨部门数据交换批次达 600 多次，数据交换总量已经超过 4000 万条。2014 年 8 月，数据统筹局推出图识南海、数说南海、法人平台等41 个项目平台，为企业、市民提供多种服务。以图识南海来说，市民可以在地图上找到公厕、Wi-Fi 热点、医保药店等信息。除此之外，企业大监管平台、社会网格化管理平台、政务地图平台、人口库应用平台等一系列综合性政务平台也在建设中。

医疗卫生方面，佛山市"南海区市民健康档案管理平台"整合了南海区 143 家医疗机构的医疗信息资源，包括 3 个区级医院、12 个镇街级医院以及 128 家社区卫生服务站点的信息。此外，还包括以家庭为单位的每个居民的"居民健康档案"，登陆平台可以看到就诊记录、用药情况、各阶段身体健康状况等信息，帮助医生快速了解患者病史，判断病情，合理用药。

此外，佛山还在积极组建交通大数据库。佛山禅城区代区长孔海文在政协禅城区三届五次会议上指出，禅城的交通发展，无论是建设还是优化公交，都需要以强大的数据库为支撑。目前禅城正在进行交通建设和管理方面的研究，将会结合对整个交通流量的监测数据来规划公交线路和路网监测系统。

6. 贵阳——智慧政府、智慧平台

贵阳以中关村贵阳科技园为依托，以重大项目和龙头企业引进为主要抓手，以需求市场的统筹开发和数据资源开放为切入点，坚持走"政府引导、市场驱动"的发展道路，遵循"环境优势吸引产业、基础设施保障产业、本地市场带动产业、优惠政策扶持产业"的发展策略，大力发展大数据产业，将大数据与资本、政策、园区等要素紧密融合，以信息化提升城市核心竞争力，带动贵阳经济社会的全面发展。在培养大数据应用市场方面，实施"政务大数据开放"项目、"智慧贵阳"项目和"传统特色产业大数据融合"项目；在智能化建设方面，建设"全局公共免费 Wi-Fi 接入上网"城市、"块上集聚的大数据公共平台"，以实现块上集聚的用户上网行为数据的全采集，拟应用于制约和监督权力运行的"数据铁笼"平台、"数据禁毒"平台、"数据健康"平台、"数据敬老"平台、"数据慕课"平台、"数据智游"平台。

案例来源：中国电子政务网. 典型国内外智慧城市案例，http://www. e-gov. org. cn/article-159169. html

主要参考文献

[1] Crawford K. Think again：Big data [J]. Foreign Policy，2013（9）.

[2] Ministry of Public Administration and Security. Smart Government Implementation Plan [EB/OL]. http://www. mogaha. go. kr/cmm/fms/FileDown. do?atchFileId=FILE _ 000000000022394&fileSn=0.

[3] 费军，贾慧真. 智慧政府视角下政务 APP 提供公共服务平台路径选择 [J]. 电子政务，2015（9）.

[4] 金江军. 智慧政府：电子政务发展的新阶段 [J]. 信息化建设，2011（11）.

[5] 刘兰，闫永君. 澳大利亚公共服务大数据战略研究 [J]. 图书馆学研究，2014（5）.

[6] 王克照. 智慧政府之路：大数据、云计算、物联网架构应用 [M]. 北京：清华大学出版社，2014.

[7] 王晓明. 发达国家推行大数据战略的经验及启示 [J]. 学习与探索，2014（12）.

[8] 维克托·迈尔-舍恩伯格. 大数据时代 [M]. 杭州：浙江人民出版社，2012.

[9] 徐继华，冯启娜，陈贞汝. 智慧政府：大数据治国时代的来临 [M]. 北京：中信出版社，2014.

[10] 张建光，朱建明，尚进. 国内外智慧政府研究现状与发展趋势综述 [J]. 电子政务，2015（8）.

[11] 赵玎，陈贵梧. 从电子政务到智慧政务：范式转变、关键问题及政府应对策略 [J]. 情报杂志，2013（1）.

附录1　政务信息工作暂行办法

国务院办公厅关于印发《政务信息工作暂行办法》的通知
（国办发〔1995〕53号）

各省、自治区、直辖市人民政府，国务院各部委、各直属机构：

多年来，全国政府系统的政务信息工作不断适应改革开放和政府管理职能转变的需要，努力为各级政府科学决策提供信息服务，取得了较好的成效。

在深化改革、扩大开放和建立社会主义市场经济体制的新形势下，政务信息工作对于政府掌握情况、科学决策和进行宏观调控等，具有重要作用。

各级政府及其部门的办公厅（室）是为政府领导提供政务信息的主要渠道。为了切实做好政务信息工作，并使之逐步规范化、制度化，现将《政务信息工作暂行办法》发给你们，自1995年11月1日起施行。

国务院办公厅

一九九五年十月二十七日

第一章　总　则

第一条　为了适应建立社会主义市场经济体制和政府管理职能转变的需要，实现全国政府系统政务信息工作规范化、制度化，制定本办法。

第二条　政务信息工作是各级政府及其部门的办公厅（室）的一项重要工作，其主要任务是：反映政府工作及社会、经济发展中的重要情况，为政府把握全局、科学决策和实施领导提供及时、准确、全面的信息服务。

第三条　政务信息工作必须坚持党的基本路线，遵守宪法、法律、法规，坚持实事求是的原则。

第四条　政务信息工作坚持分层次服务，以为本级政府服务为重点，努力为上级和下级政府服务。

第五条　政务信息工作应当围绕政府的中心工作和社会、经济发展中的重点、难点、热点问题，反映在建立社会主义市场经济体制进程中出现的新情况。

第六条　各级政府及其部门应当加强对政务信息工作的领导，提出要求，交待任务，做好协调，支持和指导本级政府或者本部门的办公厅（室）发挥整体功能，做好政务信息工作。

第二章　政务信息机构

第七条　省、自治区、直辖市人民政府和国务院各部门的办公厅（室）应当稳定并完善负责政务信息工作的机构，加强对本地区或者本系统所属单位政务信息工作的指导。

第八条　负责政务信息工作的机构履行下列主要职责：

（一）依据党和国家的方针、政策，结合本地区、本部门的工作部署，研究制定政务信息工作计划，并组织实施；

（二）做好信息的采集、筛选、加工、传送、反馈和存储等日常工作；

（三）结合政府的中心工作和领导关心的问题，以及从信息中发现的重要问题，组织信息调研，提供有情况、有分析的专题信息；

（四）为政府实施信息引导服务；

（五）组织开展政务信息工作经验交流，了解和指导下级单位的政务信息工作；

（六）组织本地区、本部门政务信息工作人员的业务培训。

第九条　政务信息网络是政务信息工作的基础，信息联系点是政务信息网络的组成部分。各级政府及其部门应当根据本地区或者本部门的实际情况和需要，逐步建立和完善政务信息网络。

第三章　政务信息队伍

第十条　政务信息队伍由专职、兼职和特聘的政务信息工作人员组成。县级以上各级人民政府办公厅（室）应当配备专职政务信息工作人员。专职政务信息工作人员的人数由本级政府或者本部门的办公厅（室）根据工作需要在编制范围内确定。

第十一条　政务信息工作人员应当具备下列基本条件：

（一）努力学习马列主义、毛泽东思想和邓小平同志建设有中国特色社会主义的理论，热爱政务信息工作，有较强的事业心和责任感，作风正派，实事求是；

（二）熟悉党的路线、方针、政策，熟悉政府或者部门的主要业务工作；

（三）掌握政务信息工作的基本知识和工作技能，具备一定的经济、科技和法律等方面的基本知识；

（四）具有较强的综合分析能力、文字表达能力和组织协调能力；

（五）严格遵守党和国家的保密制度。

第四章　政务信息工作制度

第十二条　下级政府应当及时向上级政府报送信息。政府各部门应当及时向本级政府和上级部门报送信息。下级政府或者部门对上级政府或者部门专门要求报送的信息，必须严格按照要求报送。

第十三条　上级政府和部门的办公厅（室），应当适时向下级政府或者部门的办公厅（室）通报信息报送参考要点和采用情况。

第十四条　各级政府及其部门负责政务信息工作的机构根据需要组织相互之间的信息交流，在依法保守秘密的前提下，实现信息资源共享。

第十五条　下级政府或者部门负责政务信息工作的机构向上级政府或者部门负责政务信息工作的机构报送的信息，必须经本级政府或者本部门的办公厅（室）分管领导审核、签发；必要时，报本级政府或者本部门分管领导审核、签发。

第十六条　对在政务信息工作中成绩突出的单位和个人，给予奖励。

第五章　政务信息质量

第十七条　政务信息应当符合下列要求：

（一）反映的事件应当真实可靠，有根有据。重大事件上报前，应当核实。

（二）信息中的事例、数字、单位应当力求准确。

（三）急事、要事和突发性事件应当迅速报送；必要时，应当连续报送。

（四）实事求是，有喜报喜，有忧报忧，防止以偏概全。

（五）主题鲜明，文题相符，言简意赅，力求用简练的文字和有代表性的数据反映事物的概貌和发展趋势。

（六）反映本地区、本部门的新情况、新问题、新思路、新举措、新经验，应当有新意。

（七）反映情况和问题力求有一定的深度，透过事物的表象，揭示事物的本质和深层次问题，努力做到有情况、有分析、有预测、有建议，既有定性分析，又有定量分析。

（八）适应科学决策和领导需要。

第六章　政务信息工作手段

第十八条　各级政府及其部门应当加强政务信息工作现代化手段的建设，保证政务信息工作的正常开展，实现信息迅速、准确、安全地处理、传递和存储。

第十九条　各级政府及其部门应当建立严格的网络设备管理、维护和值班制度，保持网络设备的正常运行和信息传输的畅通。

第二十条　省、自治区、直辖市人民政府和国务院各部门的办公厅（室）应当逐步建立电子数据资料库，收集、整理和存储本地区或者本系统基本的和重要的数据资料，以适应随时调用和信息共享的需要。

第二十一条　省、自治区、直辖市人民政府和国务院有关部门的办公厅（室）应当管好、用好计算机远程工作站，严格遵守国家有关安全、保密的规定。

第七章　附　则

第二十二条　本办法由国务院办公厅秘书局负责解释，并根据施行情况适时修订。

第二十三条　本办法自 1995 年 11 月 1 日起施行。

附录 2
关于加强信息资源开发利用工作的若干意见

中共中央办公厅、国务院办公厅
关于加强信息资源开发利用工作的若干意见
（中办发〔2004〕34 号）

为贯彻党的十六大和十六届三中、四中全会精神，树立和落实科学发展观，坚持走新型工业化道路，以信息化带动工业化、以工业化促进信息化，充分发挥信息资源开发利用在信息化建设中的重要作用，推进经济结构调整和经济增长方式转变，实现经济社会全面协调可持续发展，经党中央、国务院同意，现就加强信息资源开发利用工作提出如下意见。

一、充分认识信息资源开发利用工作的重要性和紧迫性

（一）高度重视信息资源开发利用对促进经济社会发展的重要作用。信息资源作为生产要素、无形资产和社会财富，与能源、材料资源同等重要，在经济社会资源结构中具有不可替代的地位，已成为经济全球化背景下国际竞争的一个重点。加强信息资源开发利用、提高开发利用水平，是落实科学发展观、推动经济社会全面发展的重要途径，是增强我国综合国力和国际竞争力的必然选择。加强信息资源开发利用，有利于促进经济增长方式根本转变，建设资源节约型社会；有利于推动政府转变职能，更好地履行经济调节、市场监督、社会管理和公共服务职责；有利于体现以人为本，满足人民群众日益增长的物质文化需求；有利于发展信息资源产业，推动传统产业改造，优化经济结构。

（二）进一步增强推进信息资源开发利用工作的紧迫感。近年来，我国信息化建设取得了重要进展，信息资源总量不断增加，质量逐步提高，在现代化建设中日益发挥重要作用。但必须看到，当前信息资源开发利用工作仍存在诸多问题，主要是：信息资源开发不足、利用不够、效益不高，相对滞后于信息基础设施建设；政府信息公开制度尚不完善，政务信息资源共享困难、采集重复；公益性信息服务机制尚未理顺；信息资源开发利用市场化、产业化程度低，产业规模较小，缺乏国际竞争力；信息安全保障体系不够健全，对不良信息的综合治理亟待加强；相关法律法规及标准化体系需要完善。各

级党委和政府必须担负起加强信息资源开发利用工作的重要责任，采取有效措施，抓紧解决工作中存在的问题，不断提高信息资源开发利用水平。

二、加强信息资源开发利用工作的指导思想、主要原则和总体任务

（三）加强信息资源开发利用工作的指导思想是：坚持以邓小平理论和"三个代表"重要思想为指导，牢固树立和落实科学发展观，以体制创新和机制创新为动力，以政务信息资源开发利用为先导，充分发挥公益性信息服务的作用，提高信息资源产业的社会效益和经济效益，完善信息资源开发利用的保障环境，推动信息资源的优化配置，促进社会主义物质文明、政治文明和精神文明协调发展。

（四）加强信息资源开发利用工作的主要原则是：（1）统筹协调。正确处理加快发展与保障安全、公开信息与保守秘密、开发利用与规范管理、重点突破与全面推进的关系，综合运用不同机制和措施，因地制宜，分类指导，分步推进，促进不同领域、不同区域的信息资源开发利用工作协调发展。（2）需求导向。紧密结合国民经济和社会发展需求，结合人民群众日益增长的物质文化需求，重视解决实际问题，以利用促开发，实现社会效益和经济效益的统一。（3）创新开放。坚持观念创新、制度创新、管理创新和技术创新，充分利用国际国内两个市场、两种资源，鼓励竞争，扩大交流与合作。（4）确保安全。增强全民信息安全意识，建立健全信息安全保障体系，加强领导，落实责任，综合运用法律、行政、经济和技术手段，强化信息安全管理，依法打击违法犯罪活动，维护国家安全和社会稳定。

（五）加强信息资源开发利用工作的总体任务是：强化全社会的信息意识，培育市场，扩大需求，发展壮大信息资源产业；着力开发和有效利用生产、经营活动中的信息资源，推进政府信息公开和政务信息共享，增强公益性信息服务能力，拓宽服务范围；完善法律法规和标准化体系，推动我国信息资源总量增加、质量提高、结构优化，提升全社会信息资源开发利用水平，提高信息化建设的综合效益。

三、加强政务信息资源的开发利用

（六）建立健全政府信息公开制度。加快推进政府信息公开，制定政府信息公开条例，编制政府信息公开目录。充分利用政府门户网站、重点新闻网站、报刊、广播、电视等媒体以及档案馆、图书馆、文化馆等场所，为公众获取政府信息提供便利。

（七）加强政务信息共享。根据法律规定和履行职责的需要，明确相关部门和地区信息共享的内容、方式和责任，制定标准规范，完善信息共享制度。当前，要结合重点政务工作，推动需求迫切、效益明显的跨部门、跨地区信息共享。继续开展人口、企业、地理空间等基础信息共享试点工作，探索有效机制，总结经验，逐步推广。依托统一的电子政务网络平台和信息安全基础设施，建设政务信息资源目录体系和交换体系，支持信息共享和业务协同。规划和实施电子政务项目，必须考虑信息资源的共享与整合，避免重复建设。

（八）规范政务信息资源社会化增值开发利用工作。对具有经济和社会价值、允许加工利用的政务信息资源，应鼓励社会力量进行增值开发利用。有关部门要按照公平、

公正、公开的原则，制定政策措施和管理办法，授权申请者使用相关政务信息资源，规范政务信息资源使用行为和社会化增值开发利用工作。

（九）提高宏观调控和市场监管能力。加强对经济信息的采集、整合、分析，为完善宏观调控提供信息支持。深化金融、海关、税务、工商行政管理等部门的信息资源开发利用工作，提高监管能力和服务水平。推动信用信息资源建设，健全社会信用体系。重视基础信息资源建设，强化对土地、矿产等自然资源的管理。

（十）合理规划政务信息的采集工作。明确信息采集工作的分工，加强协作，避免重复，降低成本，减轻社会负担。各地区各部门要严格履行信息采集职责，遵循标准和流程要求，确保所采集信息的真实、准确、完整和及时。要统筹协调基础信息数据库的信息采集分工、持续更新和共享服务工作，增强地理空间等基础信息资源的自主保障能力。加快以传统载体保存的公文、档案、资料等信息资源的数字化进程。

（十一）加强政务信息资源管理。制定政务信息资源分级分类管理办法，建立健全采集、登记、备案、保管、共享、发布、安全、保密等方面的规章制度，推进政务信息资源的资产管理工作。

四、加强信息资源的公益性开发利用和服务

（十二）支持和鼓励信息资源的公益性开发利用。政务部门要结合工作特点和社会需求，主动为企业和公众提供公益性信息服务，积极向公益性机构提供必要的信息资源。建立投入保障机制，支持重点领域信息资源的公益性开发利用项目。制定政策，引导和鼓励企业、公众和其他组织开发信息资源，开展公益性信息服务，或按有关规定投资设立公益性信息服务机构。重视发挥中介机构的作用，支持著作权拥有人许可公益性信息机构利用其相关信息资源开展公益性服务。

（十三）增强信息资源的公益性服务能力。加强农业、科技、教育、文化、卫生、社会保障和宣传等领域的信息资源开发利用。加大向农村、欠发达地区和社会困难群体提供公益性信息服务的力度。推广人民群众需要的公益性信息服务典型经验。

（十四）促进信息资源公益性开发利用的有序发展。明晰公益性与商业性信息服务界限，确定公益性信息机构认定标准并规范其服务行为，形成合理的定价机制。妥善处理发展公益性信息服务和保护知识产权的关系。

五、促进信息资源市场繁荣和产业发展

（十五）加快信息资源开发利用市场化进程。积极发展信息资源市场，发挥市场对信息资源配置的基础性作用。打破行业垄断、行政壁垒和地方保护，营造公平的市场竞争环境，促进信息商品流通，鼓励信息消费，扩大有效需求。政务部门要积极采用外包、政府采购等方式从市场获取高质量、低成本的信息商品和服务。

（十六）促进信息资源产业健康快速发展。研究制定促进信息资源产业发展的政策和规划。鼓励文化、出版、广播影视等行业发展数字化产品，提供网络化服务。促进信息咨询、市场调查等行业发展，繁荣和规范互联网信息服务业。开展信息资源产业统计分析工作，完善信息资产评估制度。鼓励信息资源企业参与国际竞争。

（十七）加强企业和行业的信息资源开发利用工作。推进企业信息化，发展电子商务，鼓励企业建立并逐步完善信息系统，在生产、经营、管理等环节深度开发并充分利用信息资源，提高竞争能力和经济效益。建立行业和大型企业数据库，健全行业信息发布制度，引导企业提高管理和决策水平。注重推动高物耗、高能耗和高污染产业的改造，着力提高电力、交通、水利等重要基础设施的使用效能。

（十八）依法保护信息资源产品的知识产权。加大保护知识产权执法力度，严厉打击盗版侵权等违法行为。健全著作权管理制度，建立著作权集体管理组织。完善网络环境下著作权保护和数据库保护等方面的法律法规。

（十九）建立和完善信息资源市场监管体系。适应数字化和网络化发展形势，建立健全协调一致、职责明确、运转有效的监管体制，完善法律法规和技术手段，强化信息资源市场监管工作。加强市场准入管理，提高信息资源产品审批效率，完善登记备案和事后监督制度。保护信息资源生产者、经营者和消费者的合法权益。

六、完善信息资源开发利用工作的保障环境

（二十）加强组织协调和统筹规划。各级党委和政府要加强领导，理顺信息资源管理体制，强化对信息资源开发利用工作的组织协调、统筹规划和监督管理。要制定信息资源开发利用专项规划，并纳入国民经济和社会发展规划。

（二十一）增加资金投入并提高其使用效益。保障政务信息资源的建设管理、采集更新、运行维护、长期保存和有效利用，相应经费要纳入预算管理。鼓励企业和公众投资信息资源开发利用领域。多渠道筹集资金，支持政策研究、标准制定、科技研发、试点示范以及重点信息资源开发。加强资金使用管理，提高效益，降低风险。

（二十二）加强相关法律法规体系建设。积极开展调查研究，确定立法重点，制定相应的立法计划，加快立法进程，及时颁布需求迫切的法律法规，为信息资源开发利用工作提供有力的法律保障。

（二十三）加强标准化工作。建立信息资源开发利用标准化工作的统一协调机制，制定信息资源标准、信息服务标准和相关技术标准。突出重点，抓紧制定信息资源分类和基础编码等急需的国家标准，并强化对国家标准的宣传贯彻。推进公民身份号码和组织机构代码的广泛应用。

（二十四）推进关键技术研发和成果转化。支持有广泛需求、可拥有自主知识产权的技术研发，促进信息资源开发利用技术成果的商品化、产业化和推广应用。国家重点支持核心技术攻关，力求在关键领域取得突破。

（二十五）营造公众利用信息资源的良好环境。采取有效措施，逐步形成以多种渠道、多种方式和多种终端方便公众获取信息资源的环境。鼓励、扶持在街道社区和乡镇建设适用的信息服务设施。提高互联网普及率，丰富网上中文信息资源，加强公众使用互联网的技能培训，支持上网营业场所向连锁经营方向发展。发挥广播电视普及、便捷的优势，推动广播电视数字化进程和产业发展。充分利用电信网、广电网、互联网开发利用信息资源。

（二十六）加强信息安全保障工作。贯彻落实国家关于加强信息安全保障工作的方

针政策，提高信息安全保障能力。健全信息安全监管机制，倡导网络道德规范，创建文明健康的信息和网络环境。遏止影响国家安全和社会稳定的各种违法、有害信息的制作和传播，依法打击窃取、盗用、破坏、篡改信息等行为。实行信息安全等级保护制度。加强信息安全技术开发应用，重视引进信息技术及产品的安全管理。建立和完善信息公开审查制度，增强对涉密系统的检查测评能力。加快修订《中华人民共和国保守国家秘密法》，推进信息安全、个人信息保护、未成年人在线行为保护等法律问题的研究工作。

（二十七）加大宣传教育和人才培养力度。加强宣传教育工作，提高全民信息意识。重视业务能力培养和信息安全、法律法规教育。加强高等院校信息资源开发利用相关学科和专业建设，将信息资源管理等课程纳入教学计划。发挥各类教育培训体系作用，积极开展信息资源开发利用相关人员的知识与技能培训。

军队信息资源开发利用工作，由解放军信息化领导小组作出规定。

中共中央办公厅秘书局 2004 年 12 月 13 日印发

附录3 国家电子政务总体框架

关于印发《国家电子政务总体框架》的通知
（国信〔2006〕2号）

各省、自治区、直辖市信息化领导小组，中央和国家机关各部委信息化领导小组，解放军信息化领导小组：

现将《国家电子政务总体框架》印发你们，请结合实际认真组织贯彻执行。

国家信息化领导小组
二〇〇六年三月十九日

国家电子政务总体框架

推行电子政务是国家信息化工作的重点，是深化行政管理体制改革的重要措施，是支持各级党委、人大、政府、政协、法院、检察院履行职能的有效手段。《中共中央办公厅国务院办公厅关于转发〈国家信息化领导小组关于我国电子政务建设指导意见〉的通知》（中办发〔2002〕17号）印发以来，经过各地区、各部门共同努力，重点业务系统的应用进展顺利，统一电子政务网络不断推进，基础信息库和标准化体系建设开始起步，信息安全保障能力不断增强。但从总体上看，我国电子政务仍处于初步发展阶段，还存在一些亟待解决的问题，主要是：信息资源共享机制尚未建立；建设和应用发展不平衡，应用系统的潜能没有得到充分发挥，公共服务效率低；法律法规和标准化工作滞后，安全保障能力有待进一步提高；电子政务建设、管理、运行体制不完善，创新能力不强。要采取切实有效措施，认真解决这些问题。"十一五"是承前启后的重要时期。我国电子政务建设将进入以深化应用为显著特征的新的发展阶段。为指导"十一五"期间各地区、各部门更好地推行电子政务，促进全国电子政务健康发展，特制定《国家电子政务总体框架》。

一、总体要求与目标

构建国家电子政务总体框架的要求是：以邓小平理论和"三个代表"重要思想为指导，全面贯彻落实科学发展观，进一步发挥电子政务对加强经济调节、市场监管的作用，更加注重对改善社会管理、公共服务的作用，坚持政府主导与社会参与相结合，坚持深化应用与提高产业技术水平相结合，坚持促进发展与保障信息安全相结合，保持政策的连续性与稳定性，统筹兼顾中央与地方需求，以提高应用水平为重点，以政务信息资源开发利用为主线，建立信息共享和业务协同机制，更好地促进行政管理体制改革，带动信息化发展，走中国特色的电子政务发展道路。构建国家电子政务总体框架的目标是：到2010年，覆盖全国的统一的电子政务网络基本建成，目录体系与交换体系、信息安全基础设施初步建立，重点应用系统实现互联互通，政务信息资源公开和共享机制初步建立，法律法规体系初步形成，标准化体系基本满足业务发展需求，管理体制进一步完善，政府门户网站成为政府信息公开的重要渠道，50％以上的行政许可项目能够实现在线处理，电子政务公众认知度和公众满意度进一步提高，有效降低行政成本，提高监管能力和公共服务水平。

二、总体框架的构成

国家电子政务总体框架的构成包括：服务与应用系统、信息资源、基础设施、法律法规与标准化体系、管理体制。推进国家电子政务建设，服务是宗旨，应用是关键，信息资源开发利用是主线，基础设施是支撑，法律法规、标准化体系、管理体制是保障。框架是一个统一的整体，在一定时期内相对稳定，具体内涵将随着经济社会发展而动态变化。各地区、各部门按照中央和地方事权划分，在国家电子政务总体框架指导下，结合实际，突出重点，分工协作，共同推进电子政务建设。

三、服务与应用系统

服务是电子政务建设的出发点和落脚点。要紧紧围绕服务对象的需求，选择优先支持的政府业务，统筹规划应用系统建设，提高各级政府的综合服务能力。

（一）服务体系

电子政务服务主要包括面向公众、企事业单位和政府的各种服务。服务的实现程度、服务效率、服务质量是电子政务建设成败的关键。要以服务对象为中心，以网络为载体，逐步建立电子政务服务体系。通过计算机、电视、电话等多种手段，把服务延伸到街道社区和村镇，惠及全民。面向城乡公众生活、学习、工作的多样化需求，在婚姻登记、计划生育、户籍管理、教育、文化、卫生保健、公用事业、住房、出入境、兵役、民主参与、就业、社会保障、交通、纳税等方面提供电子政务服务，为城乡困难群众提供更加便利的服务。按照建设社会主义新农村的要求，重视为农民提供涉农政策、科技知识、气象、农产品和农资市场信息、劳动力转移、教育、合作医疗、农用地规划、乡村建设、灾害防治等服务。按照提高对外开放水平的要求，为外籍人员提供出入境、商务活动、旅游观光、文化教育、在华就业等服务。面向企事业单位开展经济社会活动的需求，在企事业单位设立、纳税、年检年审、质量检查、安全防护、商务活动、对外交流、劳动保障、人力资源、资质认证、建设管理、破产登记等方面提供电子政务服务。政府通过整合和共享信息资源，满足经济社会发展的需要。为满足政府服务公众和企事业单位的需求，在人口登记和管理、法人登记和管理、产品登记和管理、市场准入和从业资格许可、特许经营和社会活动许可、企事业单位和公民社会义务管理、企事业单位和公民权益管理、社会应急事务管理等方面实现信息共享。为满足政府经济管理和社会管理的需要，提供市场与经济运行、农业与农村、资源与环境、行政与司法、公共安全与国家利益等方面的信息监测与分析服务。为满足各级领导科学决策的需要，提供信息汇总、信息分析等服务。为满足政府提高管理效能的需要，提供人力资源管理、财政事务管理、物资管理等信息服务。

（二）优先支持的业务

"十一五"期间，主要围绕公众、企事业单位和政府的需要，选择社会公众关注度高、经济社会效益明显、业务流程相对稳定、信息密集、实时性强的政府业务，作为电子政务优先支持的业务。从提高工作效率、监管能力和公共服务水平，降低行政成本出发，应优先支持办公、财政管理、税收管理、金融监管、进出口管理、涉农管理与服务、食品药品安全监管、信用监管、资源管理、环境保护、公共安全管理、社会保障、司法保障等业务。这些业务是支持政府提供多样化服务的重要基础，也是规划应用系统建设的重要依据。各地区要结合实际，确定本地区电子政务需要优先支持的业务。

（三）应用系统

应用系统是电子政务建设的主要内容。到目前为止，国家已建、在建和拟建的电子政务应用系统包括办公、宏观经济、财政、税务、金融、海关、公共安全、社会保障、农业、质量监督、检验检疫、防汛指挥、国土资源、人事人才、新闻出版、环境保护、城市管理、国有资产监管、企业信用监管、药品监管等，为党委、人大、政府、政协、法院、检察院提供了电子政务技术支持。"十一五"期间，要围绕优先支持的业务，以政务信息资源开发利用为主线，以政务信息资源目录体系与交换体系为支撑，兼顾中央和地方的信息需求，统筹规划应用系统建设。重点是完善已建应用系统，强化已建系统的应用，推动互联互通和信息共享，支持部门间业务协同。对新建的应用系统，要根据业务发展需要，统筹规划建设。各地区、各部门要做好需要优先支持业务的流程梳理，搞好部门应用系统和地方综合应用系统的衔接。应用系统建设要有利于深化政府机构改革和优化组织结构，避免简单地在原有体制和业务流程基础上建设应用系统。

四、信息资源

政务信息资源是政府在履行职能过程中产生或使用的信息，为政务公开、业务协同、辅助决策、公共服务等提供信息支持。政务信息资源开发利用是推进电子政务建设的主线，是深化电子政务应用取得实效的关键。

（一）信息采集和更新

各级政府要根据依法行政的要求，明确界定各部门的信息采集和更新权责，保证信息的准确性和时效性。对于相关部门共同需要、面向社会采集的信息，要理顺和规范信息采集流程，明确信息采集工作的分工，形成有序采集的机制，减轻社会公众和企业的负担。结合业务活动的开展，建立信息更新机制，保证信息资源的准确、完整和及时更新。

（二）信息公开和共享

各级政府要围绕社会公众和企事业单位最关心、最直接、最现实的利益问题，以公开为原则，以不公开为例外，编制政府信息公开目录，及时、准确地向社会公开行政决策的程序和结果，提高政府的透明度和办事效率，拓宽群众参政议政的渠道，保证人民群众依法行使选举权、知情权、参与权、监督权。要统筹兼顾中央和地方需求，依托政务信息资源目录体系与交换体系，实现跨地区、跨部门信息资源共享。围绕部门间业务协同的需要，以依法履行职能为前提，根据应用主题明确信息共享的内容、方式和责任，编制政府信息共享目录，逐步实现政府信息按需共享，支持面向社会和政府的服务。中央各部门的应用系统要为地方政府和部门开展社会管理和公共服务提供信息支持。围绕优先支持的业务，加强已建应用系统间的信息资源共享。新建应用系统要把实现信息共享作为重要条件。

（三）基础信息资源

基础信息资源来源于相关部门的业务信息，具有基础性、基准性、标识性、稳定性等特征。人口、法人单位、自然资源和地理空间等基础信息的采集部门要按照"一数一源"的原则，避免重复采集，结合业务活动的开展，保证基础信息的准确、完整、及时更新和共享。基础信息库分级建设、运行、管理，边建设边发挥作用。国家基础信息库实行分别建设、统一管理、共享共用。各地要探索符合实际的基础信息库建设、管理和应用模式。

五、基础设施

基础设施包括国家电子政务网络、政务信息资源目录体系与交换体系、信息安全基础设施。基础设施建设要统筹规划，避免重复投资和盲目建设，提高整体使用效益。

（一）国家电子政务网络

国家电子政务网络由基于国家电子政务传输网的政务内网和政务外网组成。政务内网由党委、人大、政府、政协、法院、检察院的业务网络互联互通形成，主要满足各级政务部门内部办公、管理、协调、监督以及决策需要，同时满足副省级以上政务部门特殊办公需要。政务外网主要满足各级政务部门进行社会管理、公共服务等面向社会服务的需要。充分利用国家公共通信资源，形成连接中央和地方的统一的国家电子政务传输骨干网。中央和各级地方按照统一标准规范、统一地址和域名，分级规划，分别实施，分级管理，推进电子政务网络建设，逐级实现互联互通。积极推进基于互联网的电子政务建设。各地区、各部门开展电子政务建设，原则上必须依托国家电子政务网络进行。

（二）政务信息资源目录体系与交换体系

按照统一的标准和规范，逐步建立政务信息资源目录体系，为各级政府提供信息查询和共享服务；逐步建立跨部门的政务信息资源交换体系，围绕部门内信息的纵向汇聚和传递、部门间在线实时信息的横向交换等需求，为各级政府的社会管理、公共服务和辅助决策等提供信息交换和共享服务。依托统一的国家电子政务网络，以优先支持的业务为切入点，统筹规划、分级建设覆盖全国的政务信息资源目录体系与交换体系，支持信息的交换与共享。

（三）信息安全基础设施

围绕深化应用的需要，加强和规范电子政务网络信任体系建设，建立有效的身份认证、授权管理和责任认定机制。建立健全信息安全监测系统，提高对网络攻击、病毒入侵的防范能力和网络失泄密的检查发现能力。统筹规划电子政务应急响应与灾难备份建设。完善密钥管理基础设施，充分利用密码、访问控制等技术保护电子政务安全，促进应用系统的互联互通和信息共享。要把信息安全基础设施建设与完善信息安全保障体系结合起来，按照"谁主管谁负责，谁运行谁负责"的要求，明确信息安全责任。根据网络的重要性和应用系统的涉密程度、安全风险等因素，划分安全域，确定安全保护等级，搞好风险评估，推动不同信息安全域的安全互联。

六、法律法规与标准化体系

围绕规范信息资源开发利用和基础设施、应用系统、信息安全等建设与管理的需要，开展电子政务法研究，推动政府信息公开、政府信息共享、政府网站管理、政务网络管理、电子政务项目管理等方面法规建设，推动开展修订相关法律法规的研究。

电子政务标准化体系以国家标准为主体，充分发挥行业标准在应用系统建设中的作用，由总体标准、应用标准、应用支撑标准、信息安全标准、网络基础设施标准、管理标准等组成，是电子政务建设和发展的基础，是确保系统互联互通互操作的技术支撑，是电子政务工程项目规划设计、建设管理、运行维护、绩效评估的管理规范。要重点制定电子公文交换、电子政务主题词表、业务流程设计、信息化工程监理、电子政务网络、目录体系与交换体系、电子政务数据元等标准，逐步建立标准符合性测试环境。加强标准宣传、贯彻和培训，强化标准在电子政务建设各个环节中的应用，规范各地区、各部门电子政务建设。

七、管理体制

各地区、各部门要按照国家信息化领导小组的部署，相互配合，相互支持，共同促进我国电子政务协调健康发展。要加快推进各方面改革，使关系电子政务发展全局的重大体制改革取得突破性进展，建立健全与社会主义市场经济体制相适应的电子政务管理体制。各相关部门要进一步加强和改进管理，促进电子政务充满活力、富有效率、健康发展。把电子政务建设和转变政府职能与创新政府管理紧密结合起来，形成电子政务发展与深化行政管理体制改革相互促进、共同发展的机制；创新电子政务建设模式，逐步形成以政府为主、社会参与的多元化投资机制，提高电子政务建设和运行维护的专业化、社会化服务水平；围绕电子政务的建设和应用，加强技术研发，提高产业素质，严格执行《政府采购法》和《招标投标法》，形成有利于信息技术创新和信息产业发展的机制。国信办要认真组织落实国家信息化领导小组关于电子政务工作的各项决议，协调解决相关问题。

附录4 中华人民共和国政府信息公开条例

中华人民共和国国务院令
第 492 号

《中华人民共和国政府信息公开条例》已经 2007 年 1 月 17 日国务院第 165 次常务会议通过，现予公布，自 2008 年 5 月 1 日起施行。

总　理　温家宝
二〇〇七年四月五日

中华人民共和国政府信息公开条例

第一章　总　则

第一条　为了保障公民、法人和其他组织依法获取政府信息，提高政府工作的透明度，促进依法行政，充分发挥政府信息对人民群众生产、生活和经济社会活动的服务作用，制定本条例。

第二条　本条例所称政府信息，是指行政机关在履行职责过程中制作或者获取的，以一定形式记录、保存的信息。

第三条　各级人民政府应当加强对政府信息公开工作的组织领导。

国务院办公厅是全国政府信息公开工作的主管部门，负责推进、指导、协调、监督全国的政府信息公开工作。

县级以上地方人民政府办公厅（室）或者县级以上地方人民政府确定的其他政府信息公开工作主管部门负责推进、指导、协调、监督本行政区域的政府信息公开工作。

第四条　各级人民政府及县级以上人民政府部门应当建立健全本行政机关的政府信息公开工作制度，并指定机构（以下统称政府信息公开工作机构）负责本行政机关政府信息公开的日常工作。

政府信息公开工作机构的具体职责是：

（一）具体承办本行政机关的政府信息公开事宜；

（二）维护和更新本行政机关公开的政府信息；

（三）组织编制本行政机关的政府信息公开指南、政府信息公开目录和政府信息公开工作年度报告；

（四）对拟公开的政府信息进行保密审查；

（五）本行政机关规定的与政府信息公开有关的其他职责。

第五条 行政机关公开政府信息，应当遵循公正、公平、便民的原则。

第六条 行政机关应当及时、准确地公开政府信息。行政机关发现影响或者可能影响社会稳定、扰乱社会管理秩序的虚假或者不完整信息的，应当在其职责范围内发布准确的政府信息予以澄清。

第七条 行政机关应当建立健全政府信息发布协调机制。行政机关发布政府信息涉及其他行政机关的，应当与有关行政机关进行沟通、确认，保证行政机关发布的政府信息准确一致。行政机关发布政府信息依照国家有关规定需要批准的，未经批准不得发布。

第八条 行政机关公开政府信息，不得危及国家安全、公共安全、经济安全和社会稳定。

第二章 公开的范围

第九条 行政机关对符合下列基本要求之一的政府信息应当主动公开：

（一）涉及公民、法人或者其他组织切身利益的；

（二）需要社会公众广泛知晓或者参与的；

（三）反映本行政机关机构设置、职能、办事程序等情况的；

（四）其他依照法律、法规和国家有关规定应当主动公开的。

第十条 县级以上各级人民政府及其部门应当依照本条例第九条的规定，在各自职责范围内确定主动公开的政府信息的具体内容，并重点公开下列政府信息：

（一）行政法规、规章和规范性文件；

（二）国民经济和社会发展规划、专项规划、区域规划及相关政策；

（三）国民经济和社会发展统计信息；

（四）财政预算、决算报告；

（五）行政事业性收费的项目、依据、标准；

（六）政府集中采购项目的目录、标准及实施情况；

（七）行政许可的事项、依据、条件、数量、程序、期限以及申请行政许可需要提交的全部材料目录及办理情况；

（八）重大建设项目的批准和实施情况；

（九）扶贫、教育、医疗、社会保障、促进就业等方面的政策、措施及其实施情况；

（十）突发公共事件的应急预案、预警信息及应对情况；

（十一）环境保护、公共卫生、安全生产、食品药品、产品质量的监督检查情况。

第十一条 设区的市级人民政府、县级人民政府及其部门重点公开的政府信息还应当包括下列内容：

（一）城乡建设和管理的重大事项；

（二）社会公益事业建设情况；

（三）征收或者征用土地、房屋拆迁及其补偿、补助费用的发放、使用情况；

（四）抢险救灾、优抚、救济、社会捐助等款物的管理、使用和分配情况。

第十二条 乡（镇）人民政府应当依照本条例第九条的规定，在其职责范围内确定主动公开的政府信息的具体内容，并重点公开下列政府信息：

（一）贯彻落实国家关于农村工作政策的情况；

（二）财政收支、各类专项资金的管理和使用情况；

（三）乡（镇）土地利用总体规划、宅基地使用的审核情况；

（四）征收或者征用土地、房屋拆迁及其补偿、补助费用的发放、使用情况；

（五）乡（镇）的债权债务、筹资筹劳情况；

（六）抢险救灾、优抚、救济、社会捐助等款物的发放情况；

（七）乡镇集体企业及其他乡镇经济实体承包、租赁、拍卖等情况；

（八）执行计划生育政策的情况。

第十三条 除本条例第九条、第十条、第十一条、第十二条规定的行政机关主动公开的政府信息外，公民、法人或者其他组织还可以根据自身生产、生活、科研等特殊需要，向国务院部门、地方各级人民政府及县级以上地方人民政府部门申请获取相关政府信息。

第十四条 行政机关应当建立健全政府信息发布保密审查机制，明确审查的程序和责任。

行政机关在公开政府信息前，应当依照《中华人民共和国保守国家秘密法》以及其他法律、法规和国家有关规定对拟公开的政府信息进行审查。

行政机关对政府信息不能确定是否可以公开时，应当依照法律、法规和国家有关规定报有关主管部门或者同级保密工作部门确定。

行政机关不得公开涉及国家秘密、商业秘密、个人隐私的政府信息。但是，经权利人同意公开或者行政机关认为不公开可能对公共利益造成重大影响的涉及商业秘密、个人隐私的政府信息，可以予以公开。

第三章　公开的方式和程序

第十五条 行政机关应当将主动公开的政府信息，通过政府公报、政府网站、新闻发布会以及报刊、广播、电视等便于公众知晓的方式公开。

第十六条 各级人民政府应当在国家档案馆、公共图书馆设置政府信息查阅场所，并配备相应的设施、设备，为公民、法人或者其他组织获取政府信息提供便利。

行政机关可以根据需要设立公共查阅室、资料索取点、信息公告栏、电子信息屏等场所、设施，公开政府信息。

行政机关应当及时向国家档案馆、公共图书馆提供主动公开的政府信息。

第十七条 行政机关制作的政府信息，由制作该政府信息的行政机关负责公开；行政机关从公民、法人或者其他组织获取的政府信息，由保存该政府信息的行政机关负责公开。法律、法规对政府信息公开的权限另有规定的，从其规定。

第十八条　属于主动公开范围的政府信息，应当自该政府信息形成或者变更之日起20 个工作日内予以公开。法律、法规对政府信息公开的期限另有规定的，从其规定。

第十九条　行政机关应当编制、公布政府信息公开指南和政府信息公开目录，并及时更新。

政府信息公开指南，应当包括政府信息的分类、编排体系、获取方式，政府信息公开工作机构的名称、办公地址、办公时间、联系电话、传真号码、电子邮箱等内容。

政府信息公开目录，应当包括政府信息的索引、名称、内容概述、生成日期等内容。

第二十条　公民、法人或者其他组织依照本条例第十三条规定向行政机关申请获取政府信息的，应当采用书面形式（包括数据电文形式）；采用书面形式确有困难的，申请人可以口头提出，由受理该申请的行政机关代为填写政府信息公开申请。

政府信息公开申请应当包括下列内容：

（一）申请人的姓名或者名称、联系方式；

（二）申请公开的政府信息的内容描述；

（三）申请公开的政府信息的形式要求。

第二十一条　对申请公开的政府信息，行政机关根据下列情况分别作出答复：

（一）属于公开范围的，应当告知申请人获取该政府信息的方式和途径；

（二）属于不予公开范围的，应当告知申请人并说明理由；

（三）依法不属于本行政机关公开或者该政府信息不存在的，应当告知申请人，对能够确定该政府信息的公开机关的，应当告知申请人该行政机关的名称、联系方式；

（四）申请内容不明确的，应当告知申请人作出更改、补充。

第二十二条　申请公开的政府信息中含有不应当公开的内容，但是能够作区分处理的，行政机关应当向申请人提供可以公开的信息内容。

第二十三条　行政机关认为申请公开的政府信息涉及商业秘密、个人隐私，公开后可能损害第三方合法权益的，应当书面征求第三方的意见；第三方不同意公开的，不得公开。但是，行政机关认为不公开可能对公共利益造成重大影响的，应当予以公开，并将决定公开的政府信息内容和理由书面通知第三方。

第二十四条　行政机关收到政府信息公开申请，能够当场答复的，应当当场予以答复。

行政机关不能当场答复的，应当自收到申请之日起 15 个工作日内予以答复；如需延长答复期限的，应当经政府信息公开工作机构负责人同意，并告知申请人，延长答复的期限最长不得超过 15 个工作日。

申请公开的政府信息涉及第三方权益的，行政机关征求第三方意见所需时间不计算在本条第二款规定的期限内。

第二十五条　公民、法人或者其他组织向行政机关申请提供与其自身相关的税费缴纳、社会保障、医疗卫生等政府信息的，应当出示有效身份证件或者证明文件。

公民、法人或者其他组织有证据证明行政机关提供的与其自身相关的政府信息记录不准确的，有权要求该行政机关予以更正。该行政机关无权更正的，应当转送有权更正的行政机关处理，并告知申请人。

第二十六条　行政机关依申请公开政府信息，应当按照申请人要求的形式予以提供；无法按照申请人要求的形式提供的，可以通过安排申请人查阅相关资料、提供复制件或者其他适当形式提供。

第二十七条　行政机关依申请提供政府信息，除可以收取检索、复制、邮寄等成本费用外，不得收取其他费用。行政机关不得通过其他组织、个人以有偿服务方式提供政府信息。

行政机关收取检索、复制、邮寄等成本费用的标准由国务院价格主管部门会同国务院财政部门制定。

第二十八条　申请公开政府信息的公民确有经济困难的，经本人申请、政府信息公开工作机构负责人审核同意，可以减免相关费用。

申请公开政府信息的公民存在阅读困难或者视听障碍的，行政机关应当为其提供必要的帮助。

第四章　监督和保障

第二十九条　各级人民政府应当建立健全政府信息公开工作考核制度、社会评议制度和责任追究制度，定期对政府信息公开工作进行考核、评议。

第三十条　政府信息公开工作主管部门和监察机关负责对行政机关政府信息公开的实施情况进行监督检查。

第三十一条　各级行政机关应当在每年 3 月 31 日前公布本行政机关的政府信息公开工作年度报告。

第三十二条　政府信息公开工作年度报告应当包括下列内容：

（一）行政机关主动公开政府信息的情况；

（二）行政机关依申请公开政府信息和不予公开政府信息的情况；

（三）政府信息公开的收费及减免情况；

（四）因政府信息公开申请行政复议、提起行政诉讼的情况；

（五）政府信息公开工作存在的主要问题及改进情况；

（六）其他需要报告的事项。

第三十三条　公民、法人或者其他组织认为行政机关不依法履行政府信息公开义务的，可以向上级行政机关、监察机关或者政府信息公开工作主管部门举报。收到举报的机关应当予以调查处理。

公民、法人或者其他组织认为行政机关在政府信息公开工作中的具体行政行为侵犯其合法权益的，可以依法申请行政复议或者提起行政诉讼。

第三十四条　行政机关违反本条例的规定，未建立健全政府信息发布保密审查机制的，由监察机关、上一级行政机关责令改正；情节严重的，对行政机关主要负责人依法给予处分。

第三十五条　行政机关违反本条例的规定，有下列情形之一的，由监察机关、上一级行政机关责令改正；情节严重的，对行政机关直接负责的主管人员和其他直接责任人员依法给予处分；构成犯罪的，依法追究刑事责任：

（一）不依法履行政府信息公开义务的；

（二）不及时更新公开的政府信息内容、政府信息公开指南和政府信息公开目录的；

（三）违反规定收取费用的；

（四）通过其他组织、个人以有偿服务方式提供政府信息的；

（五）公开不应当公开的政府信息的；

（六）违反本条例规定的其他行为。

第五章　附　则

第三十六条　法律、法规授权的具有管理公共事务职能的组织公开政府信息的活动，适用本条例。

第三十七条　教育、医疗卫生、计划生育、供水、供电、供气、供热、环保、公共交通等与人民群众利益密切相关的公共企事业单位在提供社会公共服务过程中制作、获取的信息的公开，参照本条例执行，具体办法由国务院有关主管部门或者机构制定。

第三十八条　本条例自 2008 年 5 月 1 日起施行。

附录5 关于进一步加强政府信息公开 回应社会关切提升政府公信力的意见

国务院办公厅关于进一步加强 政府信息公开回应社会关切提升政府公信力的意见

（国办发〔2013〕100 号）

各省、自治区、直辖市人民政府，国务院各部委、各直属机构：

依法实施政府信息公开是人民政府密切联系群众、转变政风的内在要求，是建设现代政府，提高政府公信力，稳定市场预期，保障公众知情权、参与权、监督权的重要举措。《中华人民共和国政府信息公开条例》施行以来，政府信息公开迈出重大步伐，取得显著成效。随着互联网技术的迅猛发展和信息传播方式的深刻变革，社会公众对政府工作知情、参与和监督意识不断增强，对各级行政机关依法公开政府信息、及时回应公众关切和正确引导舆情提出了更高要求。与公众期望相比，当前一些地方和部门仍然存在政府信息公开不主动、不及时，面对公众关切不回应、不发声等问题，易使公众产生误解或质疑，给政府形象和公信力造成不良影响。为进一步做好政府信息公开工作，增强公开实效，提升政府公信力，经国务院同意，现提出以下意见。

一、进一步加强平台建设

（一）进一步加强新闻发言人制度建设。要以主动做好重要政策法规解读、妥善回应公众质疑、及时澄清不实传言、权威发布重大突发事件信息为重点，切实加强政府新闻发言人制度建设，提升新闻发言人的履职能力，完善新闻发言人工作各项流程，建立重要政府信息及热点问题定期有序发布机制，让政府信息发布成为制度性安排。国务院新闻办公室要围绕国务院常务会议等重要会议内容、国务院重点工作、公众关注热点问题，及时组织新闻发布会，把国务院新闻办公室新闻发布厅建设成中央政府重要信息发布的主要场所。与宏观经济和民生关系密切以及社会关注事项较多的相关职能部门，主要负责同志原则上每年应出席一次国务院新闻办公室新闻发布会，新闻发言人或相关负责人至少每季度出席一次。国务院各部门要建立健全例行新闻发布制度，利用新闻发布会、组织记者采访、答记者问、网上访谈等多种形式发布信息，增强信息发布的实效；与宏观经济和民生关系密切以及社会关注事项较多的相关职能部门，要进一步增加发布的频次，原则上每季度至少举办一次新闻发布会。各省（区、市）人民政府要建立政府主要负责同志依托新闻发布平台和新媒体发布重要信息的制度，并指导本级政府各部门和市、县级政府加强新闻发布工作，进一步增强信息发布的权威性、时效性，更好地回应公众的关切和疑问。

（二）充分发挥政府网站在信息公开中的平台作用。各地区各部门要进一步加强政府网站建设和管理，通过更加符合传播规律的信息发布方式，将政府网站打造成更加及时、准确、公开透明的政府信息发布平台，在网络领域传播主流声音。加强政府信息上网发布工作，对各类政府信息，依照公众关注情况梳理、整合成相关专题，以数字化、图表、音频、视频等方式予以展现，使政府信息传播更加可视、可读、可感，进一步增强政府网站的吸引力、亲和力。涉及群众切身利益的重要决策，要在政府网站公开征求意见；重要政策法规出台后，要针对公众关切，及时通过政府网站发布政策法规解读信息，加强解疑释惑；对涉及政务活动的重要舆情和公众关注的社会热点问题，要积极予以回应，及时通过政府网站发布权威信息，讲清事实真相、有关政策措施以及处理结果等，地方政府和部门负责同志应主动到政府网站接受在线访谈。拓展政府网站互动功能，围绕政府重点工作和公众关注热点，通过领导信箱、公众问答、网上调查等方式，接受公众建言献策和情况反映，征集公众意见建议。完善政府网站服务功能，及时调整和更新网上服务事项，确保公众能够及时获得便利的在线服务。加强政府网站数据库建设，逐步整合交通、社保、医疗、教育等公共信息资源，以及投资、生产、消费等经济领域数据，方便公众查询。

（三）着力建设基于新媒体的政务信息发布和与公众互动交流新渠道。各地区各部门应积极探索利用政务微博、微信等新媒体，及时发布各类权威政务信息，尤其是涉及公众重大关切的公共事件和政策法规方面的信息，并充分利用新媒体的互动功能，以及时、便捷的方式与公众进行互动交流。开通政务微博、微信要加强审核登记，制定完善管理办法，规范信息发布程序及公众提问处理答复程序，确保政务微博、微信安全可靠。

此外，要进一步加强政府热线电话建设和管理，清理整合有关电话资源，确保热线电话有人接、能及时答复公众询问。

二、加强机制建设

（四）健全舆情收集和回应机制。各地区各部门要建立健全舆情收集、研判和回应机制，密切关注重要政务相关舆情，及时敏锐捕捉外界对政府工作的疑虑、误解，甚至歪曲和谣言，加强分析研判，通过网上发布消息、组织专家解读、召开新闻发布会、接受媒体专访等形式及时予以回应，解疑释惑，澄清事实，消除谣言。回应公众关切要以事实说话，避免空洞说教，真正起到正面引导作用。有关主管部门要进一步加大网络舆情监测工作力度，重要舆情形成监测报告，及时转请相关地方和部门关注、回应。

（五）完善主动发布机制。各地区各部门要围绕党和政府中心工作，针对公众关切，主动、及时、全面、准确地发布权威政府信息，特别是政府重要会议、重要活动、重要决策部署，经济运行和社会发展重要动态，重大突发事件及其应对处置情况等方面的信息，以增进公众对政府工作的了解和理解。对发布的政府信息，要依法依规做好保密审查，涉及其他行政机关的，应与有关行政机关沟通确认，确保发布的政府信息准确一致。统筹运用新闻发言人、政府网站、政务微博微信等发布信息，充分发挥广播电视、报刊、新闻网站、商业网站等媒体的作用，扩大发布信息的受众面，增强影响力。

（六）建立专家解读机制。重要政策法规出台后，各地区、各部门要及时组织专家通过多种方式做好科学解读，让公众更好地知晓、理解政府经济社会发展政策和改革举措。有关部门可根据工作需要，组建政策解读的专家队伍，提高政策解读的针对性、科学性、权威性和有效性，让群众"听得懂""信得过"。

（七）建立沟通协调机制。各地区、各部门要加强与新闻宣传部门、互联网信息内容主管部门以及有关新闻媒体的沟通联系，建立重大政务舆情会商联席会议制度，建立政务信息发布和舆情处置联动机制，妥善制定重大政务信息公开发布和传播方案，共同做好政府信息发布和舆论引导工作。

三、完善保障措施

（八）加强组织领导。各地区、各部门要把做好政府信息公开、提高信息发布实效摆上重要工作日程，做到政府经济社会政策透明、权力运行透明，让群众看得到、听得懂、能监督，不断把人民群众的期盼融入政府决策和工作之中，努力增强提升政府公信力、社会凝聚力的"软实力"。地方政府和部门主要负责人要亲自过问，分管负责人要直接负责，逐级落实责任，确保各项工作措施落实到位。要加强工作机构建设，已经设置专门机构的，要加强力量配置，把专业水平高、责任心强的人员配置到关键岗位，特别是要选好配强新闻发言人；尚未设置专门机构的，要明确专人负责，确保在应对重大突发事件以及社会热点事件时不失声、不缺位，有条件的应尽快成立专门机构，保障必要的工作经费。同时，要为信息公开工作人员、新闻发言人、政府网站工作人员、政务微博微信相关人员参加重要会议、掌握相关信息提供便利条件。

（九）加强业务培训。各地区各部门要建立培训工作常态化机制，经常组织开展面向信息公开工作人员、新闻发言人、政府网站工作人员、政务微博微信相关人员等的专业培训，及时总结交流经验，不断提高相关人员的政策把握能力、舆情研判能力、解疑释惑能力和回应引导能力。有关部门要把政府信息公开工作列为公务员培训内容，进一步加大培训力度，扩大培训范围。

（十）加强督查指导。国务院办公厅和国务院新闻办公室、国家互联网信息办公室要协同加强对政府新闻发言人制度、政府网站、政务微博微信等平台建设和管理工作的督查和指导，进一步完善相关措施和管理办法，加强工作考核，加大问责力度，定期通报有关情况，切实解决存在的突出问题，确保平台建设和机制建设的各项工作落实到位。

国务院办公厅

2013 年 10 月 1 日

附录6　促进大数据发展行动纲要

国务院关于印发促进大数据发展行动纲要的通知
（国发〔2015〕50号）

各省、自治区、直辖市人民政府，国务院各部委、各直属机构：

现将《促进大数据发展行动纲要》印发给你们，请认真贯彻落实。

国务院

2015年8月31日

（本文有删减）

促进大数据发展行动纲要

大数据是以容量大、类型多、存取速度快、应用价值高为主要特征的数据集合，正快速发展为对数量巨大、来源分散、格式多样的数据进行采集、存储和关联分析，从中发现新知识、创造新价值、提升新能力的新一代信息技术和服务业态。

信息技术与经济社会的交汇融合引发了数据迅猛增长，数据已成为国家基础性战略资源，大数据正日益对全球生产、流通、分配、消费活动以及经济运行机制、社会生活方式和国家治理能力产生重要影响。目前，我国在大数据发展和应用方面已具备一定基础，拥有市场优势和发展潜力，但也存在政府数据开放共享不足、产业基础薄弱、缺乏顶层设计和统筹规划、法律法规建设滞后、创新应用领域不广等问题，亟待解决。为贯彻落实党中央、国务院决策部署，全面推进我国大数据发展和应用，加快建设数据强国，特制定本行动纲要。

一、发展形势和重要意义

全球范围内，运用大数据推动经济发展、完善社会治理、提升政府服务和监管能力正成为趋势，有关发达国家相继制定实施大数据战略性文件，大力推动大数据发展和应用。目前，我国互联网、移动互联网用户规模居全球第一，拥有丰富的数据资源和应用市场优势，大数据部分关键技术研发取得突破，涌现出一批互联网创新企业和创新应用，一些地方政府已启动大数据相关工作。坚持创新驱动发展，加快大数据部署，深化大数据应用，已成为稳增长、促改革、调结构、惠民生和推动政府治理能力现代化的内在需要和必然选择。

（一）大数据成为推动经济转型发展的新动力

以数据流引领技术流、物质流、资金流、人才流，将深刻影响社会分工协作的组织模式，促进生产组织方式的集约和创新。大数据推动社会生产要素的网络化共享、集约化整合、协作化开发和高效化利用，改变了传统的生产方式和经济运行机制，可显著提升经济运行水平和效率。大数据持续激发商业模式创新，不断催生新业态，已成为互联网等新兴领域促进业务创新增值、提升企业核心价值的重要驱动力。大数据产业正在成为新的经济增长点，将对未来信息产业格局产生重要影响。

（二）大数据成为重塑国家竞争优势的新机遇

在全球信息化快速发展的大背景下，大数据已成为国家重要的基础性战略资源，正引领新一轮科技创新。充分利用我国的数据规模优势，实现数据规模、质量和应用水平同步提升，发掘和释放数据资源的潜在价值，有利于更好发挥数据资源的战略作用，增强网络空间数据主权保护能力，维护国家安全，有效提升国家竞争力。

（三）大数据成为提升政府治理能力的新途径

大数据应用能够揭示传统技术方式难以展现的关联关系，推动政府数据开放共享，促进社会事业数据融合和资源整合，将极大提升政府整体数据分析能力，为有效处理复杂社会问题提供新的手段。建立"用数据说话、用数据决策、用数据管理、用数据创新"的管理机制，实现基于数据的科学决策，将推动政府管理理念和社会治理模式进步，加快建设与社会主义市场经济体制和中国特色社会主义事业发展相适应的法治政府、创新政府、廉洁政府和服务型政府，逐步实现政府治理能力现代化。

二、指导思想和总体目标

（一）指导思想

深入贯彻党的十八大和十八届二中、三中、四中全会精神，按照党中央、国务院决策部署，发挥市场在资源配置中的决定性作用，加强顶层设计和统筹协调，大力推动政府信息系统和公共数据互联开放共享，加快政府信息平台整合，消除信息孤岛，推进数据资源向社会开放，增强政府公信力，引导社会发展，服务公众企业；以企业为主体，营造宽松公平环境，加大大数据关键技术研发、产业发展和人才培养力度，着力推进数据汇集和发掘，深化大数据在各行业创新应用，促进大数据产业健康发展；完善法规制度和标准体系，科学规范利用大数据，切实保障数据安全。通过促进大数据发展，加快建设数据强国，释放技术红利、制度红利和创新红利，提升政府治理能力，推动经济转型升级。

（二）总体目标

立足我国国情和现实需要，推动大数据发展和应用在未来5～10年逐步实现以下目标：

打造精准治理、多方协作的社会治理新模式。将大数据作为提升政府治理能力的重要手段，通过高效采集、有效整合、深化应用政府数据和社会数据，提升政府决策和风险防范水平，提高社会治理的精准性和有效性，增强乡村社会治理能力；助力简政放权，支持由事前审批向事中事后监管转变，推动商事制度改革；促进政府监管和社会监督的有机结合，有效调动社会力量参与社会治理的积极性。2017年底前形成跨部门数据资源共享共用格局。

建立运行平稳、安全高效的经济运行新机制。充分运用大数据，不断提升信用、财政、金融、税收、农业、统计、进出口、资源环境、产品质量、企业登记监管等领域数据资源的获取和利用能力，丰富经济统计数据来源，实现对经济运行更为准确的监测、分析、预测、预警，提高决策的针对性、科学性和时效性，提升宏观调控以及产业发展、信用体系、市场监管等方面管理效能，保障供需平衡，促进经济平稳运行。

构建以人为本、惠及全民的民生服务新体系。围绕服务型政府建设，在公用事业、市政管理、城乡环境、农村生活、健康医疗、减灾救灾、社会救助、养老服务、劳动就业、社会保障、文化教育、交通旅游、质量安全、消费维权、社区服务等领域全面推广大数据应用，利用大数据洞察民生需求，优化资源配置，丰富服务内容，拓展服务渠道，扩大服务范围，提高服务质量，提升城市辐射能力，推动公共服务向基层延伸，缩小城乡、区域差距，促进形成公平普惠、便捷高效的民生服务体系，不断满足人民群众日益增长的个性化、多样化需求。

开启大众创业、万众创新的创新驱动新格局。形成公共数据资源合理适度开放共享的法规制度和政策体系，2018年底前建成国家政府数据统一开放平台，率先在信用、交通、医疗、卫生、就业、社保、地理、文化、教育、科技、资源、农业、环境、安监、金融、质量、统计、气象、海洋、企业登记监管等重要领域实现公共数据资源合理适度向社会开放，带动社会公众开展大数据增值性、公益性开发和创新应用，充分释放数据红利，激发大众创业、万众创新活力。

培育高端智能、新兴繁荣的产业发展新生态。推动大数据与云计算、物联网、移动互联网等新一代信息技术融合发展，探索大数据与传统产业协同发展的新业态、新模式，促进传统产业转型升级和新兴产业发展，培育新的经济增长点。形成一批满足大数据重大应用需求的产品、系统和解决方案，建立安全可信的大数据技术体系，大数据产品和服务达到国际先进水平，国内市场占有率显著提高。培育一批面向全球的骨干企业和特色鲜明的创新型中小企业。构建形成政产学研用多方联动、协调发展的大数据产业生态体系。

三、主要任务

（一）加快政府数据开放共享，推动资源整合，提升治理能力

1. 大力推动政府部门数据共享

加强顶层设计和统筹规划，明确各部门数据共享的范围边界和使用方式，厘清各部门数据管理及共享的义务和权利，依托政府数据统一共享交换平台，大力推进国家人口基础信息库、法人单位信息资源库、自然资源和空间地理基础信息库等国家基础数据资源，以及金税、金关、金财、金审、金盾、金宏、金保、金土、金农、金水、金质等信息系统跨部门、跨区域共享。加快各地区、各部门、各有关企事业单位及社会组织信用信息系统的互联互通和信息共享，丰富面向公众的信用信息服务，提高政府服务和监管水平。结合信息惠民工程实施和智慧城市建设，推动中央部门与地方政府条块结合、联合试点，实现公共服务的多方数据共享、制度对接和协同配合。

2. 稳步推动公共数据资源开放

在依法加强安全保障和隐私保护的前提下，稳步推动公共数据资源开放。推动建立政府部门和事业单位等公共机构数据资源清单，按照"增量先行"的方式，加强对政府部门数据的国家统筹管理，加快建设国家政府数据统一开放平台。制定公共机构数据开放计划，落实数据开放和维护责任，推进公共机构数据资源统一汇聚和集中向社会开放，提升政府数据开放共享标准化程度，优先推动信用、交通、医疗、卫生、就业、社保、地理、文化、教育、科技、资源、农业、环境、安监、金融、质量、统计、气象、海洋、企业登记监管等民生保障服务相关领域的政府数据集向社会开放。建立政府和社会互动的大数据采集形成机制，制定政府数据共享开放目录。通过政务数据公开共享，引导企业、行业协会、科研机构、社会组织等主动采集并开放数据。

专栏1　政府数据资源共享开放工程

　　推动政府数据资源共享。制定政府数据资源共享管理办法，整合政府部门公共数据资源，促进互联互通，提高共享能力，提升政府数据的一致性和准确性。2017年底前，明确各部门数据共享的范围边界和使用方式，跨部门数据资源共享共用格局基本形成。
　　形成政府数据统一共享交换平台。充分利用统一的国家电子政务网络，构建跨部门的政府数据统一共享交换平台，到2018年，中央政府层面实现数据统一共享交换平台的全覆盖，实现金税、金关、金财、金审、金盾、金宏、金保、金土、金农、金水、金质等信息系统通过统一平台进行数据共享和交换。
　　形成国家政府数据统一开放平台。建立政府部门和事业单位等公共机构数据资源清单，制定实施政府数据开放共享标准，制定数据开放计划。2018年底前，建成国家政府数据统一开放平台。2020年底前，逐步实现信用、交通、医疗、卫生、就业、社保、地理、文化、教育、科技、资源、农业、环境、安监、金融、质量、统计、气象、海洋、企业登记监管等民生保障服务相关领域的政府数据集向社会开放。

---

3. 统筹规划大数据基础设施建设

结合国家政务信息化工程建设规划，统筹政务数据资源和社会数据资源，布局国家大数据平台、数据中心等基础设施。加快完善国家人口基础信息库、法人单位信息资源

库、自然资源和空间地理基础信息库等基础信息资源和健康、就业、社保、能源、信用、统计、质量、国土、农业、城乡建设、企业登记监管等重要领域信息资源，加强与社会大数据的汇聚整合和关联分析。推动国民经济动员大数据应用。加强军民信息资源共享。充分利用现有企业、政府等数据资源和平台设施，注重对现有数据中心及服务器资源的改造和利用，建设绿色环保、低成本、高效率、基于云计算的大数据基础设施和区域性、行业性数据汇聚平台，避免盲目建设和重复投资。加强对互联网重要数据资源的备份及保护。

专栏 2　国家大数据资源统筹发展工程

　　整合各类政府信息平台和信息系统。严格控制新建平台，依托现有平台资源，在地市级以上（含地市级）政府集中构建统一的互联网政务数据服务平台和信息惠民服务平台，在基层街道、社区统一应用，并逐步向农村特别是农村社区延伸。除国务院另有规定外，原则上不再审批有关部门、地市级以下（不含地市级）政府新建孤立的信息平台和信息系统。到 2018 年，中央层面构建形成统一的互联网政务数据服务平台；国家信息惠民试点城市实现基础信息集中采集、多方利用，实现公共服务和社会信息服务的全人群覆盖、全天候受理和"一站式"办理。

　　整合分散的数据中心资源。充分利用现有政府和社会数据中心资源，运用云计算技术，整合规模小、效率低、能耗高的分散数据中心，构建形成布局合理、规模适度、保障有力、绿色集约的政务数据中心体系。统筹发挥各部门已建数据中心的作用，严格控制部门新建数据中心。开展区域试点，推进贵州等大数据综合试验区建设，促进区域性大数据基础设施的整合和数据资源的汇聚应用。

　　加快完善国家基础信息资源体系。加快建设完善国家人口基础信息库、法人单位信息资源库、自然资源和空间地理基础信息库等基础信息资源。依托现有相关信息系统，逐步完善健康、社保、就业、能源、信用、统计、质量、国土、农业、城乡建设、企业登记监管等重要领域信息资源。到 2018 年，跨部门共享交换的国家人口基础信息库、法人单位信息资源库、自然资源和空间地理基础信息库等国家基础信息资源体系基本建成，实现与各领域信息资源的汇聚整合和关联应用。

　　加强互联网信息采集利用。加强顶层设计，树立国际视野，充分利用已有资源，加强互联网信息采集、保存和分析能力建设，制定完善互联网信息保存相关法律法规，构建互联网信息保存和信息服务体系。

4．支持宏观调控科学化

建立国家宏观调控数据体系，及时发布有关统计指标和数据，强化互联网数据资源利用和信息服务，加强与政务数据资源的关联分析和融合利用，为政府开展金融、税收、审计、统计、农业、规划、消费、投资、进出口、城乡建设、劳动就业、收入分配、电力及产业运行、质量安全、节能减排等领域运行动态监测、产业安全预测预警以及转变发展方式分析决策提供信息支持，提高宏观调控的科学性、预见性和有效性。

5．推动政府治理精准化

在企业监管、质量安全、节能降耗、环境保护、食品安全、安全生产、信用体系建设、旅游服务等领域，推动有关政府部门和企事业单位将市场监管、检验检测、违法失信、企业生产经营、销售物流、投诉举报、消费维权等数据进行汇聚整合和关联分析，统一公示企业信用信息，预警企业不正当行为，提升政府决策和风险防范能力，支持加强事中事后监管和服务，提高监管和服务的针对性、有效性。推动改进政府管理和公共治理方式，借助大数据实现政府负面清单、权力清单和责任清单的透明化管理，完善大数据监督和技术反腐体系，促进政府简政放权、依法行政。

6. 推进商事服务便捷化

加快建立公民、法人和其他组织统一社会信用代码制度，依托全国统一的信用信息共享交换平台，建设企业信用信息公示系统和"信用中国"网站，共享整合各地区、各领域信用信息，为社会公众提供查询注册登记、行政许可、行政处罚等各类信用信息的一站式服务。在全面实行工商营业执照、组织机构代码证和税务登记证"三证合一""一照一码"登记制度改革中，积极运用大数据手段，简化办理程序。建立项目并联审批平台，形成网上审批大数据资源库，实现跨部门、跨层级项目审批、核准、备案的统一受理、同步审查、信息共享、透明公开。鼓励政府部门高效采集、有效整合并充分运用政府数据和社会数据，掌握企业需求，推动行政管理流程优化再造，在注册登记、市场准入等商事服务中提供更加便捷有效、更有针对性的服务。利用大数据等手段，密切跟踪中小微企业特别是新设小微企业运行情况，为完善相关政策提供支持。

7. 促进安全保障高效化

加强有关执法部门间的数据流通，在法律许可和确保安全的前提下，加强对社会治理相关领域数据的归集、发掘及关联分析，强化对妥善应对和处理重大突发公共事件的数据支持，提高公共安全保障能力，推动构建智能防控、综合治理的公共安全体系，维护国家安全和社会安定。

专栏3　政府治理大数据工程

推动宏观调控决策支持、风险预警和执行监督大数据应用。统筹利用政府和社会数据资源，探索建立国家宏观调控决策支持、风险预警和执行监督大数据应用体系。到2018年，开展政府和社会合作开发利用大数据试点，完善金融、税收、审计、统计、农业、规划、消费、投资、进出口、城乡建设、劳动就业、收入分配、电力及产业运行、质量安全、节能减排等领域国民经济相关数据的采集和利用机制，推进各级政府按照统一体系开展数据采集和综合利用，加强对宏观调控决策的支撑。

推动信用信息共享机制和信用信息系统建设。加快建立统一社会信用代码制度，建立信用信息共享交换机制。充分利用社会各方面信息资源，推动公共信用数据与互联网、移动互联网、电子商务等数据的汇聚整合，鼓励互联网企业运用大数据技术建立市场化的第三方信用信息共享平台，使政府主导征信体系的权威性和互联网大数据征信平台的规模效应得到充分发挥，依托全国统一的信用信息共享交换平台，建设企业信用信息公示系统，实现覆盖各级政府、各类别信用主体的基础信用信息共享，初步建成社会信用体系，为经济高效运行提供全面准确的基础信用信息服务。

建设社会治理大数据应用体系。到2018年，围绕实施区域协调发展、新型城镇化等重大战略和主体功能区规划，在企业监管、质量安全、质量诚信、节能降耗、环境保护、食品安全、安全生产、信用体系建设、旅游服务等领域探索开展一批应用试点，打通政府部门、企事业单位之间的数据壁垒，实现合作开发和综合利用。实时采集并汇总分析政府部门和企事业单位的市场监管、检验检测、违法失信、企业生产经营、销售物流、投诉举报、消费维权等数据，有效促进各级政府社会治理能力提升。

---

8. 加快民生服务普惠化

结合新型城镇化发展、信息惠民工程实施和智慧城市建设，以优化提升民生服务、激发社会活力、促进大数据应用市场化服务为重点，引导鼓励企业和社会机构开展创新应用研究，深入发掘公共服务数据，在城乡建设、人居环境、健康医疗、社会救助、养老服务、劳动就业、社会保障、质量安全、文化教育、交通旅游、消费维权、城乡服务等领域开展大数据应用示范，推动传统公共服务数据与互联网、移动互联网、可穿戴设备等数据的汇聚整合，开发各类便民应用，优化公共资源配置，提升公共服务水平。

专栏4　公共服务大数据工程

　　医疗健康服务大数据。构建电子健康档案、电子病历数据库，建设覆盖公共卫生、医疗服务、医疗保障、药品供应、计划生育和综合管理业务的医疗健康管理和服务大数据应用体系。探索预约挂号、分级诊疗、远程医疗、检查检验结果共享、防治结合、医养结合、健康咨询等服务，优化形成规范、共享、互信的诊疗流程。鼓励和规范有关企事业单位开展医疗健康大数据创新应用研究，构建综合健康服务应用。

　　社会保障服务大数据。建设由城市延伸到农村的统一社会救助、社会福利、社会保障大数据平台，加强与相关部门的数据对接和信息共享，支撑大数据在劳动用工和社保基金监管、医疗保险对医疗服务行为监控、劳动保障监察、内控稽核以及人力资源社会保障相关政策制定和执行效果跟踪评价等方面的应用。利用大数据创新服务模式，为社会公众提供更为个性化、更具针对性的服务。

　　教育文化大数据。完善教育管理公共服务平台，推动教育基础数据的伴随式收集和全国互通共享。建立各阶段适龄入学人口基础数据库、学生基础数据库和终身电子学籍档案，实现学生学籍档案在不同教育阶段的纵向贯通。推动形成覆盖全国、协同服务、全网互通的教育资源云服务体系。探索发挥大数据对变革教育方式、促进教育公平、提升教育质量的支撑作用。加强数字图书馆、档案馆、博物馆、美术馆和文化馆等公益设施建设，构建文化传播大数据综合服务平台，传播中国文化，为社会提供文化服务。

　　交通旅游服务大数据。探索开展交通、公安、气象、安监、地震、测绘等跨部门、跨地域数据融合和协同创新。建立综合交通服务大数据平台，共同利用大数据提升协同管理和公共服务能力，积极吸引社会优质资源，利用交通大数据开展出行信息服务、交通诱导等增值服务。建立旅游投诉及评价全媒体交互中心，实现对旅游城市、重点景区游客流量的监控、预警和及时分流疏导，为规范市场秩序、方便游客出行、提升旅游服务水平、促进旅游消费和旅游产业转型升级提供有力支撑。

（二）推动产业创新发展，培育新兴业态，助力经济转型

1. 发展工业大数据

推动大数据在工业研发设计、生产制造、经营管理、市场营销、售后服务等产品全生命周期、产业链全流程各环节的应用，分析感知用户需求，提升产品附加价值，打造智能工厂。建立面向不同行业、不同环节的工业大数据资源聚合和分析应用平台。抓住互联网跨界融合机遇，促进大数据、物联网、云计算和三维（3D）打印技术、个性化订制等在制造业中实现全产业链集成运用，推动制造模式变革和工业转型升级。

2. 发展新兴产业大数据

大力培育互联网金融、数据服务、数据探矿、数据化学、数据材料、数据制药等新业态，提升相关产业大数据资源的采集获取和分析利用能力，充分发掘数据资源支撑创新的潜力，带动技术研发体系创新、管理方式变革、商业模式创新和产业价值链体系重构，推动跨领域、跨行业的数据融合和协同创新，促进战略性新兴产业发展、服务业创新发展和信息消费扩大，探索形成协同发展的新业态、新模式，培育新的经济增长点。

专栏5 工业和新兴产业大数据工程

工业大数据应用。利用大数据推动信息化和工业化深度融合，研究推动大数据在研发设计、生产制造、经营管理、市场营销、售后服务等产业链各环节的应用，研发面向不同行业、不同环节的大数据分析应用平台，选择典型企业、重点行业、重点地区开展工业企业大数据应用项目试点，积极推动制造业网络化和智能化。

服务业大数据应用。利用大数据支持品牌建立、产品定位、精准营销、认证认可、质量诚信提升和定制服务等，研发面向服务业的大数据解决方案，扩大服务范围，增强服务能力，提升服务质量，鼓励创新商业模式、服务内容和服务形式。

培育数据应用新业态。积极推动不同行业大数据的聚合、大数据与其他行业的融合，大力培育互联网金融、数据服务、数据处理分析、数据影视、数据探矿、数据化学、数据材料、数据制药等新业态。

电子商务大数据应用。推动大数据在电子商务中的应用，充分利用电子商务中形成的大数据资源为政府实施市场监管和调控服务，电子商务企业应依法向政府部门报送数据。

3. 发展农业农村大数据

构建面向农业农村的综合信息服务体系，为农民生产生活提供综合、高效、便捷的信息服务，缩小城乡数字鸿沟，促进城乡发展一体化。加强农业、农村经济大数据建设，完善村、县相关数据采集、传输，共享基础设施，建立农业农村数据采集、运算、应用、服务体系，强化农村生态环境治理，增强乡村社会治理能力。统筹国内国际农业数据资源，强化农业资源要素数据的集聚利用，提升预测预警能力。整合构建国家涉农大数据中心，推进各地区、各行业、各领域涉农数据资源的共享开放，加强数据资源发掘运用。加快农业大数据关键技术研发，加大示范力度，提升生产智能化、经营网络化、管理高效化、服务便捷化能力和水平。

专栏6 现代农业大数据工程

农业农村信息综合服务。充分利用现有数据资源，完善相关数据采集共享功能，完善信息进村入户村级站的数据采集和信息发布功能，建设农产品全球生产、消费、库存、进出口、价格、成本等数据调查分析系统工程，构建面向农业农村的综合信息服务平台，涵盖农业生产、经营、管理、服务和农村环境整治等环节，集合公益服务、便民服务、电子商务和网络服务，为农业农村农民生产生活提供综合、高效、便捷的信息服务，加强全球农业调查分析，引导国内农产品生产和消费，完善农产品价格形成机制，缩小城乡数字鸿沟，促进城乡发展一体化。

农业资源要素数据共享。利用物联网、云计算、卫星遥感等技术，建立我国农业耕地、草原、林地、水利设施、水资源、农业设施设备、新型经营主体、农业劳动力、金融资本等资源要素数据监测体系，促进农业环境、气象、生态等信息共享，构建农业资源要素数据共享平台，为各级政府、企业、农户提供农业资源数据查询服务，鼓励各类市场主体充分发掘平台数据，开发测土配方施肥、统防统治、农业保险等服务。

农产品质量安全信息服务。建立农产品生产的生态环境、生产资料、生产过程、市场流通、加工储藏、检验检测等数据共享机制，推进数据实现自动化采集、网络化传输、标准化处理和可视化运用，提高数据的真实性、准确性、及时性和关联性，与农产品电子商务等交易平台互联共享，实现各环节信息可查询、来源可追溯、去向可跟踪、责任可追究，推进实现种子、农药、化肥等重要生产资料信息可追溯，为生产者、消费者、监管者提供农产品质量安全信息服务，促进农产品消费安全。

4. 发展万众创新大数据

适应国家创新驱动发展战略，实施大数据创新行动计划，鼓励企业和公众发掘利用开放数据资源，激发创新创业活力，促进创新链和产业链深度融合，推动大数据发展与科研创新有机结合，形成大数据驱动型的科研创新模式，打通科技创新和经济社会发展之间的通道，推动万众创新、开放创新和联动创新。

专栏7 万众创新大数据工程

大数据创新应用。通过应用创新开发竞赛、服务外包、社会众包、助推计划、补助奖励、应用培训等方式，鼓励企业和公众发掘利用开放数据资源，激发创新创业活力。

大数据创新服务。面向经济社会发展需求，研发一批大数据公共服务产品，实现不同行业、领域大数据的融合，扩大服务范围、提高服务能力。

发展科学大数据。积极推动由国家公共财政支持的公益性科研活动获取和产生的科学数据逐步开放共享，构建科学大数据国家重大基础设施，实现对国家重要科技数据的权威汇集、长期保存、集成管理和全面共享。面向经济社会发展需求，发展科学大数据应用服务中心，支持解决经济社会发展和国家安全重大问题。

知识服务大数据应用。利用大数据、云计算等技术，对各领域知识进行大规模整合，搭建层次清晰、覆盖全面、内容准确的知识资源库群，建立国家知识服务平台与知识资源服务中心，形成以国家平台为枢纽、行业平台为支撑，覆盖国民经济主要领域，分布合理、互联互通的国家知识服务体系，为生产生活提供精准、高水平的知识服务。提高我国知识资源的生产与供给能力。

5．推进基础研究和核心技术攻关

围绕数据科学理论体系、大数据计算系统与分析理论、大数据驱动的颠覆性应用模型探索等重大基础研究进行前瞻布局，开展数据科学研究，引导和鼓励在大数据理论、方法及关键应用技术等方面展开探索。采取政产学研用相结合的协同创新模式和基于开源社区的开放创新模式，加强海量数据存储、数据清洗、数据分析发掘、数据可视化、信息安全与隐私保护等领域关键技术攻关，形成安全可靠的大数据技术体系。支持自然语言理解、机器学习、深度学习等人工智能技术创新，提升数据分析处理能力、知识发现能力和辅助决策能力。

6．形成大数据产品体系

围绕数据采集、整理、分析、发掘、展现、应用等环节，支持大型通用海量数据存储与管理软件、大数据分析发掘软件、数据可视化软件等软件产品和海量数据存储设备、大数据一体机等硬件产品发展，带动芯片、操作系统等信息技术核心基础产品发展，打造较为健全的大数据产品体系。大力发展与重点行业领域业务流程及数据应用需求深度融合的大数据解决方案。

专栏8 大数据关键技术及产品研发与产业化工程

通过优化整合后的国家科技计划（专项、基金等），支持符合条件的大数据关键技术研发。

加强大数据基础研究。融合数理科学、计算机科学、社会科学及其他应用学科，以研究相关性和复杂网络为主，探讨建立数据科学的学科体系；研究面向大数据计算的新体系和大数据分析理论，突破大数据认知与处理的技术瓶颈；面向网络、安全、金融、生物组学、健康医疗等重点需求，探索建立数据科学驱动行业应用的模型。

大数据技术产品研发。加大投入力度，加强数据存储、整理、分析处理、可视化、信息安全与隐私保护等领域技术产品的研发，突破关键环节技术瓶颈。到2020年，形成一批具有国际竞争力的大数据处理、分析、可视化软件和硬件支撑平台等产品。

提升大数据技术服务能力。促进大数据与各行业应用的深度融合，形成一批代表性应用案例，以应用带动大数据技术和产品研发，形成面向各行业的成熟的大数据解决方案。

---

7. 完善大数据产业链

支持企业开展基于大数据的第三方数据分析发掘服务、技术外包服务和知识流程外包服务。鼓励企业根据数据资源基础和业务特色，积极发展互联网金融和移动金融等新业态。推动大数据与移动互联网、物联网、云计算的深度融合，深化大数据在各行业的创新应用，积极探索创新协作共赢的应用模式和商业模式。加强大数据应用创新能力建设，建立政产学研用联动、大中小企业协调发展的大数据产业体系。建立和完善大数据产业公共服务支撑体系，组建大数据开源社区和产业联盟，促进协同创新，加快计量、标准化、检验检测和认证认可等大数据产业质量技术基础建设，加速大数据应用普及。

专栏9　大数据产业支撑能力提升工程

培育骨干企业。完善政策体系，着力营造服务环境优、要素成本低的良好氛围，加速培育大数据龙头骨干企业。充分发挥骨干企业的带动作用，形成大中小企业相互支撑、协同合作的大数据产业生态体系。到2020年，培育10家国际领先的大数据核心龙头企业，500家大数据应用、服务和产品制造企业。

大数据产业公共服务。整合优质公共服务资源，汇聚海量数据资源，形成面向大数据相关领域的公共服务平台，为企业和用户提供研发设计、技术产业化、人力资源、市场推广、评估评价、认证认可、检验检测、宣传展示、应用推广、行业咨询、投融资、教育培训等公共服务。

中小微企业公共服务大数据。整合现有中小微企业公共服务系统与数据资源，链接各省（区、市）建成的中小微企业公共服务线上管理系统，形成全国统一的中小微企业公共服务大数据平台，为中小微企业提供科技服务、综合服务、商贸服务等各类公共服务。

（三）强化安全保障，提高管理水平，促进健康发展

1. 健全大数据安全保障体系

加强大数据环境下的网络安全问题研究和基于大数据的网络安全技术研究，落实信息安全等级保护、风险评估等网络安全制度，建立健全大数据安全保障体系。建立大数据安全评估体系。切实加强关键信息基础设施安全防护，做好大数据平台及服务商的可靠性及安全性评测、应用安全评测、监测预警和风险评估。明确数据采集、传输、存储、使用、开放等各环节保障网络安全的范围边界、责任主体和具体要求，切实加强对涉及国家利益、公共安全、商业秘密、个人隐私、军工科研生产等信息的保护。妥善处理发展创新与保障安全的关系，审慎监管，保护创新，探索完善安全保密管理规范措施，切实保障数据安全。

2. 强化安全支撑

采用安全可信产品和服务，提升基础设施关键设备安全可靠水平。建设国家网络安全信息汇聚共享和关联分析平台，促进网络安全相关数据融合和资源合理分配，提升重大网络安全事件应急处理能力；深化网络安全防护体系和态势感知能力建设，增强网络空间安全防护和安全事件识别能力。开展安全监测和预警通报工作，加强大数据环境下防攻击、防泄露、防窃取的监测、预警、控制和应急处置能力建设。

专栏 10　网络和大数据安全保障工程

网络和大数据安全支撑体系建设。在涉及国家安全稳定的领域采用安全可靠的产品和服务，到 2020 年，实现关键部门的关键设备安全可靠，完善网络安全保密防护体系。

大数据安全保障体系建设。明确数据采集、传输、存储、使用、开放等各环节保障网络安全的范围边界、责任主体和具体要求，建设完善金融、能源、交通、电信、统计、广电、公共安全、公共事业等重要数据资源和信息系统的安全保密防护体系。

网络安全信息共享和重大风险识别大数据支撑体系建设。通过对网络安全威胁特征、方法、模式的追踪、分析，实现对网络安全威胁新技术、新方法的及时识别与有效防护。强化资源整合与信息共享，建立网络安全信息共享机制，推动政府、行业、企业间的网络风险信息共享，通过大数据分析，对网络安全重大事件进行预警、研判和应对指挥。

四、政策机制

（一）完善组织实施机制

建立国家大数据发展和应用统筹协调机制，推动形成职责明晰、协同推进的工作格局。加强大数据重大问题研究，加快制定出台配套政策，强化国家数据资源统筹管理。加强大数据与物联网、智慧城市、云计算等相关政策、规划的协同。加强中央与地方协调，引导地方各级政府结合自身条件合理定位、科学谋划，将大数据发展纳入本地区经济社会和城镇化发展规划，制定出台促进大数据产业发展的政策措施，突出区域特色和分工，抓好措施落实，实现科学有序发展。设立大数据专家咨询委员会，为大数据发展应用及相关工程实施提供决策咨询。各有关部门要进一步统一思想，认真落实本行动纲要提出的各项任务，共同推动形成公共信息资源共享共用和大数据产业健康安全发展的良好格局。

（二）加快法规制度建设

修订政府信息公开条例。积极研究数据开放、保护等方面制度，实现对数据资源采集、传输、存储、利用、开放的规范管理，促进政府数据在风险可控原则下最大程度开放，明确政府统筹利用市场主体大数据的权限及范围。制定政府信息资源管理办法，建立政府部门数据资源统筹管理和共享复用制度。研究推动网上个人信息保护立法工作，界定个人信息采集应用的范围和方式，明确相关主体的权利、责任和义务，加强对数据滥用、侵犯个人隐私等行为的管理和惩戒。推动出台相关法律法规，加强对基础信息网络和关键行业领域重要信息系统的安全保护，保障网络数据安全。研究推动数据资源权益相关立法工作。

（三）健全市场发展机制

建立市场化的数据应用机制，在保障公平竞争的前提下，支持社会资本参与公共服务建设。鼓励政府与企业、社会机构开展合作，通过政府采购、服务外包、社会众包等多种方式，依托专业企业开展政府大数据应用，降低社会管理成本。引导培育大数据交易市场，开展面向应用的数据交易市场试点，探索开展大数据衍生产品交易，鼓励产业链各环节市场主体进行数据交换和交易，促进数据资源流通，建立、健全数据资源交易机制和定价机制，规范交易行为。

（四）建立标准规范体系

推进大数据产业标准体系建设，加快建立政府部门、事业单位等公共机构的数据标准和统计标准体系，推进数据采集、政府数据开放、指标口径、分类目录、交换接口、访问接口、数据质量、数据交易、技术产品、安全保密等关键共性标准的制定和实施。加快建立大数据市场交易标准体系。开展标准验证和应用试点示范，建立标准符合性评估体系，充分发挥标准在培育服务市场、提升服务能力、支撑行业管理等方面的作用。积极参与相关国际标准制定工作。

（五）加大财政金融支持

强化中央财政资金引导，集中力量支持大数据核心关键技术攻关、产业链构建、重大应用示范和公共服务平台建设等。利用现有资金渠道，推动建设一批国际领先的重大示范工程。完善政府采购大数据服务的配套政策，加大对政府部门和企业合作开发大数据的支持力度。鼓励金融机构加强和改进金融服务，加大对大数据企业的支持力度。鼓励大数据企业进入资本市场融资，努力为企业重组并购创造更加宽松的金融政策环境。引导创业投资基金投向大数据产业，鼓励设立一批投资于大数据产业领域的创业投资基金。

（六）加强专业人才培养

创新人才培养模式，建立健全多层次、多类型的大数据人才培养体系。鼓励高校设立数据科学和数据工程相关专业，重点培养专业化数据工程师等大数据专业人才。鼓励采取跨校联合培养等方式开展跨学科大数据综合型人才培养，大力培养具有统计分析、计算机技术、经济管理等多学科知识的跨界复合型人才。鼓励高等院校、职业院校和企业合作，加强职业技能人才实践培养，积极培育大数据技术和应用创新型人才。依托社会化教育资源，开展大数据知识普及和教育培训，提高社会整体认知和应用水平。

（七）促进国际交流合作

坚持平等合作、互利共赢的原则，建立完善国际合作机制，积极推进大数据技术交流与合作，充分利用国际创新资源，促进大数据相关技术发展。结合大数据应用创新需要，积极引进大数据高层次人才和领军人才，完善配套措施，鼓励海外高端人才回国就业创业。引导国内企业与国际优势企业加强大数据关键技术、产品的研发合作，支持国内企业参与全球市场竞争，积极开拓国际市场，形成若干具有国际竞争力的大数据企业和产品。

附录7　国家信息化发展战略纲要

中共中央办公厅国务院办公厅印发《国家信息化发展战略纲要》

当今世界，信息技术创新日新月异，以数字化、网络化、智能化为特征的信息化浪潮蓬勃兴起。没有信息化就没有现代化。适应和引领经济发展新常态，增强发展新动力，需要将信息化贯穿我国现代化进程始终，加快释放信息化发展的巨大潜能。以信息化驱动现代化，建设网络强国，是落实"四个全面"战略布局的重要举措，是实现"两个一百年"奋斗目标和中华民族伟大复兴中国梦的必然选择。

本战略纲要是根据新形势对《2006—2020年国家信息化发展战略》的调整和发展，是规范和指导未来10年国家信息化发展的纲领性文件，是国家战略体系的重要组成部分，是信息化领域规划、政策制定的重要依据。

一、国家信息化发展的基本形势

（一）人类社会经历了农业革命、工业革命，正在经历信息革命。当前，以信息技术为代表的新一轮科技革命方兴未艾，互联网日益成为创新驱动发展的先导力量。信息技术与生物技术、新能源技术、新材料技术等交叉融合，正在引发以绿色、智能、泛在为特征的群体性技术突破。信息、资本、技术、人才在全球范围内加速流动，互联网推动产业变革，促进工业经济向信息经济转型，国际分工新体系正在形成。网信事业代表新的生产力、新的发展方向，推动人类认识世界、改造世界的能力空前提升，正在深刻改变着人们的生产生活方式，带来生产力质的飞跃，引发生产关系重大变革，成为重塑国际经济、政治、文化、社会、生态、军事发展新格局的主导力量。全球信息化进入全面渗透、跨界融合、加速创新、引领发展的新阶段。

随着世界多极化、经济全球化、文化多样化、社会信息化深入发展，全球治理体系深刻变革，谁在信息化上占据制高点，谁就能够掌握先机、赢得优势、赢得安全、赢得未来。发达国家持续推动信息技术创新，不断加快经济社会数字化进程，全力巩固领先优势。发展中国家抢抓产业链重组和调整机遇，以信息化促转型发展，积极谋求掌握发展主动权。世界各国加快网络空间战略布局，围绕关键资源获取、国际规则制定的博弈日趋尖锐复杂。加快信息化发展，建设数字国家已经成为全球共识。

（二）进入新世纪，特别是党的十八大以来，我国信息化取得长足进展，但与全面建成小康社会、加快推进社会主义现代化的目标相比还有差距，坚持走中国特色信息化发展道路，以信息化驱动现代化，建设网络强国，迫在眉睫，刻不容缓。目前，我国网民数量、网络零售交易额、电子信息产品制造规模已居全球第一，一批信息技术企业和互联网企业进入世界前列，形成了较为完善的信息产业体系。信息技术应用不断深化，"互联网＋"异军突起，经济社会数字化网络化转型步伐加快，网络空间正能量进一步汇聚增强，信息化在现代化建设全局中引领作用日益凸显。同时，我国信息化发展也存在比较突出的问题，主要是：核心技术和设备受制于人，信息资源开发利用不够，信息基础设施普及程度不高，区域和城乡差距比较明显，网络安全面临严峻挑战，网络空间法治建设亟待加强，信息化在促进经济社会发展、服务国家整体战略布局中的潜能还没有充分释放。

我国综合国力、国际影响力和战略主动地位持续增强，发展仍处于可以大有作为的重要战略机遇期。从国内环境看，我国已经进入新型工业化、信息化、城镇化、农业现代化同步发展的关键时期，信息革命为我国加速完成工业化任务、跨越"中等收入陷阱"、构筑国际竞争新优势提供了历史性机遇，也警示我们面临不进则退、慢进亦退、错失良机的巨大风险。站在新的历史起点，我们完全有能力依托大国优势和制度优势，加快信息化发展，推动我国社会主义现代化事业再上新台阶。

二、指导思想、战略目标和基本方针

（一）指导思想

高举中国特色社会主义伟大旗帜，全面贯彻落实党的十八大和十八届三中、四中、五中全会精神，以邓小平理论、"三个代表"重要思想、科学发展观为指导，深入学习贯彻习近平总书记系列重要讲话精神，紧紧围绕"五位一体"总体布局和"四个全面"战略布局，牢固树立创新、协调、绿色、开放、共享的发展理念，贯彻以人民为中心的发展思想，统筹国内、国际两个大局，统筹发展、安全两件大事，坚持走中国特色信息化发展道路，坚持与实现"两个一百年"奋斗目标同步推进，以信息化驱动现代化为主线，以建设网络强国为目标，着力增强国家信息化发展能力，着力提高信息化应用水平，着力优化信息化发展环境，推进国家治理体系和治理能力现代化，努力在践行新发展理念上先行一步，让信息化造福社会、造福人民，为实现中华民族伟大复兴的中国梦奠定坚实基础。

（二）战略目标

到 2020 年，固定宽带家庭普及率达到中等发达国家水平，第三代移动通信（3G）、第四代移动通信（4G）网络覆盖城乡，第五代移动通信（5G）技术研发和标准取得突破性进展。信息消费总额达到 6 万亿元，电子商务交易规模达到 38 万亿元。核心关键技术部分领域达到国际先进水平，信息产业国际竞争力大幅提升，重点行业数字化、网络化、智能化取得明显进展，网络化协同创新体系全面形成，电子政务支撑国家治理体系和治理能力现代化坚实有力，信息化成为驱动现代化建设的先导力量。

互联网国际出口带宽达到 20 太比特/秒（Tbps），支撑"一带一路"建设实施，与周边国家实现网络互联、信息互通,建成中国－东盟信息港,初步建成网上丝绸之路,信息通信技术、产品和互联网服务的国际竞争力明显增强。

到 2025 年,新一代信息通信技术得到及时应用,固定宽带家庭普及率接近国际先进水平,建成国际领先的移动通信网络,实现宽带网络无缝覆盖。信息消费总额达到 12 万亿元,电子商务交易规模达到 67 万亿元。根本改变核心关键技术受制于人的局面,形成安全可控的信息技术产业体系,电子政务应用和信息惠民水平大幅提高。实现技术先进、产业发达、应用领先、网络安全坚不可摧的战略目标。

互联网国际出口带宽达到 48 太比特/秒(Tbps),建成四大国际信息通道,连接太平洋、中东欧、西非北非、东南亚、中亚、印巴缅俄等国家和地区,涌现一批具有强大国际竞争力的大型跨国网信企业。

到本世纪中叶,信息化全面支撑富强民主文明和谐的社会主义现代化国家建设,网络强国地位日益巩固,在引领全球信息化发展方面有更大作为。

(三)基本方针

统筹推进。信息化事关国家经济社会长期可持续发展、事关国家长治久安、事关人民群众福祉,必须胸怀大局、把握大势、着眼大事,统筹中央和地方,统筹党政军各方力量,统筹发挥市场和政府作用,统筹阶段性目标和长远目标,统筹各领域信息化发展重大问题,确保国家信息化全面协调可持续健康发展。

创新引领。全面实施创新驱动发展战略,把创新发展作为应对发展环境变化、增强发展动力、把握发展主动权,更好引领经济发展新常态的根本之策,以时不我待、只争朝夕的精神,努力掌握核心技术,快马加鞭争取主动局面,占据竞争制高点。

驱动发展。最大程度发挥信息化的驱动作用,实施国家大数据战略,推进"互联网+"行动计划,引导新一代信息技术与经济社会各领域深度融合,推动优势新兴业态向更广范围、更宽领域拓展,全面提升经济、政治、文化、社会、生态文明和国防等领域信息化水平。

惠及民生。坚持以造福社会、造福人民为工作的出发点和落脚点,发挥互联网在助推脱贫攻坚中的作用,推进精准扶贫、精准脱贫,不断增进人民福祉;紧紧围绕人民期待和需求,以信息化促进基本公共服务均等化,让亿万人民在共享互联网发展成果上有更多获得感。

合作共赢。坚持国家利益在哪里,信息化就推进到哪里,围绕"一带一路"建设,加强网络互联、促进信息互通,加快构建网络空间命运共同体;用好国内国际两个市场两种资源、网上网下两个空间,主动参与全球治理,不断提升国际影响力和话语权。

确保安全。网络安全和信息化是一体之两翼、驱动之双轮,必须统一谋划、统一部署、统一推进、统一实施,做到协调一致、齐头并进;切实防范、控制和化解信息化进程中可能产生的风险,以安全保发展,以发展促安全,努力建久安之势、成长治之业。

三、大力增强信息化发展能力

（一）发展核心技术，做强信息产业

信息技术和产业发展程度决定着信息化发展水平。我国正处于从跟跑并跑向并跑领跑转变的关键时期，要抓住自主创新的牛鼻子，构建安全可控的信息技术体系，培育形成具有国际竞争力的产业生态，把发展主动权牢牢掌握在自己手里。

1. 构建先进技术体系。制定国家信息领域核心技术设备发展战略纲要，以体系化思维弥补单点弱势，打造国际先进、安全可控的核心技术体系，带动集成电路、基础软件、核心元器件等薄弱环节实现根本性突破。积极争取并巩固新一代移动通信、下一代互联网等领域全球领先地位，着力构筑移动互联网、云计算、大数据、物联网等领域比较优势。

2. 加强前沿和基础研究。加快完善基础研究体制机制，强化企业创新主体地位和主导作用，面向信息通信技术领域的基础前沿技术、共性关键技术，加大科技攻关。遵循创新规律，着眼长远发展，超前规划布局，加大投资保障力度，为前沿探索提供长期支持。实施新一代信息技术创新国际交流项目。

3. 打造协同发展的产业生态。统筹基础研究、技术创新、产业发展与应用部署，加强产业链各环节协调互动。提高产品服务附加值，加速产业向价值链高端迁移。加强专利与标准前瞻性布局，完善覆盖知识产权、技术标准、成果转化、测试验证和产业化投资评估等环节的公共服务体系。

4. 培育壮大龙头企业。支持龙头企业发挥引领带动作用，联合高校和科研机构打造研发中心、技术产业联盟，探索成立核心技术研发投资公司，打通技术产业化的高效转化通道。深化上市发审制度改革，支持创新型企业在国内上市。支持企业在海外设立研发机构和开拓市场，有效利用全球资源，提升国际化发展水平。

5. 支持中小微企业创新。加大对科技型创新企业研发支持力度，落实企业研发费用加计扣除政策，适当扩大政策适用范围。完善技术交易和企业孵化机制，构建普惠性创新支持政策体系。完善公共服务平台，提高科技型中小微企业自主创新和可持续发展能力。

（二）夯实基础设施，强化普遍服务

泛在先进的基础设施是信息化发展的基石。要加快构建陆地、海洋、天空、太空立体覆盖的国家信息基础设施，不断完善普遍服务，让人们通过网络了解世界、掌握信息、摆脱贫困、改善生活、享有幸福。

6. 统筹规划基础设施布局。深化电信业改革，鼓励多种所有制企业有序参与竞争。统筹国家现代化建设需求，实现信息基础设施共建共享，推进区域和城乡协调发展。协调频谱资源配置，科学规划无线电频谱，提升资源利用效率。加强信息基础设施与市政、公路、铁路、机场等规划建设的衔接。支持港澳地区完善信息基础设施布局。

7. 增强空间设施能力。围绕通信、导航、遥感等应用卫星领域，建立持续稳定、安全可控的国家空间基础设施。科学规划和利用卫星频率和轨道资源。建设天地一体化信息网络，增强接入服务能力，推动空间与地面设施互联互通。统筹北斗卫星导航系统建设和应用，推进北斗产业化和走出去进程。加强陆地、大气、海洋遥感监测，提升对我国资源环境、生态保护、应急减灾、大众消费以及全球观测的服务保障能力。

8. 优化升级宽带网络。扩大网络覆盖范围，提高业务承载能力和应用服务水平，实现多制式网络和业务协调发展。加快下一代互联网大规模部署和商用，推进公众通信网、广播电视网和下一代互联网融合发展。加强未来网络长期演进的战略布局和技术储备，构建国家统一试验平台。积极开展第五代移动通信（5G）技术的研发、标准和产业化布局。

9. 提高普遍服务水平。科学灵活选择接入技术，分类推进农村网络覆盖。发达地区优先推进光纤到村。边远地区、林牧区、海岛等区域根据条件采用移动蜂窝、卫星通信等多种方式实现覆盖。居住分散、位置偏远、地理条件恶劣的地区可结合人口搬迁、集中安置实现网络接入。完善电信普遍服务补偿机制，建立支持农村和中西部地区宽带网络发展长效机制，推进网络提速降费，为社会困难群体运用网络创造条件。

（三）开发信息资源，释放数字红利

信息资源日益成为重要的生产要素和社会财富，信息掌握的多寡、信息能力的强弱成为衡量国家竞争力的重要标志。当前，我国信息资源开发利用不足与无序滥用的现象并存，要加强顶层设计和系统规划，完善制度体系，全面提升信息采集、处理、传输、利用、安全能力，构筑国家信息优势。

10. 加强信息资源规划、建设和管理。推动重点信息资源国家统筹规划和分类管理，增强关键信息资源掌控能力。完善基础信息资源动态更新和共享应用机制。创新部门业务系统建设运营模式，逐步实现业务应用与数据管理分离。统筹规划建设国家互联网大数据平台。逐步开展社会化交易型数据备份和认证，确保数据可追溯、可恢复。

11. 提高信息资源利用水平。建立公共信息资源开放目录，构建统一规范、互联互通、安全可控的国家数据开放体系，积极稳妥推进公共信息资源开放共享。发展信息资源市场，促进信息消费。引导和规范公共信息资源增值开发利用，支持市场主体利用全球信息资源开展业务创新。

12. 建立信息资源基本制度体系。探索建立信息资产权益保护制度，实施分级分类管理，形成重点信息资源全过程管理体系。加强采集管理和标准制定，提高信息资源准确性、可靠性和可用性。依法保护个人隐私、企业商业秘密，确保国家安全。研究制定信息资源跨境流动管理办法。

（四）优化人才队伍，提升信息技能

人才资源是第一资源，人才竞争是最终的竞争。要完善人才培养、选拔、使用、评价、激励机制，破除壁垒，聚天下英才而用之，为网信事业发展提供有力人才支撑。

13. 造就一批领军人才。依托国家重大人才工程，加大对信息化领军人才支持力度，培养造就世界水平的科学家、网络科技领军人才、卓越工程师、高水平创新团队和信息化管理人才。吸引和扶持海外高层次人才回国创业，建立海外人才特聘专家制度，对需要引进的特殊人才，降低永久居留权门槛，探索建立技术移民制度，提高我国在全球配置人才资源的能力。

14. 壮大专业人才队伍。构建以高等教育、职业教育为主体，继续教育为补充的信息化专业人才培养体系。在普通本科院校和职业院校中设置信息技术应用课程。推广订单式人才培养，建立信息化人才培养实训基地。支持与海外高水平机构联合开展人才培养。

15. 完善人才激励机制。采取特殊政策，建立适应网信特点的人事制度、薪酬制度、人才评价机制，打破人才流动的体制界限。拓宽人才发现渠道，支持开展创新创业大赛、技能竞赛等活动，善用竞争性机制选拔特殊人才。完善技术入股、股权期权等激励方式，建立健全科技成果知识产权收益分配机制。

16. 提升国民信息技能。改善中小学信息化环境，推进信息化基础教育。全面开展国家工作人员信息化培训和考核。实施信息扫盲行动计划，发挥博士服务团、大学生村干部、大学生志愿服务西部计划、"三支一扶"等项目的作用，为老少边穷地区和弱势群体提供知识和技能培训。

（五）深化合作交流，拓展发展空间

互联网真正让世界变成了地球村，让国际社会越来越成为你中有我、我中有你的命运共同体。要积极开展双边、多边国际交流合作，共同应对网络安全面临的挑战，共同维护网络空间的公平正义，共同分享全球信息革命的机遇和成果。

17. 深化国际合作交流。加强在联合国、二十国集团、金砖国家、亚太经济合作组织、上海合作组织等国际框架和多边机制内的协调配合，推动建立信息化领域国际互信对话机制。组织搭建合作渠道，建设全球信息化最佳实践推广平台。实施中美、中欧、中英、中德数字经济合作项目。

18. 参与国际规则制定。积极参与国际网络空间安全规则制定。巩固和发展区域标准化合作机制，积极争取国际标准化组织重要职位。在移动通信、下一代互联网、下一代广播电视网、云计算、大数据、物联网、智能制造、智慧城市、网络安全等关键技术和重要领域，积极参与国际标准制定。鼓励企业、科研机构、社会组织和个人积极融入国际开源社区。

19. 拓展国际发展空间。推进"一带一路"建设信息化发展，统筹规划海底光缆和跨境陆地光缆建设，提高国际互联互通水平，打造网上丝绸之路。加快推动与周边国家信息基础设施互联互通，打通经中亚到西亚、经南亚到印度洋、经俄罗斯到中东欧国家等陆上通道，积极推进美洲、欧洲、非洲等方向海底光缆建设。合作建设中国－中亚信息平台、中国－东盟信息港、中阿网上丝绸之路。统筹规划我国全球网络设施建设，支持企业拓展海外业务与节点布局，提升我国在全球网络中的影响力。

20. 共建国际网络新秩序。坚持尊重网络主权、维护和平安全、促进开放合作、构建良好秩序的原则，推动建立多边、民主、透明的国际互联网治理体系。积极参与和推进互联网名称与数字地址分配机构（ICANN）国际化改革。加强国际网络空间执法合作，推动制定网络空间国际反恐公约。健全打击网络犯罪司法协助机制，共同维护网络空间和平安全。

四、着力提升经济社会信息化水平

（一）培育信息经济，促进转型发展

加快建设数字中国，大力发展信息经济是信息化工作的重中之重。要围绕推进供给侧结构性改革，发挥信息化对全要素生产率的提升作用，培育发展新动力，塑造更多发挥先发优势的引领型发展，支撑我国经济向形态更高级、分工更优化、结构更合理的阶段演进。

21. 推进信息化和工业化深度融合。加快实施《中国制造 2025》，推动工业互联网创新发展。以智能制造为突破口，加快信息技术与制造技术、产品、装备融合创新，推广智能工厂和智能制造模式，全面提升企业研发、生产、管理和服务的智能化水平。普及信息化和工业化融合管理体系标准，深化互联网在制造领域的应用，积极培育众创设计、网络众包、个性化定制、服务型制造等新模式，完善产业链，打造新型制造体系。

22. 加快推进农业现代化。把信息化作为农业现代化的制高点，推动信息技术和智能装备在农业生产经营中的应用，培育互联网农业，建立健全智能化、网络化农业生产经营体系，加快农业产业化进程。加强耕地、水、草原等重要资源和主要农业投入品联网监测，健全农业信息监测预警和服务体系，提高农业生产全过程信息管理服务能力，确保国家粮食安全和农产品质量安全。

23. 推进服务业网络化转型。支持运用互联网开展服务模式创新，加快传统服务业现代化进程，提高生活性服务业信息化水平。积极培育设计、咨询、金融、交通、物流、商贸等生产性服务业，推动现代服务业网络化发展。大力发展跨境电子商务，构建繁荣健康的电子商务生态系统。引导和规范互联网金融发展，有效防范和化解金融风险。发展分享经济，建立网络化协同创新体系。

24. 促进区域协调发展。转变城镇化发展方式，破解制约城乡发展的信息障碍，促进城镇化和新农村建设协调推进。加强顶层设计，提高城市基础设施、运行管理、公共服务和产业发展的信息化水平，分级分类推进新型智慧城市建设。实施以信息化推动京津冀协同发展、信息化带动长江经济带发展行动计划。支持港澳地区发展信息经济。

25. 夯实发展新基础。推进物联网设施建设，优化数据中心布局，加强大数据、云计算、宽带网络协同发展，增强应用基础设施服务能力。加快电力、民航、铁路、公路、水路、水利等公共基础设施的网络化和智能化改造。发挥信息化支撑作用，推动安全支付、信用体系、现代物流等新型商业基础设施建设，形成大市场、大流通、大服务格局，奠定经济发展新基石。

26. 优化政策环境。完善互联网企业资本准入制度，设立中国互联网投资基金，引导多元化投融资市场发展。发挥中国互联网发展基金会的作用，组建中国"互联网＋"联盟，支持中小微互联网企业成长。深入推进简政放权、放管结合、优化服务，设立国家信息经济示范区。

（二）深化电子政务，推进国家治理现代化

适应国家现代化发展需要，更好用信息化手段感知社会态势、畅通沟通渠道、辅助科学决策。持续深化电子政务应用，着力解决信息碎片化、应用条块化、服务割裂化等问题，以信息化推进国家治理体系和治理能力现代化。

27．服务党的执政能力建设。推进党委信息化工作，提升党委决策指挥的信息化保障能力。充分运用信息技术提高党员、干部、人才管理和服务的科学化水平。加强信息公开，畅通民主监督渠道，全面提高廉政风险防控和巡视工作信息化水平，增强权力运行的信息化监督能力。加强党内法规制度建设信息化保障，重视发挥互联网在党内法规制定和宣传中的作用。推进信息资源共享，提升各级党的部门工作信息化水平。

28．提高政府信息化水平。完善部门信息共享机制，建立国家治理大数据中心。加强经济运行数据交换共享、处理分析和监测预警，增强宏观调控和决策支持能力。深化财政、税务信息化应用，支撑中央和地方财政关系调整，促进税收制度改革。推进人口、企业基础信息共享，有效支撑户籍制度改革和商事制度改革。推进政务公开信息化，加强互联网政务信息数据服务平台和便民服务平台建设，提供更加优质高效的网上政务服务。

29．服务民主法治建设。建立健全网络信息平台，密切人大代表同人民群众的联系。加快政协信息化建设，推进协商民主广泛多层制度化发展。实施"科技强检"，推进检察工作现代化。建设"智慧法院"，提高案件受理、审判、执行、监督等各环节信息化水平，推动执法司法信息公开，促进司法公平正义。

30．提高社会治理能力。加快创新立体化社会治安防控体系，提高公共安全智能化水平，全面推进平安中国建设。构建基层综合服务管理平台，推动政府职能下移，支持社区自治。依托网络平台，加强政民互动，保障公民知情权、参与权、表达权、监督权。推行网上受理信访，完善群众利益协调、权益保障机制。

31．健全市场服务和监管体系。实施"多证合一""一照一码"制度，在海关、税务、工商、质检等领域推进便利化服务，加强事中事后监管与服务，实现服务前移、监管后移。以公民身份号码、法人和其他组织统一社会信用代码为基础，建立全国统一信用信息网络平台，构建诚信营商环境。建设食品药品、特种设备等重要产品信息化追溯体系，完善产品售后服务质量监测。加强在线即时监督监测和非现场监管执法，提高监管透明度。

32．完善一体化公共服务体系。制定在线公共服务指南，支持各级政府整合服务资源，面向企业和公众提供一体化在线公共服务，促进公共行政从独立办事向协同治理转变。各部门要根据基层服务需求，开放业务系统和数据接口，推动电子政务服务向基层延伸。

33．创新电子政务运行管理体制。建立强有力的国家电子政务统筹协调机制，制定电子政务管理办法，建立涵盖规划、建设、应用、管理、评价的全流程闭环管理机制。大力推进政府采购服务，试点推广政府和社会资本合作模式，鼓励社会力量参与电子政务建设。鼓励应用云计算技术，整合改造已建应用系统。

（三）繁荣网络文化，增强国家软实力

互联网是传播人类优秀文化、弘扬正能量的重要载体。要始终坚持社会主义先进文化前进方向，坚持正确的舆论导向，遵循网络传播规律，弘扬主旋律，激发正能量，大力培育和践行社会主义核心价值观，发展积极向上的网络文化，把中国故事讲得越来越精彩，让中国声音越来越洪亮。

34．提升网络文化供给能力。实施网络内容建设工程。加快文化资源数字化建设，提高网络文化生产的规模化、专业化水平。整合公共文化资源，构建公共文化服务体系，提升信息服务水平。引导社会力量积极开发适合网络传播特点、满足人们多样化需求的网络文化产品。

35．提高网络文化传播能力。完善网络文化传播机制，构建现代文化传播体系。推动传统媒体和新兴媒体融合发展，有效整合各种媒介资源和生产要素。实施中华优秀文化网上传播工程，加强港澳地区网络传播能力建设，完善全球信息采集传播网络，逐步形成与我国国际地位相适应的网络国际传播能力。

36．加强网络文化阵地建设。做大做强中央主要新闻网站和地方重点新闻网站，规范引导商业网站健康有序发展。推进重点新闻网站体制机制创新。加快党报党刊、通讯社、电台电视台数字化改造和技术升级。推动文化金融服务模式创新，建立多元网络文化产业投融资体系。鼓励优秀互联网企业和文化企业强强联合，培育一批具有国际影响力的新型文化集团、媒体集团。

37．规范网络文化传播秩序。综合利用法律、行政、经济和行业自律等手段，规范网络信息传播秩序。坚决遏制违法有害信息网上传播，巩固壮大健康向上的主流舆论。完善网络文化服务市场准入和退出机制，加大网络文化管理执法力度，打击网络侵权盗版行为。

（四）创新公共服务，保障和改善民生

围绕人民群众最关心最直接最现实的利益问题，大力推进社会事业信息化，优化公共服务资源配置，降低应用成本，为老百姓提供用得上、用得起、用得好的信息服务，促进基本公共服务均等化。

38．推进教育信息化。完善教育信息基础设施和公共服务平台，推进优质数字教育资源共建共享和均衡配置，建立适应教育模式变革的网络学习空间，缩小区域、城乡、校际差距。建立网络环境下开放学习模式，鼓励更多学校应用在线开放课程，探索建立跨校课程共享与学分认定制度。完善准入机制，吸纳社会力量参与大型开放式网络课程建设，支撑全民学习、终身教育。

39．加快科研信息化。加强科研信息化管理，构建公开透明的国家科研资源管理和项目评价机制。建设覆盖全国、资源共享的科研信息化基础设施，提升科研信息服务水平。加快科研手段数字化进程，构建网络协同的科研模式，推动科研资源共享与跨地区合作，促进科技创新方式转变。

40．推进智慧健康医疗服务。完善人口健康信息服务体系，推进全国电子健康档案

和电子病历数据整合共享，实施健康医疗信息惠民行动，促进和规范健康医疗大数据应用发展。探索建立市场化远程医疗服务模式、运营机制和管理机制，促进优质医疗资源纵向流动。加强区域公共卫生服务资源整合，探索医疗联合体等新型服务模式。运用新一代信息技术，满足多元服务需求，推动医疗救治向健康服务转变。

41. 提高就业和社会保障信息化水平。推进就业和养老、医疗、工伤、失业、生育、保险等信息全国联网。建立就业创业信息服务体系，引导劳动力资源有序跨地区流动，促进充分就业。加快社会保障"一卡通"推广和升级，实行跨地区应用接入，实现社会保险关系跨地区转移接续和异地就医联网结算。加快政府网站信息无障碍建设，鼓励社会力量为残疾人提供个性化信息服务。

42. 实施网络扶贫行动计划。构建网络扶贫信息服务体系，加快贫困地区互联网建设步伐，扩大光纤网、宽带网有效覆盖。开展网络公益扶贫宣传，鼓励网信企业与贫困地区结对帮扶，开发适合民族边远地区特点和需求的移动应用，建立扶贫跟踪监测和评估信息系统。

（五）服务生态文明建设，助力美丽中国

建设生态文明是关乎人民福祉和民族未来的长远大计。要着力破解资源约束趋紧、环境污染严重、生态系统退化问题，构建基于信息化的新型生态环境治理体系，加快建设天蓝、地绿、水净的美丽中国。

43. 创新资源管理和利用方式。开展国家自然生态空间统一确权登记。整合自然生态空间数据，优化资源开发利用的空间格局和供应时序。完善自然资源监管体系，逐步实现全程、全覆盖动态监管，提高用途管制能力。探索建立废弃物信息管理和交易体系，形成再生资源循环利用机制。

44. 构建新型生态环境治理体系。健全环境信息公开制度。实施生态文明和环境保护监测信息化工程，逐步实现污染源、污染物、生态环境全时监测，提高区域流域环境污染联防联控能力。推动建立绿色低碳循环发展产业体系，鼓励有条件地区探索开展节能量、碳排放权、排污权、水权网上交易。利用信息技术提高生态环境修复能力，促进生态环境根本性改善。

（六）加快信息强军，构建现代军事力量体系

积极适应国家安全形势新变化、信息技术发展新趋势和强军目标新要求，坚定不移把信息化作为军队现代化建设发展方向，贯彻军民融合深度发展战略思想，在新的起点上推动军队信息化建设跨越发展。

45. 加强体系化建设。创新发展信息化军事理论，加强信息化建设集中统管，发挥作战需求牵引作用，推进机械化信息化有机融合。完善信息基础设施，推动指挥信息系统集成运用，加大信息资源开发利用力度，构建信息安全防御体系，全面提高打赢信息化局部战争能力。

46. 提高实战化训练水平。适应战争形态演变趋势，依托网络信息系统，开展以信息主导、体系对抗、精确作战、全域机动、网络防控为主要特征的检验性、对抗性演

习，推进军事训练向实战化转变，提高以夺取制信息权为核心的战场综合控制权能力。

47. 深化军事斗争准备。充分发挥信息化融合、渗透作用，深化国防和军队改革，推进军队组织形态现代化。健全国防信息动员领导管理体制机制，完善国防信息动员与应急保障预案。大力培养信息化作战指挥、信息技术专业、信息系统组织运用及操作维护等作战急需人才，不断增强官兵运用信息系统和信息化装备打胜仗的能力。

五、不断优化信息化发展环境

（一）推进信息化法治建设

依法推进信息化、维护网络安全是全面依法治国的重要内容。要以网络空间法治化为重点，发挥立法的引领和推动作用，加强执法能力建设，提高全社会自觉守法意识，营造良好的信息化法治环境。

48. 完善信息化法律框架。以网络立法为重点，加快建立以促进信息化发展和强化网络安全管理为目标，涵盖网络基础设施、网络服务提供者、网络用户、网络信息等对象的法律、行政法规框架。

49. 有序推进信息化立法进程。坚持急用先行，加快出台急需法律法规和规范性文件。强化网络基础设施保护，加快制定网络安全法、电信法、电子商务法，研究制定密码法。加强网络用户权利保护，研究制定个人信息保护法、未成年人网络保护条例。规范网络信息服务与管理，修订互联网信息服务管理办法。研究制定电子文件管理条例。完善司法解释，推动现有法律延伸适用到网络空间。

50. 加强执法能力建设。加强部门信息共享与执法合作，创新执法手段，形成执法合力。理顺网络执法体制机制，明确执法主体、执法权限、执法标准。

（二）加强网络生态治理

网络空间是亿万民众共同的精神家园。网络空间天朗气清、生态良好，符合人民利益。坚持正能量是总要求，管得住是硬道理，创新改进网上正面宣传，加强全网全程管理，建设为民、文明、诚信、法治、安全、创新的网络空间，使网络空间清朗起来。

51. 强化互联网管理。坚持积极利用、科学发展、依法管理、确保安全的方针，建立法律规范、行政监管、行业自律、技术保障、公众监督、社会教育相结合的网络治理体系。落实网络身份管理制度，建立网络诚信评价体系，健全网络服务提供者和网民信用记录，完善褒奖和惩戒机制。加强互联网域名、地址等基础资源管理，确保登记备案信息真实准确。强化网络舆情管理，对所有从事新闻信息服务、具有媒体属性和舆论动员功能的网络传播平台进行管理。依法完善互联网信息服务市场准入和退出机制。

52. 形成全社会参与的治理机制。坚持依法治网，加快建立政府引领，企业、社会组织、技术社群、公民共同参与、相互协作的互联网治理机制。强化互联网企业的主体责任，引导企业公平竞争、自我管理和改善服务。建立健全网络社会组织，充分发挥社会组织自我管理、自我监督作用。加强社会力量引导，积极培育"中国好网民"。

53. 维护公民合法权益。依法保护信息自由有序流动，切实保障公民基本权利和自由。全面规范企业和个人信息采集、存储、使用等行为，防范信息滥用。加强个人数据保护，依法打击网络违法犯罪。

（三）维护网络空间安全

树立正确的网络安全观，坚持积极防御、有效应对，增强网络安全防御能力和威慑能力，切实维护国家网络空间的主权、安全、发展利益。

54. 维护网络主权和国家安全。依法管理我国主权范围内的网络活动，坚定捍卫我国网络主权。坚决防范和打击通过网络分裂国家、煽动叛乱、颠覆政权、破坏统一、窃密泄密等行为。

55. 确保关键信息基础设施安全。加快构建关键信息基础设施安全保障体系，加强党政机关以及重点领域网站的安全防护，建立政府、行业与企业网络安全信息有序共享机制。建立实施网络安全审查制度，对关键信息基础设施中使用的重要信息技术产品和服务开展安全审查。健全信息安全等级保护制度。

56. 强化网络安全基础性工作。加强网络安全基础理论研究、关键技术研发和技术手段建设，建立完善国家网络安全技术支撑体系，推进网络安全标准化和认证认可工作。提升全天候全方位感知网络安全态势能力，做好等级保护、风险评估、漏洞发现等基础性工作，完善网络安全监测预警和网络安全重大事件应急处置机制。实施网络安全人才工程，开展全民网络安全教育，提升网络媒介素养，增强全社会网络安全意识和防护技能。

六、体制保障和组织实施

要加强统筹协调，有力整合资源，形成推进合力，切实将各项战略任务落到实处，确保战略目标如期实现。

（一）强化组织领导

坚持中央网络安全和信息化领导小组对国家信息化发展的集中统一领导，信息化领域重大政策和事项须经领导小组审定。各级网络安全和信息化领导小组要加强统筹，研究解决本地区信息化发展中的重大问题。

（二）健全工作机制

中央网络安全和信息化领导小组办公室负责统筹协调本战略纲要的实施和督促检查。各级网络安全和信息化主管部门要充分发挥组织协调作用，加强部门、行业、区域、军地间合作，形成统一领导、分工合理、责任明确、运转顺畅的信息化推进机制。加快中国特色新型信息化智库建设，完善重大政策、重大项目专家咨询制度。

（三）完善配套政策

各地区各部门要将本战略纲要提出的任务与经济社会发展规划有效衔接、同步推进，制定好"十三五"信息化发展规划和相关专项规划。相关部门要加快完善产业、财税、金融、科技、教育等领域配套政策措施，加大财政投入和管理，重点支持关键性、基础性、公共性领域的信息化建设和网络安全保障。加大政府购买服务力度，创新信息化投融资机制，在信息化领域实行有利于商业运作、持续运营的政策，为社会投资参与创造条件。

（四）加强督促落实

各地区各部门要按照职责分工细化任务，明确时限，逐级落实。建立和完善信息化统计指标体系，加强信息化统计监测和评估工作，组织开展战略实施年度检查与绩效评估。加大信息化工作考核力度，将考核结果作为评价有关领导干部的内容。

附录8 政务信息资源共享管理暂行办法

国务院关于印发政务信息资源共享管理暂行办法的通知

（国发〔2016〕51号）

各省、自治区、直辖市人民政府，国务院各部委、各直属机构：

现将《政务信息资源共享管理暂行办法》印发给你们，请认真贯彻执行。

国务院

2016年9月5日

（此件公开发布）

政务信息资源共享管理暂行办法

第一章 总 则

第一条 为加快推动政务信息系统互联和公共数据共享，增强政府公信力，提高行政效率，提升服务水平，充分发挥政务信息资源共享在深化改革、转变职能、创新管理中的重要作用，依据相关法律法规和《国务院关于印发促进大数据发展行动纲要的通知》（国发〔2015〕50号）等规定，制定本办法。

第二条 本办法所称政务信息资源，是指政务部门在履行职责过程中制作或获取的，以一定形式记录、保存的文件、资料、图表和数据等各类信息资源，包括政务部门直接或通过第三方依法采集的、依法授权管理的和因履行职责需要依托政务信息系统形成的信息资源等。

本办法所称政务部门，是指政府部门及法律法规授权具有行政职能的事业单位和社会组织。

第三条 本办法用于规范政务部门间政务信息资源共享工作，包括因履行职责需要使用其他政务部门政务信息资源和为其他政务部门提供政务信息资源的行为。

第四条 促进大数据发展部际联席会议（以下简称联席会议）负责组织、指导、协调和监督政务信息资源共享工作，指导和组织国务院各部门、各地方政府编制政务信息资源目录，组织编制国家政务信息资源目录，并指导国家数据共享交换平台建设、运行、管理单位开展国家政务信息资源目录的日常维护工作。

各政务部门按本办法规定负责本部门与数据共享交换平台（以下简称共享平台）的联通，并按照政务信息资源目录向共享平台提供共享的政务信息资源（以下简称共享信息），从共享平台获取并使用共享信息。

第五条　政务信息资源共享应遵循以下原则：

（一）以共享为原则，不共享为例外。各政务部门形成的政务信息资源原则上应予共享，涉及国家秘密和安全的，按相关法律法规执行。

（二）需求导向，无偿使用。因履行职责需要使用共享信息的部门（以下简称使用部门）提出明确的共享需求和信息使用用途，共享信息的产生和提供部门（以下统称提供部门）应及时响应并无偿提供共享服务。

（三）统一标准，统筹建设。按照国家政务信息资源相关标准进行政务信息资源的采集、存储、交换和共享工作，坚持"一数一源"、多元校核，统筹建设政务信息资源目录体系和共享交换体系。

（四）建立机制，保障安全。联席会议统筹建立政务信息资源共享管理机制和信息共享工作评价机制，各政务部门和共享平台管理单位应加强对共享信息采集、共享、使用全过程的身份鉴别、授权管理和安全保障，确保共享信息安全。

第六条　各政务部门应加强基于信息共享的业务流程再造和优化，创新社会管理和服务模式，提高信息化条件下社会治理能力和公共服务水平。

第二章　政务信息资源目录

第七条　国家发展改革委负责制定《政务信息资源目录编制指南》，明确政务信息资源的分类、责任方、格式、属性、更新时限、共享类型、共享方式、使用要求等内容。

第八条　各政务部门按照《政务信息资源目录编制指南》要求编制、维护部门政务信息资源目录，并在有关法律法规作出修订或行政管理职能发生变化之日起 15 个工作日内更新本部门政务信息资源目录。各地方政府按照《政务信息资源目录编制指南》要求编制、维护地方政务信息资源目录，并负责对本级各政务部门政务信息资源目录更新工作的监督考核。

国家发展改革委汇总形成国家政务信息资源目录，并建立目录更新机制。国家政务信息资源目录是实现国家政务信息资源共享和业务协同的基础，是政务部门间信息资源共享的依据。

第三章　政务信息资源分类与共享要求

第九条　政务信息资源按共享类型分为无条件共享、有条件共享、不予共享等三种类型。

可提供给所有政务部门共享使用的政务信息资源属于无条件共享类。

可提供给相关政务部门共享使用或仅能够部分提供给所有政务部门共享使用的政务信息资源属于有条件共享类。

不宜提供给其他政务部门共享使用的政务信息资源属于不予共享类。

第十条 政务信息资源共享及目录编制应遵循以下要求：

（一）凡列入不予共享类的政务信息资源，必须有法律、行政法规或党中央、国务院政策依据。

（二）人口信息、法人单位信息、自然资源和空间地理信息、电子证照信息等基础信息资源的基础信息项是政务部门履行职责的共同需要，必须依据整合共建原则，通过在各级共享平台上集中建设或通过接入共享平台实现基础数据统筹管理、及时更新，在部门间实现无条件共享。基础信息资源的业务信息项可按照分散和集中相结合的方式建设，通过各级共享平台予以共享。基础信息资源目录由基础信息资源库的牵头建设部门负责编制并维护。

（三）围绕经济社会发展的同一主题领域，由多部门共建项目形成的主题信息资源，如健康保障、社会保障、食品药品安全、安全生产、价格监管、能源安全、信用体系、城乡建设、社区治理、生态环保、应急维稳等，应通过各级共享平台予以共享。主题信息资源目录由主题信息资源牵头部门负责编制并维护。

第四章　共享信息的提供与使用

第十一条 国家发展改革委负责组织推动国家共享平台及全国共享平台体系建设。各地市级以上地方人民政府要明确政务信息资源共享主管部门，负责组织本级共享平台建设。共享平台是管理国家政务信息资源目录、支撑各政务部门开展政务信息资源共享交换的国家关键信息基础设施，包括共享平台（内网）和共享平台（外网）两部分。

共享平台（内网）应按照涉密信息系统分级保护要求，依托国家电子政务内网建设和管理；共享平台（外网）应按照国家网络安全相关制度和要求，依托国家电子政务外网建设和管理。

各政务部门业务信息系统原则上通过国家电子政务内网或国家电子政务外网承载，通过共享平台与其他政务部门共享交换数据。各政务部门应抓紧推进本部门业务信息系统向国家电子政务内网或国家电子政务外网迁移，并接入本地区共享平台。凡新建的需要跨部门共享信息的业务信息系统，必须通过各级共享平台实施信息共享，原有跨部门信息共享交换系统应逐步迁移到共享平台。

第十二条 使用部门应根据履行职责需要使用共享信息。属于无条件共享类的信息资源，使用部门在共享平台上直接获取；属于有条件共享类的信息资源，使用部门通过共享平台向提供部门提出申请，提供部门应在 10 个工作日内予以答复，使用部门按答复意见使用共享信息，对不予共享的，提供部门应说明理由；属于不予共享类的信息资源，以及有条件共享类中提供部门不予共享的信息资源，使用部门因履行职责确需使用的，由使用部门与提供部门协商解决，协商未果的由本级政务信息资源共享主管部门协调解决，涉及中央有关部门的由联席会议协调解决。

提供部门在向使用部门提供共享信息时，应明确信息的共享范围和使用用途（如，作为行政依据、工作参考，用于数据校核、业务协同等），原则上通过共享平台提供，鼓励采用系统对接、前置机共享、联机查询、部门批量下载等方式。

各政务部门应充分利用共享信息。凡属于共享平台可以获取的信息，各政务部门原则上不得要求自然人、法人或其他组织重复提交。

第十三条　按照"谁主管，谁提供，谁负责"的原则，提供部门应及时维护和更新信息，保障数据的完整性、准确性、时效性和可用性，确保所提供的共享信息与本部门所掌握信息的一致性。

第十四条　按照"谁经手，谁使用，谁管理，谁负责"的原则，使用部门应根据履行职责需要依法依规使用共享信息，并加强共享信息使用全过程管理。

使用部门对从共享平台获取的信息，只能按照明确的使用用途用于本部门履行职责需要，不得直接或以改变数据形式等方式提供给第三方，也不得用于或变相用于其他目的。

第十五条　建立疑义、错误信息快速校核机制，使用部门对获取的共享信息有疑义或发现有明显错误的，应及时反馈提供部门予以校核。校核期间，办理业务涉及自然人、法人或其他组织的，如已提供合法有效证明材料，受理单位应照常办理，不得拒绝、推诿或要求办事人办理信息更正手续。

第五章　信息共享工作的监督和保障

第十六条　联席会议负责政务信息资源共享的统筹协调，建立信息共享工作评价机制，督促检查政务信息资源共享工作落实情况。

第十七条　国家发展改革委、国家网信办组织编制信息共享工作评价办法，每年会同中央编办、财政部等部门，对各政务部门提供和使用共享信息情况进行评估，并公布评估报告和改进意见。

第十八条　国务院各部门、各省级人民政府和国家共享平台管理单位应于每年2月底前向联席会议报告上一年度政务信息资源共享情况，联席会议向国务院提交政务信息资源共享情况年度报告。

第十九条　国家标准委会同共享平台管理单位，在已有政务信息资源相关标准基础上，建立完善政务信息资源的目录分类、采集、共享交换、平台对接、网络安全保障等方面的标准，形成完善的政务信息资源共享标准体系。

第二十条　国家网信办负责组织建立政务信息资源共享网络安全管理制度，指导督促政务信息资源采集、共享、使用全过程的网络安全保障工作，指导推进政务信息资源共享风险评估和安全审查。

共享平台管理单位要加强共享平台安全防护，切实保障政务信息资源共享交换时的数据安全；提供部门和使用部门要加强政务信息资源采集、共享、使用时的安全保障工作，落实本部门对接系统的网络安全防护措施。

共享信息涉及国家秘密的，提供部门和使用部门应当遵守有关保密法律法规的规定，在信息共享工作中分别承担相关保障责任。

第二十一条　国家发展改革委、财政部、国家网信办建立国家政务信息化项目建设投资和运维经费协商机制，对政务部门落实政务信息资源共享要求和网络安全要求的情况进行联合考核，凡不符合政务信息资源共享要求的，不予审批建设项目，不予安排运维经费。

国家发展改革委负责在国家政务信息化建设规划制定、项目审批、投资计划安排、项目验收等环节进行考核。财政部负责在国家政务信息化建设项目预算下达、运维经费安排等环节进行考核。国家网信办负责在网络安全保障方面进行考核。

政务信息化项目立项申请前应预编形成项目信息资源目录，作为项目审批要件。项目建成后应将项目信息资源目录纳入共享平台目录管理系统，作为项目验收要求。

政务信息资源共享相关项目建设资金纳入政府固定资产投资，政务信息资源共享相关工作经费纳入部门财政预算，并给予优先安排。

第二十二条　审计机关应依法履行职责，在国家大数据政策的贯彻落实、政务信息资源共享中发挥监督作用，保障专项资金使用的真实性、合法性和效益性，推动完善相关政策制度。

第二十三条　各政务部门应建立健全政务信息资源共享工作管理制度，明确目标、责任和实施机构。各政务部门主要负责人是本部门政务信息资源共享工作的第一责任人。

第二十四条　国务院各部门、各省级人民政府有下列情形之一的，由国家发展改革委通知整改；未在规定时限内完成整改的，国家发展改革委要及时将有关情况上报国务院：

（一）未按要求编制或更新政务信息资源目录；

（二）未向共享平台及时提供共享信息；

（三）向共享平台提供的数据和本部门所掌握信息不一致，未及时更新数据或提供的数据不符合有关规范、无法使用；

（四）将共享信息用于履行本单位职责需要以外的目的；

（五）违反本办法规定的其他行为。

第六章　附　则

第二十五条　本办法由国家发展改革委负责解释。

第二十六条　本办法自印发之日起施行。